Les seuils
de la modernité

Collection dirigée par
Michel Jeanneret et Max Engammare

Vol. 2

(Cahiers d'Humanisme et Renaissance n° 55)

ULLRICH LANGER

VERTU DU DISCOURS, DISCOURS DE LA VERTU

*Littérature et philosophie morale
au XVIe siècle en France*

LIBRAIRIE DROZ S.A.
11, rue Massot
GENÈVE
1999

ISBN: 2-600-00320-7
ISSN: 0071-1934

Pour Susan

Ce livre n'aurait pas vu le jour sans l'aide et l'inspiration de mes collègues et amis François Cornilliat, Gérard Defaux, Marie-Luce Demonet, Philippe Desan, Susan J. Erickson, Richard Goodkin, George Hoffmann, Douglas Kelly, Virginia Krause, Ian Maclean, John O'Brien, Michel Simonin et Winfried Schleiner. Rien, surtout, sans mes échanges passionnés et passionnants avec mes amis Martine Debaisieux, dix-septiémiste jetant un regard généreux sur le siècle précédent, Francis Goyet, grimpeur impavide des cols et Jan Miernowski, infatigable dans la poursuite du savoir. J'ai eu plusieurs occasions d'exposer quelques-uns de mes arguments au cours de conférences et sous forme de séminaires, notamment en été 1995 (*National Endowment for the Humanities Summer Seminar* à Madison) et au printemps 1998 (Département de Français et d'Italien, Université du Wisconsin, Madison). Je remercie tous les participants de leurs réactions, commentaires et de leurs conseils. L'Université du Wisconsin à Madison, à travers la *Wisconsin Alumni Research Foundation* et le *College of Letters and Science*, m'a accordé des fonds de recherche sans lesquels le présent travail aurait connu de grandes difficultés. La *John Simon Guggenheim Foundation* m'a rendu possible une année entière de recherches, au cours de laquelle la part essentielle de la rédaction a été menée à bien. La *Herzog August Bibliothek* à Wolfenbüttel a bien voulu m'accueillir pendant deux mois dans une atmosphère éminemment collégiale. Je remercie aussi Dominique Poncelet de l'attention qu'elle a accordée à mon manuscrit, et surtout Max Engammare et Michel Jeanneret de m'avoir fait des suggestions judicieuses et d'avoir bien voulu accepter le livre dans la présente collection. Certains chapitres développent des analyses que j'ai pu présenter sous forme partielle ailleurs: dans les actes des colloques *Clément Marot* (éds. Gérard Defaux et Michel Simonin, Cahors, 1996), *Ethos et Pathos dans la rhétorique de l'Antiquité aux temps modernes* (éds. François Cornilliat et Richard Lockwood, Paris, 1997), *L'éloge du Prince* (éds. Isabelle Cogitore et Francis Goyet, Grenoble, 1997), et comme article en anglais (« The Renaissance Novella as Justice ») dans *Renaissance Quarterly*. Je remercie les éditeurs d'avoir autorisé la publication en version augmentée de ces textes.

Madison et La Romieu, juillet 1998

INTRODUCTION

Le rapport avec autrui précède le rapport à soi, la conscience de soi. Ou plutôt, pour ne pas simplement inverser la situation dite cartésienne, ne faudrait-il pas plutôt dire que les rapports des êtres humains entre eux précèdent, et fondent, l'identité individuelle? Le partage de la nature humaine est la source de toute prise de conscience de la différence individuelle: cette nature nous livre l'instrument même de cette prise de conscience, le «discours», le jugement perméable à la raison, et elle constitue un fond, un arrière-plan, par rapport auquel la différence individuelle peut être perçue. C'est ainsi que s'agence, pour la Renaissance, le scénario *initial* de toute réflexion éthique, ce à quoi on peut toujours revenir, le *default setting* de la pensée morale. C'est aussi le scénario *final* de la rhétorique: l'union de l'intention du rhéteur et de la foi (*fides*), de l'adhérence délibérée et émotive, du public. Cette union s'achève par le recours à ce qui nous est commun, à ce qui tire sa force de son statut de partage. La littérature, elle aussi, se communique; elle ne se consume pas dans son expressivité et elle ne se limite pas à un destinataire-individu. Elle vise toujours un au-delà du rapport à l'individu; elle vise les rapports des humains entre eux, le lien social même. Mais resituons la question dans le contexte de l'époque.

LITTÉRATURE, ÉLOGE ET VERTU

Littérature, rhétorique et pensée morale – composer et embellir, persuader, louer et blâmer – sont étroitement associées dans la poétique de la Renaissance. En témoigne cet exemple de l'invention, «la vie et l'âme du Poème», donné par Jacques Peletier dans son *Art poétique* de 1555:

> Virgile donc entreprit son Énéide, ayant désir d'illustrer les choses Romaines, et singulièrement, de célébrer les gestes d'Auguste. Pour à quoi parvenir, se pensa de devoir former en un Énée (estoc de la Royauté Romaine) un Prince sage et belliqueux: Et est là son général et principal projet d'invention[1].

---

[1] Dans éd. Francis Goyet, *Traités de poétique et de rhétorique de la Renaissance* (Paris: Librairie générale française, 1990), p. 252.

Le poète procède essentiellement à la manière de l'orateur qui compose un discours d'éloge. Il choisit une cause générale («illustrer les choses Romaines»), et à l'intérieur de celle-ci, une cause plus particulière («célébrer les gestes d'Auguste»). L'éloge de la personne, *a fortiori* celui du prince, comprend l'éloge des ancêtres; on «forme» (comme Castiglione «forma» son parfait courtisan, à l'imitation de Cicéron, «façonnant» son orateur exemplaire)[2] un prince sage et fort à travers l'exemple d'Énée qui se rattache à Auguste à la fois par le lignage («estoc de la Royauté Romaine») et par le type moral dont Auguste sera une autre incarnation. Peletier joue sur la justification humaniste (et traditionnelle) de la noblesse: les ancêtres proposent des modèles de vertu que le noble se doit d'imiter. L'intention fondamentale du poète en écrivant son poème, c'est de composer un *éloge*. Il voudrait *illustrer* les «choses Romaines» au sens précis de «donner de l'éclat», «éclairer». La lumière qui brille dans les «choses Romaines» provient de ces princes «sages et belliqueux» dont Auguste est le plus récent; ce n'est pas le faste romain ni l'immense empire qui donnent de l'éclat à Rome, mais les princes dont les qualités morales – *prudentia* et *fortitudo* – sont éminemment louables. Les vertus sont littéralement lumineuses; elles répandent la lumière: elles «rendent les hommes qui en sont ornez si excellens qu'ils ne peuvent aspirer à une excellence plus grande; desquelles la clairté et splendeur est si grande que ceux qui hantent les hommes vertueux en sont illustres, tout ainsy que le soleil, quand il se lève ne rend seulement le ciel beau mais aussy tout le monde», affirme un orateur dans l'Académie du Palais patronnée par Henri III[3]. Et c'est par leur éloge que l'orateur et le poète font resplendir les gestes dignes de louange. En même temps, l'éloge «forme» le prince qui en est l'objet, aux multiples sens du *instituere* (dresser, établir, fonder, disposer) que Cicéron et Quintilien utilisent en formulant leur projet et en modelant leurs orateurs.

---

[2]   Voir *Il libro del cortegiano*, 1.12 («formar con parole un perfetto cortegiano»); *De oratore*, 2.20.85 («ego tibi oratorem... instituam»); voir aussi Quintilien, *Institutio oratoria*, 1.1.21.

[3]   Premier parmi les discours autour de la question «Quelles vertus sont plus excellentes, les morales ou intellectuelles», il est reproduit dans Edouard Fremy, *Origines de l'Académie française: L'Académie des derniers Valois, Académie de poésie et de musique (1570-1576), Académie du Palais (1576-1584)*, d'après *des documents nouveaux et inédits* (Paris: Ernest Leroux, 1887), p. 223.

VERTU, PRODUIT DE L'ÉLOGE

Dans son résumé de l'invention virgilienne, Peletier définit d'une manière on ne peut plus claire l'alliance profonde du projet littéraire et du projet moral, par le discours épidictique. La littérature, dans sa cause finale, est éloge de quelque chose ou de quelqu'un ; or, ce qu'on loue, ce qui paraît apte à être loué, digne de louange, ne peut être que la vertu. Celle-ci, à son tour, se détermine précisément parce qu'elle fait l'objet de louanges, ce qui place la vertu dans un cercle herméneutique qui caractérise, sans toutefois la vicier, toute pensée morale issue de la tradition aristotélicienne. Il nous est possible d'arriver à des définitions de la vertu parce que nous avons l'habitude de louer certaines dispositions que nous considérons par ce fait même comme des vertus : *Habituum autem laudabiles virtutes dicimus* («parmi les dispositions, celles qui méritent la louange, nous les appelons des vertus»)[4]. Le discours sur les vertus devant l'Académie du Palais rappelle que «vertu, généralement prinse, n'est autre chose qu'une excellente affection ou habitude d'esprit qui rend louables ou recommandables ceulx qui en sont ornez» (p. 221). Le philosophe siennois Francesco Piccolomini définit la vertu en la distinguant des «capacités» (*facultates*) et des «émotions» (*perturbationes*) : nous ne sommes loués ni pour nos capacités naturelles, ni pour les mouvements de nos sens. En revanche, la vertu nous rend dignes des honneurs, et nous en sommes loués ou blâmés[5].

La relative désinvolture d'Aristote, prêt à se contenter de suivre, dans le domaine moral, les apparences et les opinions, c'est-à-dire la louange généralement décernée, contraste avec le souci stoïcien de l'auteur de la *Rhetorica ad Herennium* qui distingue ce qui est loué et ce qui est droit, même s'il ne fait pas l'objet de louanges. Ce qui est «droit» (*rectum*) ne peut pas recouper sans faille ce qui est loué, ou le louable (*laudabile*). Nous ne devons pas poursuivre le droit seulement pour

---

[4] Aristote, *Ethique à Nicomaque*, 1.13.20, 1103a10 (trad. J. Tricot, Paris, Vrin, 1979, p. 86). Le texte latin est la «versio antiqua» (Grosseteste) ; le terme français «disposition» traduit *habitus*, qui lui-même traduit le grec *hexis*. Aristote distingue ce qui est digne d'éloge (*epainos*) et ce qui est digne de «glorification» (*egkomion*). La vertu est digne d'éloge parce que la personne qui la possède accomplit de bonnes actions ; elle est donc en rapport avec une autre chose. Le bonheur (ou Dieu, selon Aristote dans cette discussion précise) n'est pas sujet d'éloge, parce qu'il est un bien d'une manière absolue, et non pas relatif à autre chose. On lui attache donc l'honneur ou la gloire (*time*) (voir 1.12, 1101b10-1102a4).

[5] *Universa philosophia de moribus* (Venise : Apud Franciscum de Franciscis Senensem, 1583), Gradus quartus, Cap. 4 («Propria definitio virtutis moralis»), p. 170C.

obtenir l'éloge d'autrui; pourtant, se hâte-t-il d'admettre, le désir du
droit se redouble s'il est loué. Le bon rhéteur montrera donc en même
temps qu'une chose est droite et qu'elle est louable, aux yeux des personnes honorables. Si la *Rhetorica ad Herennium* hésite, pour une raison bien pragmatique, devant la trop rapide confusion entre le droit et
ce qui est loué, pour d'autres raisons pragmatiques le cercle herméneutique de la vertu et de l'éloge se referme[6].

LA VERTU DÉFINIE

Nous louons donc certaines dispositions à agir, et par cette louange
même elles se profilent comme des vertus. Ces dispositions sont rationnelles, «discursives», c'est-à-dire qu'elles supposent un choix rationnel
et se justifient par un discours compréhensible (on est loin de l'intui-
tion naturelle de l'individu bon ou de l'automatisme d'un groupe
social) et elles sont aussi des habitudes, des tendances à agir selon la
droite raison (*ratio recta*) qui se confirment à travers le temps.

En France, la définition la plus claire de la vertu issue de ce courant
aristotélicien se retrouve dans l'œuvre de Scipion Dupleix, historiographe de Louis XIII. Au début de son résumé de la philosophie
morale, il compare les différentes opinions sur «l'objet» de la morale,
se concentrant sur Averroës, Ficin et Francesco Piccolomini: c'est pour
ce dernier qu'il éprouve la plus grande sympathie. Selon Dupleix et «le
Peripateticien» Piccolomini, «le vray objet de la Morale consiste és
actions humaines en tant qu'elles se peuvent regler et composer à l'honnesteté et bien seance»[7]. L'objet de la morale n'est donc pas ce qui est
bon indépendamment de sa mise en action. Et l'action morale ne se
règle pas sur un critère abstrait, mais se laisse guider par «l'honnesteté»
et la «bien seance», notions qui proviennent directement des écrits
moraux de Cicéron, traduisant *honestum* (ce qui est considéré comme le
bien moral, souhaitable pour lui-même, dans le *De officiis*) et *decorum*
(ce qui est approprié ou convenable, dans le comportement et dans le
discours, selon le *De oratore*). Le projet de la philosophie morale passe
donc nécessairement par la description des actions, par l'opinion des

---

[6] L'attribution de ce texte à Cicéron se voit mise en doute dès la fin du XVe
siècle; voir le plus récemment Virginia Cox, «Machiavelli and the *Rhetorica ad
Herennium*: Deliberative Rhetoric in the *Prince*», *Sixteenth Century Journal*,
28 (1997): 1109-1141, et surtout les pp. 1126-1127, sur la distinction
rectum/laudabile et 1136-1137, sur les débats autour de l'attribution du traité.

[7] J'ai consulté *L'Etique ou philosophie morale* (Paris: Jacques Bessin, 1631), Livre
1, chap. 2, p. 14, proposition XIII.

autres, et ne se sépare pas de la rhétorique. Par la suite, Dupleix définit plus précisément la vertu:

> Or la vertu en general est une habitude laquelle perfectionne celuy qui en est doüé et rend ses actions droictes et accomplies. ... Ainsi l'homme vaillant est tellement perfectionné par sa vaillance qu'il se porte au peril et hazard de la vie lors qu'il est besoin, et n'est point en perpetuelle crainte comme le coüard et pusillanime, ny n'expose point sa vie indiscrettement et inconsiderément à toutes occasions comme le temeraire, et par ce moyen il rend ses actions droictes, bien reiglees et recommandables. (Livre 3, Chap. 1, p. 93, II)[8]

L'action produite par la disposition, «l'habitude» (*habitus*) de la force, n'est ni un défaut (la couardise) ni un excès (la témérité), et l'homme qui incarne la vertu «rend ses actions droictes, bien reiglees», c'est-à-dire qu'il les rend perméables à la rationalité, qu'il suit la droite raison, *ratio recta*. Il rend aussi ses actions «recommandables», c'est-à-dire susceptibles d'être louées par les autres. Il les accomplit en quelque sorte en la présence virtuelle ou réelle des autres, dont la louange est un élément indispensable à la détermination de la vertu.

LES VERTUS «CARDINALES» ET L'ANALYSE LITTÉRAIRE

Les *habitus laudabiles*, dans une tradition qui remonte à Platon mais dont les formulations les plus importantes sont fournies, comme nous l'avons vu, par Cicéron, sont au nombre de quatre (il s'agit des vertus dites «cardinales»): la prudence, la justice, la force et la tempérance. Le bien moral, *honestum*, est ce qui est désiré pour lui-même («propter se petitur»), et toute la «force» («vis») de ce bien moral repose sur ces quatre éléments, *prudentia, iustitia, fortitudo, temperantia*[9]. Le lien de

---

[8] Ce perfectionnement de l'action implique et suppose une suite d'actions, plutôt qu'une seule: «Car nul n'est et ne peut estre dict à bon droict ny juste, ny vaillant, ny liberal, ny temperant qu'il n'ait fait preuve de ces vertus-là par plusieurs actions precedentes. Je dy par plusieurs actions: d'autant qu'une seule ne fait pas la parfaicte habitude non plus qu'une arondelle le Printemps» (p. 94, VI). Dans son discours sur les «vertus intellectuelles et morales», Ronsard souligne que «les vertus morales sont habitudes acquises et aprises par longue accoustumance et long usage, inssinuées et imprimées de longue main...» (Fremy, p. 225).

[9] «Nam virtus est animi habitus naturae modo atque rationi consenteanus. Quamobrem omnibus eius partibus cognitis tota vis erit simplicis honestatis considerata. Habet igitur partes quattuor: prudentiam, iustitiam, fortitudinem, temperantiam» (*De inventione*, 2.53.159). Voir la formulation

ces quatre vertus avec l'éloge est explicite: «si laudemus, aliud iuste, aliud fortiter, aliud modeste, aliud prudenter factum esse dicamus» («si nous louons, nous disons qu'une chose est faite de manière juste, forte, modeste, ou prudente»), lit-on dans la *Rhetorica ad Herennium* (3.8.15). A travers le discours d'éloge, la dynamique morale qui sous-tend la littérature se manifeste aussi comme une dynamique littéraire sous-tendant en retour la morale. La connaissance morale n'est pas possible sans une connaissance du vaste domaine de l'éloge. Or, au cœur de ce monde se trouve la littérature, dans sa variété même: elle nous fournit un examen du particulier et du général, elle transmet l'expérience du possible et du probable, elle procure le plaisir d'une fable bien conduite et elle rappelle avec insistance les liens unissant bien faire et bien dire.

Pourtant on risque vite de succomber au cliché: la littérature serait le reposoir de toutes les vertus consacrées (avec l'antithèse immédiate de la littérature, au contraire, comme subversion des redites et des certitudes morales). Si la morale est conçue en effet comme un ensemble de règles, de devoirs figés et de vérités transcendant toutes circonstances particulières, la littérature ne pourra que transmettre plus ou moins ouvertement ces mêmes règles et vérités. Son seul avantage serait de les faire passer d'une manière plus plaisante, sous forme de pilule dorée. La morale conçue, en revanche, comme un ensemble toujours ouvert de dispositions constituant un bien vivre, un vivre meilleur, laisse une part

---

légèrement différente du *De officiis*: «Sed omne, quod est honestum, id quattuor partium oritur ex aliqua: aut enim in perspicientia veri sollertiaque versatur aut in hominum societate tuenda tribuendoque suum cuique et rerum contractarum fide aut in animi excelsi atque invicti magnitudine ac robore aut in omnium, quae fiunt quaeque dicuntur, ordine et modo, in quo inest modestia et temperantia» (1.5.15). Il y a plusieurs sources chez Platon (*Lois* 1, 631c-d, 12, 965d; *République* 4, 427e). Dans sa *Philosophie morale et civile*, une collection de 202 quatrains sur des sujets moraux et politiques, Jean de La Gessée résume avec une certaine désinvolture les quatre vertus:

Prudence, Force, Atrempence, Justice,
Au chois, aus faicts, aus mœurs, à la Cité,
Prend, cerche, suit, exerçe d'equité,
son heur, son los, sa regle, son office. (Paris: Federic Morel, 1595, p. 6, X).

Sur les vertus cardinales au début du Moyen Age, voir Sibylle Mähl, *Quadriga Virtutum: Die Kardinaltugenden in der Geistesgeschichte der Karolingerzeit* (Cologne, Vienne: Böhlau, 1969). La réduction des vertus est entérinée par la constitution de la «discipline» de l'éthique; aussi trouvons-nous dans le sommaire de la morale aristotélicienne de l'Université de Coimbra uniquement des articles consacrés aux quatre vertus (*In libros Ethicorum Aristotelis ad Nicomachum, aliquot Conimbricensis cursus disputationes, in quibus praecipua quaedam Ethicae disciplinae capita continentur*, Lyon, Ex officina Juntarum, 1598, Disputationes VIII et IX).

plus large à l'évocation du particulier, du probable et du possible qu'est le monde mimétique du texte littéraire. On évite donc l'impasse d'une littérature ne sachant être que maîtresse d'école ou libertinage subversif. Mais tout le problème et tout l'intérêt résident évidemment dans les détails, dans l'émergence du bien vivre dans ses représentations multiples, et non pas seulement dans la dialectique entre le concept qui peut figer le réel et la variété qui échapperait à tout «discours», à toute saisie rationnelle.

LA TRADITION MORALE :
ARISTOTE-CICÉRON VS PLATON VS LES STOÏCIENS

En tentant une analyse «morale» de la littérature du XVIᵉ siècle français, on se heurte tout de suite à un obstacle de taille. Les grandes énergies intellectuelles de l'époque semblent s'être dépensées autour de questions d'ordre non pas moral mais religieux et politique. Pour certains philosophes, le christianisme a rendu désuètes les vertus classiques[10]; en tout cas la philosophie morale doit se distinguer nettement de la loi divine[11]. Les auteurs chez qui je puise mes exemples n'hésitent souvent

---

[10]   C'est le cas de Juan Luis Vivès, qui offre à la fois une critique des vertus aristotéliciennes d'un point de vue méthodologique (la vertu n'est pas le milieu entre deux extrêmes, mais ne s'oppose qu'à un seul contraire) et d'un point de vue religieux (nous ne sommes méritoires qu'aux yeux de Dieu; notre vrai mérite échappe donc à notre connaissance, ce qui enlève toute raison d'être aux vertus classiques, fondées sur la récompense que constitue l'honneur). Vivès résume: «Non possumus Christo servire et Aristoteli contraria praecipientibus; illi attolenti nos ad coelum, ad Deum Patrem suum, et per contemptum vitae hujus ad curam illius sempiternae; huic prementi animum nostrum ut arctius complectatur hoc corpus, curas et cogitationes suas omnes in hac aevi brevitate consumat» (*De causis corruptarum artium*, éd. Emilio Hidalgo-Serna, trad. Wilhelm Sendner, Munich, Wilhelm Fink, 1990, p. 544; voir, pour la critique des vertus, Livre 6 chap. 2). Vivès fait écho à Lorenzo Valla, *De voluptate*, Livre 3.

[11]   Voir Philippe Mélanchthon, pour qui la philosophie morale est distincte de l'Evangile: la loi divine promet une rémission des péchés, enseigne comment Dieu peut approuver ceux qui ne le méritent pas, et comment Dieu donne la vie éternelle par le Christ. Or, la philosophie morale n'enseigne aucune de ces choses; toutefois elle fait partie de la loi divine. Elle sert à inciter les âmes à l'amour de la vertu, et elle aide l'homme à se connaître lui-même, chose souhaitable puisque dans l'esprit de l'homme se trouvent imprimées les causes des vertus et des lois qui sont comme des traces de l'image de la divinité dans l'homme. Voir *Philosophiae moralis epitome* (Loudun: Sebastien Gryphius, 1538), pp. 10-14. Sur les différentes prises de positions des philosophes

pas à s'engager dans ces débats, ou à faire passer dans leurs textes un discours religieux ou même théologique (pensons à Marguerite de Navarre, Clément Marot, Rabelais, Ronsard dans ses *Discours*, et évidemment Pierre Matthieu ou Jean-Pierre Camus). Toujours est-il que la problématique morale continue à transparaître dans leurs écrits, au niveau de la conduite représentée et même à celui de l'*elocutio*: formules qui surgissent malgré un commentaire qui nie parfois leur pertinence, qui proclame l'anachronisme d'une tradition morale trop attachée aux païens, aux scolastiques, à un Aristote poussiéreux ou à un Cicéron loquace.

C'est à la lumière de la tradition aristotélo-cicéronienne, qui constitue sans doute le courant le plus répandu de la pensée morale de la Renaissance, que j'ai examiné certains textes, les uns célèbres, d'autres beaucoup moins connus. Le choix d'Aristote et de Cicéron s'impose pour plusieurs raisons. Premièrement, toute analyse morale de la littérature empruntant la voie de la rhétorique – à mon sens indispensable – passera nécessairement par la théorie des discours et la formation de l'orateur que l'on trouve dans les œuvres rhétoriques de Cicéron. Deuxièmement, la tradition aristotélicienne, qu'elle se manifeste dans la scolastique ou dans l'humanisme, qu'elle soit reçue d'une manière fragmentaire ou synthétique, diluée ou modifiée, constitue le fond le plus abondant de la réflexion morale de la Renaissance. Pourtant, depuis les travaux importants sur Marsile Ficin et le platonisme italien d'une part, sur Juste-Lipse, Montaigne, Pierre Charron et Guillaume Du Vair, de l'autre, cette tradition aristotélicienne a souvent reçu une moindre attention que le néo-platonisme et le néo-stoïcisme qui dominent notre perception du XVIe siècle français.

Il est incontestable que le platonisme fournit, à des écrivains tels que Maurice Scève et les poètes du milieu lyonnais, une théorie de l'amour et de la connaissance à travers Ficin, Léon Hébreu, Mario Equicola, et un imaginaire allégorique à travers Francesco Colonna. Ce platonisme se manifeste à des moments cruciaux chez certains poètes de la Pléiade et même dans l'œuvre d'écrivains moraux comme Etienne Pasquier et Louis Le Caron. Pourtant le néo-platonisme a des tendances fortement ésotériques; il ne jouit d'aucun ancrage véritable dans la vaste culture de l'enseignement et de l'imprimé, et ne sera donc pas reçu sous forme d'une *éthique*, d'un discours décrivant le comportement moral[12].

---

et théologiens vis-à-vis de la philosophie morale classique, voir Jill Kraye, «Moral Philosophy», in *The Cambridge History of Moral Philosophy*, éds. Charles B. Schmitt, Quentin Skinner, Eckhard Kessler (Cambridge: Cambridge University Press, 1988), pp. 303-386, et surtout 319-325.

[12] Sur le néo-platonisme en France voir Walter Mönch, *Die italienische Platon-Renaissance und ihre Bedeutung für Frankreichs Literatur und Geistesgeschichte*

Le néo-stoïcisme semble imprégner profondément la culture juridique et politique françaises du XVIe siècle finissant et du début du siècle suivant. Cette influence s'explique et se manifeste par la réception de l'œuvre dramatique et épistolaire de Sénèque, la traduction d'Epictète et surtout la publication du *De constantia in publicis malis* (1584) de Juste-Lipse et de *La Philosophie morale des Stoïques* (1594) de Guillaume Du Vair. Dans une étude admirable sur l'influence intellectuelle du stoïcisme, Günter Abel démontre la pertinence de la pensée stoïcienne au détriment de l'aristotélisme, surtout d'inspiration humaniste. Il voit dans le courant stoïcien une philosophie plus appropriée aux conditions politiques et intellectuelles de la deuxième moitié du XVIe siècle : l'aristotélisme (après la *restitutio* d'Aristote par l'humanisme) s'accommoderait moins bien de l'individualisme (dans le développement d'un Etat qui réserve aux sujets un espace privé protégé, tout en les privant d'action politique coordonnée) et il serait moins compatible avec le christianisme que le stoïcisme. En outre la *phronesis* (prudence) aristotélicienne est perçue, dans le sillage de s. Thomas d'Aquin (et déjà sous l'influence de Cicéron), comme une faculté purement instrumentale, alors qu'elle était auparavant au centre de la vie éthique, permettant à la fois une perception du vrai et un choix des moyens pour réaliser une bonne action. La sagesse stoïcienne, fortement rationalisée, offrirait par rapport à la prudence un modèle éthique plus pertinent[13]. Si la réaction individuelle contre la scolastique et souvent contre Aristote lui-même est frappante (Valla, Vivès, Ramus, *et al.*), la présence déterminante de ce même Aristote dans l'enseignement et dans la littérature morale «d'accès facile» demeure incontestable. Le fait que les écrits de Cicéron ne sont pas perçus comme incompatibles avec l'éthique aristotélicienne me semble aussi militer en faveur de sa *vitalité* culturelle. En outre, si la

---

(Berlin : Ebering, 1936) ; Jean Festugière, *La Philosophie de l'Amour de Marsile Ficin et son influence sur la littérature française du XVIe siècle* (Paris : Vrin, 1941) ; plus généralement D. P. Walker, *The Ancient Theology : Studies in Christian Platonism from the Fifteenth to the Eighteenth Century* (Londres : Duckworth, 1972) et Paul Oskar Kristeller, *Renaissance Thought and Its Sources* (New York : Columbia University Press, 1979), pp. 50-65.

[13] *Stoizismus und frühe Neuzeit : Zur Entstehungsgeschichte modernen Denkens im Felde von Ethik und Politik* (Berlin : Walter de Gruyter, 1978), pp. 246-272 ; voir aussi Léontine Zanta, *La renaissance du stoïcisme au XVIe siècle* (1914, réimpr. Genève, 1975). Sur la réaction anti-stoïcienne de Montaigne, voir le plus récemment David Quint, *Montaigne and the Quality of Mercy* (Princeton : Princeton University Press, 1998), une belle étude qui ne m'est parvenue qu'après la rédaction du présent essai. Il me semble, toutefois, que Quint écarte la tradition aristotélo-cicéronienne, qui me paraît encore bien vivante et pertinente vers la fin du siècle.

structure d'un Etat absolutiste, qui imposerait un ordre sur le chaos
créé par les guerres civiles, se dessine déjà et est particulièrement ressentie dans le milieu juridique, la culture morale caractérisée par le discours de la vertu constitue une sorte de permanence, une réserve de
« lieux communs » résistant à l'emprise d'un Etat bureaucratique absolument dénué de vertu personnalisée.

LA PRÉSENCE DE LA TRADITION MORALE :
ÉDITIONS, TRADUCTIONS, COMMENTAIRES, RECUEILS

Notre perspective moderne nous permet de distinguer clairement
entre la pensée aristotélicienne, le stoïcisme et l'héritage de Platon. Ces
distinctions sont moins évidentes à l'époque de la Renaissance, surtout
en ce qui concerne le mélange Cicéron-Aristote qui entoure la théorie
des vertus et son rapport avec la rhétorique. Comment, en effet, cerner
cette tradition morale ? Elle est extrêmement copieuse, connaît des
manifestations matérielles très diverses et occupe une gamme intellectuelle très large.

Les éditions commentées et les traductions du corpus cicéronien et
des écrits moraux d'Aristote représentent à la fois le travail philolo-
gique et éditorial le plus admirable et en un sens le moins utile pour
l'étude du langage de la vertu dans le domaine littéraire. Les éditions
grecques et les traductions latines de l'*Ethique à Nicomaque* se succèdent
à partir de la fin du XVe siècle[14]; dans ses *Tres conversiones* (1497),
Jacques Lefèvre d'Etaples en offre la version latine médiévale (de
Robert Grosseteste) et celles de Leonardo Bruni et de Johannis Argyropulos. L'*Ethique à Nicomaque* connaît deux traductions françaises uti-
lisées au cours du XVIe siècle, l'une, médiévale, de Nicole Oresme
(imprimée dès 1488), et l'autre, partielle, de Philippe Le Plessis (1553).
Le public cultivé français aurait pu consulter de même deux traductions
italiennes datant du XVIe siècle : celle, commentée, de Bernardo Segni

---

[14]   Voir Charles B. Schmitt, *Aristotle and the Renaissance* (Cambridge, MA: Har-
      vard University Press, 1983) et « Aristotle's Ethics in the Sixteenth Century :
      Some Preliminary Considerations », in *Ethik im Humanismus*, éds. Walter
      Rüegg, Dieter Wuttke (Boppard : 1979), pp. 87-112. Sur les commentaires, voir
      Jill Kraye, « Renaissance Commentaries on the *Nicomachean Ethics* », in *Voca-
      bulary of Teaching and Research Between Middle Ages and Renaissance*, éd. Olga
      Weijers (Brepols : Turnhout Belgique, 1995), pp. 96-117. Sur la constitution de
      l'éthique au moyen âge, grâce aux commentaires sur l'*Ethique à Nicomaque*,
      voir Georg Wieland, *Ethica – Scientia practica : Die Anfänge der philosophischen
      Ethik im 13. Jahrhundert* (Münster : Aschendorff, 1981), « Beiträge zur Ges-
      chichte der Philosophie und Theologie des Mittelalters, 21 ».

(1550) et la paraphrase en dialogue de Felice Figliucci (1551). Les ouvrages de Cicéron étaient plus répandus que ceux d'Aristote; ses œuvres morales étaient généralement regroupées (les *De officiis, De amicitia, De senectute, Somnium Scipionis* et le *Paradoxa stoicorum* constituant un tout aux yeux de la Renaissance). La traduction française des œuvres morales connaît de nombreuses éditions tout au long du siècle. Certains textes sont traduits plusieurs fois : le *De amicitia* à lui tout seul aura trois traducteurs au XVIe siècle (Jacques Collin, Blaise de Vigenère et Jacques Davy Du Perron). La pensée d'Aristote est souvent présentée par ailleurs sous une lumière cicéronienne, parce que les traductions et commentaires du corpus aristotélicien utilisent une terminologie empruntée à Cicéron (voir la célèbre traduction de l'*Ethique à Nicomaque* de Leonardo Bruni, datant du XVe siècle, mais surtout celle de Joachim Périon [1540] et les commentaires, par exemple ceux de Pier Vettori [1584]). Restent les différentes «abréviations» ou florilèges d'Aristote et de Cicéron (tels les *Auctoritates Aristotelis* de la fin du XVe siècle et, au début du siècle suivant, le *Librorum Aristotelis... compendium* de Johannes Lonicer [1540], ou les *Flores illustriores Aristotelis* [1560] de Jacques Bouchereau[15], ainsi que les sentences extraites de Cicéron, par exemple dans le recueil très répandu de Petrus Lagnerius[16]), qui se confondent du reste avec la vaste littérature des «lieux communs».

Pourtant la matière aristotélicienne et cicéronienne ne se limite pas aux éditions, traductions et commentaires. Elle constitue l'essentiel des ouvrages synthétiques de philosophie morale, tels que, au début du siècle, la *Moralis... in Ethicen introductio* de Jacques Lefèvre d'Etaples, commentée par son disciple Josse Clichtove[17] et, à la fin du siècle, l'*Epitome doctrinae moralis ex decem libris ethicorum Aristotelis ad Nicomachum collecta* de Theophilus Golius[18], qui organise son ouvrage par sujets et par questions (p.e. «Quomodo differt prudentia à scientia?»),

---

[15] J'ai consulté deux éditions des *Auctoritates*, la première imprimée à Cologne en 1487, l'autre à Paris en 1522. Les deux derniers ouvrages sont publiés respectivement à Marburg chez Christian Egenolph et à Paris chez Jérôme de Marnef.

[16] J'ai consulté son *M. Tul. Ciceronis Sententiae insigniores, Apophthegmata, Parabolae, seu Similia, atque eiusdem aliquot piae sententiae...* (Lyon: Guillaume Rouillé, 1557), qui comprend des sentences extraites de Térence et d'Erasme. Les premières éditions de ce recueil datent des années 1540. Voir Ann Moss, *Printed Common-Place Books and the Structuring of Renaissance Thought* (Oxford: Clarendon Press, 1996), pp. 167-169, qui émet l'hypothèse selon laquelle le nombre élevé des éditions de Lagnerius indique qu'il a été utilisé dans l'enseignement dans les collèges.

[17] Paris, Simon de Colines, 1535.

[18] Strasbourg, Josias Rihelius, 1592.

un peu à la manière des *quaestiones* scolastiques. La réception d'Aristote
se répand aussi dans le vernaculaire, même si sa pensée se trouve infléchie: Alessandro Piccolomini, dans son *Della institutione morale... libri
XII*, conçoit le bonheur comme «in operatione» et il négligera ainsi
toute analyse de la vie contemplative. Dans la pensée de Piccolomini, le
plaisir (*diletto*) s'allie, bien plus que chez Aristote, à l'exercice de la
vertu; on est sûr de posséder une disposition vertueuse lorsqu'on res-
sent «il diletto del ben'operare»[19]. En France, même l'*Academie françoise* du Protestant Pierre de La Primaudaye, tout en citant abondamment Platon et Cicéron, analyse les vertus en termes de «mediocrité» et
les vices comme «extremitez... qui sont Excez & Default»[20]. Pierre
Charron consacre de longs chapitres aux quatre vertus dans *De la sagesse*
(1601, 1604). La théorie des vertus est présente dans la philosophie
morale évidemment destinée à un public moins spécialisé; c'est le cas,
par exemple, des *Œuvres morales et diversifiées en histoires* de Jean Des
Caurres, dans lesquelles un chapitre sur la «Verité, et du different des
Ombres et de Verité, qui a esté entre Platon et Aristote» en côtoie
d'autres, consacrés à la conservation du vin et de la viande. Des
Caurres, précepteur au Collège d'Amiens, fait découler les vertus d'une
vérité toute platonicienne, pour les soumettre finalement au message
évangélique:

> La Verité est une en toutes choses, mais elle prend divers noms, selon
> qu'elle change de subjects. Si elle demonstre les choses divines, on la
> nomme Sapience: si les naturelles, Science: les humaines, Prudence. Si
> elle nous rend equitables, Justice: vaillans et constans, Force: modestes
> et continens, Temperance. Dont procedent deux especes de vertu: les
> unes morales, à sçavoir, Justice, Force, et Temperance: les autres intel-
> lectuelles, Sapience, Science, Prudence. Les morales, pour les actions
> civiles sont plus cogneues: les intellectuelles, plus occultes, pourtant
> que l'inquisition de verité est fort difficile. (...) Le vray chemin pour y
> parvenir, est de se retirer vers nostre Sauveur, disant: Je suis la voye,
> vie, et verité: qui croit en moy, ne mourra point eternellement[21].

Si l'étiologie des vertus chez Des Caurres diffère visiblement de celle
qui est associée à la tradition rhétorique aristotélicienne, leur réparti-

---

[19] (Venise, Giordano Ziletti, 1560), Livre 5, chap. 5, p. 192. Sur les débats autour
    de la vie contemplative et active, voir Kraye, «Moral Philosophy», pp. 335-
    339.

[20] Par exemple la tempérance (Réimpr. de l'éd. de 1581, Genève, Slatkine, 1972,
    Livre 1, Chaps. 17 et 18, fs. 54ᵛ-60ʳ).

[21] *Œuvres morales, et diversifiées en histoires, pleines de beaux exemples, enrichies
    d'enseignemens vertueux, & embellies de plusieurs sentences & discours* (Paris:
    Guillaume Chaudiere, 1575), fs. 33ᵛ-34ʳ.

tion et la présence plus répandue des morales les réintègrent dans cette tradition. Le vrai chemin de la vérité reste bien sûr le Sauveur, mais l'enseignement moral s'appuie sur les vertus, peut-être faute d'une saisie du comportement humain véritablement différente. Les vertus sont profondément ancrées dans la réflexion morale, même si elles donnent lieu, en fin de compte, à des exhortations proprement religieuses, même si, donc, elles ne sont pas souhaitables pour elles-mêmes[22].

Une première «application» de la philosophie morale se manifeste évidemment dans le domaine de la pensée politique. La théorie des vertus constitue le fondement de l'enseignement du Prince, à une époque où la «science politique» n'en est qu'à ses débuts et où l'exercice du pouvoir se rattache étroitement à une personne, autrement dit à un caractère dont la formation prend une importance démesurée[23]. Si l'on laisse de côté le *Prince* de Machiavel, qui est évidemment une exception de taille[24], les manuels d'instruction du Prince et les traités sur la monarchie insistent sur la foi et la justice du Prince. Ce discours adressé au Prince prend des formes différentes, de «l'Institution» en prose à la manière d'Erasme (*Institutio principis christiani*, 1516), ou en vers à la manière de Ronsard (*Institution pour l'Adolescence du Roy treschrestien Charles neufviesme de ce nom*, 1562). Le traité formel, s'il ne prétend plus *former* le Prince et se voit comme une analyse du pouvoir ou comme un ensemble de conseils, garde toutefois des liens étroits avec la théorie des vertus, ne fût-ce que par l'indispensable rappel de la justice et de la dignité royales. Ainsi même les recueils de sentences et d'exemples contiennent des chapitres consacrés à l'amour de justice du Prince[25]. Les innombrables poèmes de circonstance, les préfaces et les

---

[22] Dans la tradition augustinienne et scolastique les vertus ne sont pas l'objet de «jouissance», c'est-à-dire qu'elles ne constituent pas la fin ultime (celle-ci serait plutôt la béatitude), même si elles produisent chez leurs possesseurs *sancta dilectatio*. Voir Pierre Lombard, *Sententiae* I dist 1 cap 3, «Utrum utendum, an fruendum sit virtutibus».

[23] Voir Ian Maclean, «From Prudence to Policy: Some Notes on the Prehistory of Policy Sciences», conférence à l'Université Catholique de Nimègue (Nimègue: Drukkerij Quickprint, 1993).

[24] Voir le plus récemment Robert Bireley, *The Counter-Reformation Prince: Anti-Machiavellianism or Catholic Statecraft in Early Modern Europe* (Chapel Hill: University of North Carolina Press, 1990), Victoria Kahn, *Machiavellian Rhetoric: From the Counter-Reformation to Milton* (Princeton: Princeton University Press, 1994); Michel Senellart, *Machiavélisme et Raison d'Etat: XIIe-XVIIIe siècle* (Paris: Presses universitaires de France, 1989).

[25] Par exemple Lodovico Guicciardini, *Detti e fatti piacevoli e gravi di diversi principi filosofi, e cortigiani raccolti dal Guicciardini et ridotti a moralita* (Venise: Domenico Nicolini, 1565), f. 9^r: «De Principi essere, il fare osservar

épîtres utilisent un discours parénétique dont l'essentiel passe par les vertus classiques, même s'il s'alimente aussi aux vertus chrétiennes de la foi, de l'espérance et de la charité.

On se demande, cependant, si les éditions, les commentaires, les traductions et les discussions parfois très fouillées dans le domaine de la philosophie morale ou de la théorie politique renaissante peuvent se répercuter dans un domaine qui est gouverné par des conventions rhétoriques et génériques laissant peu de place à l'élaboration d'un argument intellectuel précis. Il est beaucoup plus probable que la pensée morale d'une époque se mesure par les concepts, les exemples, les sentences auxquels on a recours pour l'enseignement, la composition de discours et la bonne conduite de la vie. Il s'agit donc des «lieux communs», dans une acception peu précise[26], recueillis dans des livres, souvent en petit format, organisés par *capita* ou par ordre alphabétique. Par exemple, le recueil d'André de Rezende, *Sententiae et exempla ex probatissimis quibusque scriptoribus collecta, & per locos communes digesta*, publié à Venise en 1572, procède d'une manière typique: d'abord les «lieux», c'est-à-dire les sujets, ensuite des sentences tirées des Grecs, des Latins et de la Bible. Suivent normalement des exemples (ici dans un deuxième volume). Ou alors celui de François Le Tort (*Sententiarum opus absolutissimum: ex optimis probatissimisque authoribus excerptum, et in locos communes digestum, ac omnibus studiosis necessarium* [Paris: Jean Poupy, 1580]) dont les *capita* sont classés par ordre alphabétique et dont les sentences comprennent aussi des auteurs modernes (tel Erasme). Le recueil le plus influent est sans doute ici la *Polyanthea: Opus suavissimis floribus exornatum* composé par Nani Mirabelli (Venise, 1507) augmenté et revu au cours du XVIe siècle par François Le Tort et Bartholomaeus Amantius. Les «fleurs» sont les sentences choisies chez des auteurs *vetustiores* et *recentiores* et présentées dans des chapitres rangés par ordre alphabétique. Theodor Zwinger, dans son *Theatrum humanae vitae*, publié à Bâle en 1565, réimprimé et revu au XVIIe siècle par Laurent Beyerlinck, fait de même pour les *exempla*, les organisant de manière thématique en diagrammes au début des chapitres[27]. Les *Adages* d'Erasme et son *De duplici copia verborum ac*

---

buona giustitia»; ou Bartolomeo Paschetti, *Dubbi morali et naturali divisi in due libri con le solutioni a ciascun dubbio accommodate...raccolti da diversi antichi e moderni scrittori* (Gênes, 1581), f. 1ᵛ: «Perche devono i Principi amar sopra tutte le cose la Giustitia?».

[26]   Voir Francis Goyet, *Le sublime du 'lieu commun': l'invention rhétorique dans l'Antiquité et à la Renaissance* (Paris: Champion, 1996), pp. 58-75; Moss, *Printed Common-Place Books*.

[27]   Voir Moss, *Printed Common-Place Books*, pp. 195-197.

rerum proposent un trésor et une méthode pour la composition littéraire et rhétorique. Composition rhétorique et conduite de la vie se
lient d'ailleurs plus naturellement lorsqu'il s'agit de manuels ou de
recueils d'accès plus facile. Lagnerius, dans la préface au lecteur de son
recueil de sentences cicéroniennes, recommande que le discours soit
«illustré» par des sentences; mais, ce qui est plus important, affirme-t-
il, il s'agit de demander aux auteurs les moyens de bien vivre[28].

Les recueils en langue vulgaire sont tout aussi fréquents bien qu'ils
aient tendance à être moins systématiques et exhaustifs (sans doute à
cause de leur format plus petit). L'anonyme *Fior de virtu. Historiato utilissimo a ciaschadun fidel Christiano*, dans l'édition revue et imprimée à
Venise chez Agostino Bindone en 1556, divise sa matière en chapitres
(«Della amore in generale», «Della amore di Dio», «Della bugia»,
«Della constantia», etc.). Ces chapitres contiennent différentes définitions (par exemple, «la constance, c'est se tenir ferme dans ce qu'on se
propose de faire»), choisies chez des auteurs classiques aussi bien qu'ecclésiastiques, et un exemple. Dans le même chapitre suivent alors des
sentences (par exemple, «est digne de louange non pas celui qui commence mais celui qui finit») et un autre exemple. Pierre Habert, dans *Le
miroir de vertu et chemin de bien vivre, contenant plusieurs belles histoires,
par Quatrains & Distiques moraux, le tout par Alphabet* (éd. rev. Rouen:
Thomas Mallard, 1590) propose des sentences suivies d'exemples, le
tout rangé par chapitres en ordre alphabétique. Parfois les recueils sont
bilingues: dans le *Tresor de vertu, ou sont contenues toutes les plus nobles,
& excellentes Sentences, & enseignements de tous les premiers Auteurs,
Hebreux, Grecz, & Latins, pour induire un chacun à bien & honnestement
vivre* de Pierre Trédéhan, une traduction italienne de Bartolomeo Marraffi est imprimée en face du texte français. Les sentences et exemples,
rassemblés dans des chapitres, sont présentés sans attribution dans la
version française, mais sont accompagnés du nom de leur auteur dans
l'italienne[29]. Les vices et les vertus, mais surtout les quatre vertus «car-

---

[28] «Cum non modo bene dicendi, sed multo etiam magis bene vivendi ratio ab
     autoribus petenda sit» (*M. Tul. Ciceronis Sententiae insigniores*, p. 3). Moss,
     Printed Common-Place Books, p. 167, voit dans l'insistance sur la pratique un
     refus d'un cicéronianisme qui préfère l'enseignement de la période cicéro-
     nienne à la transmission de la morale.

[29] J'ai consulté l'édition de Lyon, Jean Temporal, 1555. Les sentences du *Tresor
     de vertu* seront reprises dans les *Marguerites françoises ou fleurs de bien dire* au
     début du XVIIe siècle (voir Moss, *Printed Commonplace Books*, pp. 262-263,
     qui ne semble pas connaître d'édition du *Tresor* avant 1560), mais aussi par
     Gilles Corrozet, dans ses *Propos memorables et illustres hommes de la Chres-
     tienté. Avec plusieurs nobles & excellentes Sentences des anciens Autheurs
     Hebrieux, Grecs & Latins* (Rouen: Theodore Reinsart, éd. rev. 1599).

dinales», constituent une catégorie *sine qua non* de ces recueils, de manière peut-être encore plus évidente que dans les recueils latins, et les définitions et sentences que l'on y trouve proviennent souvent de la philosophie classique, Cicéron, Sénèque et Aristote en tête.

LITTÉRATURE ET ANALYSE MORALE

La présence de la pensée morale d'Aristote et de Cicéron ne fait aucun doute, que ce soit dans la forme très élaborée des éditions ou dans les multiples versions abrégées et synthétiques en latin et en langue vulgaire. Le rapport *théorique* entre littérature et philosophie morale, par le biais de la rhétorique, est de même une évidence à l'époque. Cette évidence s'exprime dans la poétique, nous l'avons constaté, mais elle traverse aussi les textes liminaires des œuvres littéraires. La littérature consiste en arguments, elle fait passer un message moral, celui-ci est plus ou moins caché par l'ornement, par la fable... Loin de voir ces déclarations bien connues comme une apologie, ou comme une stratégie de déviation (l'intérêt du texte littéraire résidant alors bien ailleurs), il semble plus approprié d'en apprécier la portée et la pertinence par une analyse de la construction morale du texte littéraire de la Renaissance, ce monde mimétique des comportements et rapports humains. C'est dire que les préfaces, les dédicaces, etc. ne retiendront que très rarement mon attention ; en revanche, c'est le tissu même de ce monde fictif dont il s'agit de démêler les fils éthiques. Il faut ajouter, comme préalable à toute démarche dans ce domaine, que nous disposons aujourd'hui de différents modèles pour comprendre le comportement humain, c'est-à-dire pour l'expliquer et l'évaluer – deux termes dont la distinction est moins évidente au XVIe siècle ; parmi ces modèles, les discours psychologique et économique dominent (« elle a fait ceci ou cela parce qu'elle a un rapport tourmenté avec sa mère » ; « elle a fait ceci ou cela pour porter au maximum son profit ») et s'ajoutent à un discours moral (« elle a fait ceci ou cela parce qu'elle est généreuse »). A la Renaissance, il est difficile sinon impossible de parler d'un discours psychologique ou d'un discours économique véritablement systématiques en ce qui concerne la conduite humaine : le discours moral est porteur de charges que la société moderne ne lui reconnaît plus. Les vertus et les vices représentent la description, réitérée à souhait, de comportements tendant au bien vivre ou au vivre défectueux ; ils sont la matière même de la réflexion sur le comportement humain. La littérature, monde de conduites possibles, probables, véritables, travaille nécessairement sur cette matière, à travers ces réflexions. La *fictio*, le *feindre* de ce comportement, emprunte les instruments que lui fournit la culture.

LA VERTU MISE EN QUESTION?

Toujours est-il que la «grille» morale ne reste pas la même, et que, comme je viens de l'affirmer, nous vivons dans une société où le comportement se comprend – et se représente – peut-être d'une manière fondamentalement différente. Si le discours de la vertu à la Renaissance peut encore se fier aux liens qui unissent public et orateur, lecteur et texte, s'il peut donc se fier à l'*emprise* de la représentation de la vertu, ces liens ont dû se relâcher et s'affaiblir devant la concurrence d'autres discours. La vertu a pu perdre sa *pertinence*. C'est ce qu'affirment certains philosophes récents, et sans doute de la manière la plus frappante Alasdair MacIntyre[30] pour qui le discours de la vertu a perdu dans le monde moderne ce naturel qui autrefois assurait sa compréhensibilité et son efficacité. Le privilège accordé au *moi* libéré de tout lien social, de toute définition substantielle (ressentie comme contraignante), enlève du même coup tout pouvoir au discours moral. Celui-ci se verrait soumis à des critères logiques ou scientifiques, donc au même scepticisme qui gouverne l'épistémologie des Lumières. L'affirmation de la déchéance du discours moral implique évidemment son pouvoir antérieur : la Renaissance serait-elle une telle période de pouvoir du discours moral? Même après les modifications apportées par les Romains – la *politeia* remplacée par la *res publica*, la bonne conduite définie en termes d'*officia*, de «devoirs» – et celles du christianisme augustinien – la primauté de la volonté, l'extension par la charité de l'action morale – la tradition aristotélo-cicéronienne semble avoir gardé une vitalité, un statut quasi-naturel, dans la culture lettrée du XVIe siècle.

Mais le discours de la vertu, de la constitution de l'èthos[31] par les

---

[30] Dans *After Virtue: A Study in Moral Theory* (Notre Dame : Notre Dame University Press, 1981). Le renouveau anglo-saxon de la philosophie aristotélicienne a pris une certaine ampleur : voir, dans une perspective souvent très différente, Martha C. Nussbaum, *The Fragility of Goodness: Luck and Ethics in Greek Tragedy and Philosophy* (Cambridge : Cambridge University Press, 1986), et, *a contrario*, la définition de «l'identité moderne» caractérisée par le sentiment de la perte d'un sens, d'une plénitude, chez Charles Taylor, *Sources of the Self: The Making of the Modern Identity* (Cambridge, MA : Harvard University Press, 1989). Sur la philosophie morale renaissante, voir Nancy S. Struever, *Theory as Practice: Ethical Inquiry in the Renaissance* (Chicago : University of Chicago Press, 1992); son étude de Pétrarque, Valla, Machiavel et Montaigne me semble moins pertinente pour la littérature, précisément parce qu'elle exclut de son champ le domaine des «lieux communs», préférant se pencher sur les élaborations individuelles fort complexes.

[31] «Èthos» (accent grave, signifiant l'èta grec) au sens de «caractère», «disposition» (de l'orateur), ce caractère étant composé d'émotions moins violentes, plus conciliantes, que le pathos, et donc plus propres à capter la faveur du public.

habitus laudabiles, commence parfois à s'effriter, à côtoyer d'autres impératifs, d'autres saisies du comportement social. Si la théologie chrétienne constitue une concurrence permanente, la nouvelle insistance sur l'action de la grâce et la priorité de la loi divine réduit l'importance de la vertu comme disposition formant le bien vivre en faveur d'une conception de la vertu comme ce qui permet au chrétien de suivre les préceptes divins. Ce qui ne veut pas dire que les vertus classiques ne sont éclairées par aucune « règle » : la *recta ratio*, une sorte de rationalité supérieure présente dans l'âme des hommes, guide les actions constituées par les vertus, et la force se voit parfois définie comme une observation de la *recta ratio* dans des situations difficiles[32]. Pourtant cette rationalité est toute centrée sur la vie d'ici-bas. C'est ce qu'exprimera clairement Nicolao Granucci di Lucca, dans son recueil *Piacevol notte, et lieto giorno, opera morale*: si les Romains nous sont supérieurs par la force et la prudence, c'est qu'ils n'avaient qu'un seul but, l'honneur de ce monde. Nous les modernes, par contre, en avons deux : l'honneur de ce monde et le salut de notre âme[33].

En revanche, les préceptes chrétiens, selon la loi divine explicite dans les Ecritures, ne concernent guère en principe le bonheur individuel ou social, mais plutôt ce qui rendra le *viator* digne du salut dont les manifestations les plus importantes se verront évidemment après la mort. Même chez des théologiens qui, contrairement à Valla et Vivès, ne rejettent pas entièrement la notion aristotélicienne de la vertu, cette dernière est étroitement soumise à la loi divine ; son but n'est plus l'action perfectionnée, constituant la bonne et heureuse conduite de la vie,

---

[32] Commentant une phrase de Petrus Albinus, « Fortitudo est legitima praecepti ardui et non ardui observatio », Jacques Charpentier précise qu'il ne s'agit pas d'une loi écrite, ni d'une législation imposée par la volonté humaine, mais de la loi présente dans la nature et l'esprit des hommes : « Praeceptum legitimum dicitur quod lege continetur, aut quod huic est consentaneum. Ex autem secundum naturam ea est intelligenda, non quae scripta est, nec quae eorum qui imperant placitis nititur : sed quae animis nostris ante ullam scriptam legem est insita. Quae nihil aliud est, quam recta ratio » (*Platonis cum Aristotele in universa philosophia, comparatio. Quae hoc commentario, in Alcinoi Institutionem ad eiusdem Platonis doctrinam, explicatur. Vol. 2 : Quae de animorum immortalitate, de fato & libero arbitrio disputationem continet, itemque explicationem eorum quae ad philosophiam moralem pertinent*, Paris, Jacques Du Puys, 1573, cap. 21, pp. 118, 124).

[33] « Ma per seguire il nostro ragionamento, che i Romani ci habbino superato nella fortezza, e principalmente nella prudenza, dico, che i Romani haveano un solo fine, che era l'honor del mondo, dove che noi n'habbiamo due, l'honore, e la salute dell'anima che è di tutti il principale » (Venise : Iacomo Vidali, 1574, f. 21ʳ).

mais ce qui permet au fidèle de persister dans l'obéissance des commandements divins. C'est ainsi que le théologien calviniste Lambert Daneau redéfinit la force, s'inspirant d'ailleurs aussi de l'analyse du martyre que l'on trouve chez s. Thomas d'Aquin[34]. La vertu n'est donc plus cette négociation délibérée du contingent, cette habitude du bien agir harmonieux, gouvernée par une rationalité, mais la conscience d'une loi et la décision sans délibération de conformer son action à cette loi, qu'elle soit ou non «rationnelle». Ce discours théologique, déjà présent dans l'évangélisme des premières décennies du XVIᵉ siècle, se profile, bien sûr, dans les débats envenimés de la Réforme. Cela n'empêchait pas du reste l'utilisation pédagogique et philosophique de l'*Ethique à Nicomaque* chez les Réformés aussi bien que chez les Catholiques, ni la représentation littéraire du comportement humain en termes relevant explicitement de l'éthique classique, même chez des écrivains d'inspiration évangélique.

Un autre défi aux *habitus laudabiles* de Cicéron et d'Aristote apparaît d'une manière beaucoup moins concise, mais peut-être plus déterminante pour les milieux littéraires. Il s'agit de l'éthique «sociable» de la cour, de cette dialectique de l'être et du paraître, qui se répand dans la littérature des XVIᵉ et XVIIᵉ siècles. Nous y trouvons la figure du courtisan-Protée, capable de changer d'èthos lorsque la situation le demande, lorsqu'il risque de perdre la faveur du prince, pour *plaire*: la disposition qui s'inscrit ici dans le temps, c'est une disposition vide, la *disponibilité* de l'être humain, prêt à assumer divers visages, pour peu qu'ils soient convenables. Le but de l'exercice de la vertu ne réside plus dans la perfection de l'action, mais dans sa réussite auprès du prince qui la récompensera. Cette réussite dépend des humeurs du prince, à qui plairont ceux qui lui ressembleront. Il s'agit donc d'une action qui est

---

[34] *Ethices christianae libri tres. In quibus de veris humanarum actionum principiis agitur: atque etiam legis Divinae, sive Decalogi, explicatio, illiùsque cum scriptis Scholasticorum, Iure Naturali sive Philosophico, Civili Romanorum, & Canonico collatio continetur. Praeterea Virtutum, & Vitiorum, quae passim vel in sacra Scriptura, vel alibi occurrunt, quaeque ad singula legis Divinae praecepta revocantur, variae definitiones* (1ᵉʳᵉ éd. 1577; Genève: Eustache Vignon, 1583): «Alii verò sic [definiunt], fortitudo est animi virtus, quae dolorem corporis, et malum omne impendens, adeóque mortem ipsam (quae est omnium formidabilium maximè formidabilis) aequo animo tolerat, neque spe praemii, neque metu poenae, neque ignoratione periculi imminentis, neque aliqua fiducia periculi evitandi, *sed quia Dei praecepto paret*» (Liber 3, cap. 3, f. 332ᵛ, je souligne). Sur l'éthique de Daneau, voir Christoph Strohm, *Ethik im frühen Calvinismus: Humanistische Einflüsse, philosophische, juristische und theologische Argumentationen sowie mentalitätsgeschichtliche Aspekte am Beispiel des Calvin-Schülers Lambertus Danaeus* (Berlin: Walter de Gruyter, 1996), surtout pp. 107-116.

entièrement instrumentalisée et qui ne pourrait être le résultat d'un *habitus*, puisque sa substance est sujette aux velléités diverses du prince. Le courtisan réussira en utilisant, bien sûr, la rhétorique et la dialectique, mais le courtisan-orateur aulique se sert d'une rhétorique tronquée de ses fondements éthiques. La formation du bon administrateur par la méthode ramiste en constitue une manifestation, étudiée naguère par Anthony Grafton et Lisa Jardine[35]. Comme dans le cas du discours théologique, l'éthique – ou l'anti-éthique – courtisane a toujours été une option, dans le scepticisme exprimé par Lucien, dans les arguments réfutés par Plutarque, dans les mises en garde formulées par Jean de Salisbury ou Enea Silvio Piccolomini. Mais, aux XVIe et XVIIe siècles, la cour du roi commence à revêtir une importance culturelle considérable et la littérature aulique et anti-aulique, souvent très proche des controverses politiques, pose ces problèmes avec une nouvelle acuité[36]. C'est dans le contexte de cette culture de cour que la notion classique de l'èthos rhétorique – et du coup poétique – est sérieusement compromise.

DÉFINIR LE CHAMP

Dans l'ensemble, pourtant, le discours de la vertu, dans ce champ limité qu'est la littérature française de la Renaissance, s'avère d'une vitalité considérable. J'ai dû me limiter à proposer des rappels conceptuels et des échantillons d'analyses, après avoir posé les fondements rhétoriques, c'est-à-dire après avoir suivi le parcours de l'éloge. C'est principalement la nouvelle qui a attiré mon attention. Son rapport étroit avec l'exemple, le commentaire et l'éloge qui s'y rattachent souvent, la représentation concise de conduites individuelles : tout se prête à l'analyse « morale ». Les textes liminaires, pourtant truffés de discours parénétique, m'ont semblé moins pertinents, simplement parce que la pratique littéraire, la construction d'un univers mimétique, constitue un

---

[35] Dans *From Humanism to the Humanities : Education and the Liberal Arts in Fifteenth- and Sixteenth-Century Europe* (Cambridge, MA : Harvard University Press, 1986), surtout le chapitre 7, « Pragmatic Humanism : Ramism and the rise of 'the Humanities' ». Grafton et Jardine s'intéressent assez peu, pourtant, à la dynamique éthique de la cour.

[36] Voir, pour le XVIe siècle, Pauline M. Smith, *The Anti-Courtier Trend in Sixteenth-Century French Literature* (Genève : Droz, 1966) ; aussi Claus Uhlig, « Schein und Sein bei Hofe : Deformierter Humanismus und englische Renaissance », in éd. August Buck, *Höfischer Humanismus* (Weinheim : VCH, Acta Humaniora, 1989), pp. 195-214, et son *Hofkritik im England des Mittelalters und der Renaissance : Studien zu einem Gemeinplatz der europäischen Moralistik* (Berlin : Walter de Gruyter, 1973).

indice plus frappant de l'emprise de la tradition éthique. Cette dernière, systématique ou non, paraphrasée, commentée ou abrégée, est d'un accès relativement facile, ce qui permet un va-et-vient fréquent entre le concept et son utilisation ou sa représentation[37].

Le cas de Montaigne, dont je ne livre que des analyses partielles, est difficilement classable: quoiqu'il ne soit ni philosophe moral à la manière d'un Mélanchthon, ni compilateur à la manière de Theodor Zwinger, de François Le Tort ou de l'André Thevet des *Vrais portraicts et vies des hommes illustres* (1584), ni commentateur à la manière de Lefèvre ou de Vettori, son écriture reste de toute évidence ancrée dans la tradition morale. Reprenant les exemples, les sentences et les définitions de cette tradition, elle s'y alimente pour en accentuer la diversité, prenant pour point de départ ses éléments les plus marginaux et la contradiction de ses exemples, évitant ce passage explicite au jugement général qu'après tout, et malgré tout, cette science du probable et du contingent semble permettre. C'est ainsi que Montaigne commence son essai «De la vertu» par une sentence conventionnelle, définissant, comme ses prédécesseurs et ses contemporains, la vertu comme un *habitus* et non pas comme un geste individuel: «Je trouve par experience qu'il y a bien à dire entre les boutées et saillies de l'ame ou une resolue et constante habitude...»[38] Montaigne conçoit les «saillies» de l'âme surtout comme les «traits miraculeux» des «heros du temps passé», peu aptes à devenir «ordinaires et comme naturelles». Dans son essai, il cite des gestes comme la castration volontaire, le suicide et la mise à mort, au bûcher, des veuves indiennes. Exemples étonnants, mais qui ne constituent guère le bien vivre... Lorsqu'il donne un exemple de la vertu-*habitus*, «une resolue et constante habitude», il se tourne vers Pyrrhon, qui «essaya, comme tous les autres vrayement philosophes, de faire responde sa vie à sa doctrine» (p. 705). Celle-ci comprenant une méfiance totale à l'égard du jugement humain, le philosophe ne se détourne point de son chemin, refusant d'éviter les obstacles, et il est préservé des accidents et des précipices par l'intervention de ses amis. Cette image d'un philosophe proprement risible, abandonnant tout jugement pratique, souligne le travail subversif de l'essai de Montaigne. Son point de départ est une définition toute commune de la vertu comme disposition rationnelle. Prenons cette définition, semble dire allègrement l'essayiste, choisissons un exemple d'une disposition vrai-

---

[37] Il faut se garder, cependant, de retomber dans le piège de «l'application» d'une règle morale: les concepts définis et illustrés dans les recueils sont une sorte de guide du bien vivre. Ils ne constituent pas des commandements précis.

[38] *Essais*, éd. Pierre Villey, V.-L. Saulnier (Paris: Presses universitaires de France, 1965), 2.29, p. 705.

ment durable et réfléchie, et nous voilà en train de détourner le pauvre Pyrrhon des précipices où il se jetterait si nous ne lui tenions la main. Montaigne choisit donc un aspect formel du concept de vertu, tout en négligeant son étoffe thématique (en l'occurrence la prudence), et explore la diversité du monde des exemples en se servant de ce guide formel. La tradition morale se trouve ainsi soumise à l'écriture virtuose, personnalisée, d'un observateur astucieux: «*Je trouve par expérience...*». Cependant Montaigne ne représente guère la fin de cette collaboration entre littérature et philosophie morale, au contraire: des grands drames de Corneille à la *Princesse de Clèves*, le siècle suivant saura se servir de la vertu classique, propre à des effets théâtraux, mais elle perdra progressivement son ancrage dans la culture.

*
* *

C'est pour naviguer dans ces mers peut-être troubles aux yeux modernes, que je me suis proposé trois questions fondamentales, reliant la rhétorique, la littérature et la tradition morale:

- quelles sont les conditions de l'éloge, quel est le rapport que projette le discours épidictique avec l'*objet* loué?

- quelles sont les conditions morales de la présence du *sujet* dans le discours?

- comment le comportement représenté dans le texte littéraire traverse-t-il et constitue-t-il le filtre de la vertu?

VERTU DU DISCOURS

L'ÉTHIQUE DE LA LOUANGE
CHEZ MAROT :
LA BALLADE « DE PAIX, & DE VICTOIRE »

Si les pages précédentes nous ont permis de constater à quel point le discours de l'éloge se nourrit, par sa raison d'être aussi bien que par ses thèmes, d'une théorie de la vertu, et de découvrir que cette théorie suppose l'éloge dans sa définition même, il reste que cette relation intime entre éthique et discours épidictique nous paraît quelque peu abstraite, voire éphémère. Lorsqu'on aborde un texte littéraire, tout se concrétise et tout se complique, même dans un texte apparemment construit d'une suite d'évidences. Rien de plus facile qu'une ballade de Clément Marot faite pour encourager son roi à poursuivre la paix ou la victoire, toute parsemée de flatteries... Toutefois la forte teneur évangélique qui caractérise l'écrivain et les premières décennies du règne de François Ier pourrait modifier sensiblement le dispositif de l'éloge éthique : loue-t-on chez le prince la charité, la foi, c'est-à-dire la soumission de la politique à la loi divine, mais surtout à l'exigence de la bonne nouvelle et à la préparation du Chrétien pour l'au-delà ? Ou loue-t-on les vertus classiques qui font du prince le pilote prudent du navire, le juste rémunérateur de la dignité des sujets, le tempéré maîtrisant ses passions, et le vaillant chef de l'armée ? En d'autres mots, le bonheur pour lequel œuvre le prince est-il bien l'infusion de l'espoir de l'au-delà dans la cité profane ou le maintien d'un ordre et l'épanouissement du bien vivre de ses sujets ? Cette distinction dont les jalons étaient posés bien avant la Préréforme et qui paraîtra souvent douloureuse au cours du siècle semble passablement anachronique à l'époque de Marot, un discours éthique *grosso modo* aristotélocicéronien allant de pair avec les exhortations à la charité. Celle-ci peut en principe s'exercer dans un état gouverné dans sa consistance éthique par les vertus classiques ; elle n'a pas encore acquis l'exigence absolue d'un abandon du bien vivre, et le discours politique, pour sa part, n'a pas encore incorporé cette raison d'Etat si néfaste pour les vertus du prince. En même temps, les poèmes adressés par Marot à François Ier comportent un élément humain parfois délicat, souvent enjoué, reflétant la situation de l'ami, du poète, du courtisan quémandeur...

LE CONTRAT DE L'ÉLOGE

Le lien général unissant le discours épidictique et les vertus fait place à une négociation précise du rapport entre sujet et objet d'un discours dans le cas de l'éloge de personne, dont nous parcourrons rapidement les conditions traditionnelles[1]. Louer une personne, c'est forcément un acte éthique. La louange d'une personne comprend évidemment des conditions dont cette personne ne peut être responsable (le pays, les parents, les ancêtres), mais la substance de la louange portant sur ces conditions soulignera que la personne concernée a bien «répondu» à l'excellence de ses origines ou bien, par contre, qu'elle a surpassé les attentes créées par une origine modeste[2]. De même, la louange de la personne «elle-même» comprend celle de son caractère ou de son âme (*animus*), celle de son corps (*corpus*), et celle de circonstances externes (*extra posita*)[3]. La louange des circonstances externes portera non sur la possession de certains avantages, mais sur l'usage que la personne en a fait (*sed quod iis honeste sit usus*, Quintilien, 3.7.14). Pour que cet usage mérite l'éloge, il doit se conformer à «l'honnête»: il n'est pas besoin de rappeler le rôle central de ce concept dans la philosophie morale latine[4]. C'est l'âme, le centre de la volonté, qui constitue l'objet du «véritable» éloge: *animi semper vera laus* (3.7.15). Aristote semble identifier la vertu, produite par des choix volontaires, à ce qui est digne de louange[5]. En effet, l'enracinement du discours épidictique dans l'éthique permet à Aristote d'affirmer que nous percevons les vertus par la louange que l'on fait de personnes vertueuses et, implicitement, par le blâme accordé aux défauts et excès[6].

---

[1]   Sur l'éloge dans l'Antiquité, voir Laurent Pernot, *La rhétorique de l'éloge dans le monde gréco-romain*, 2 vols. (Paris: Institut d'Etudes Augustiniennes, 1993), et surtout les pp. 134-178 (sur l'éloge de personne), et les pp. 710-724, sur la fonction parénétique de l'éloge, c'est-à-dire lorsque l'éloge se sépare nettement du conseil et devient exhortation pure à un comportement dont personne ne conteste la valeur; sur l'éloge et l'ornement chez les prédécesseurs et contemporains de Marot, voir François Cornilliat, *«Or ne mens»: Couleurs de l'éloge et du blâme chez les «Grands Rhétoriqueurs»* (Paris: Champion, 1994).

[2]   Voir Quintilien, *Institutio oratoria*, 3.7.10-11: «Ante hominem patria ac parentes maioresque erunt, quorum duplex tractatus est: aut enim respondisse nobilitati pulchrum erit aut humilius genus illustrasse factis».

[3]   Quintilien, 3.7.12.

[4]   Voir la discussion fondamentale de l'*honestum* chez Cicéron (*De officiis*, 1.5.15 et *passim*).

[5]   Voir sa *Rhétorique* 1.9 (1366 a 33-36) et l'*Ethique à Eudème* 2.11 (1228 a 1-17); seuls les choix volontaires de l'homme sont dignes d'éloge.

[6]   Voir par exemple *Ethique à Nicomaque* 1.12 – en particulier 1.12.6-7 (1101b32-35) –, et notre Introduction.

La louange *méritée*, celle qui est conforme à la dignité de la personne louée, repose sur un rapport de proportionalité entre le discours élogieux et l'objet de son discours, et même un rapport contractuel : je te loue puisque tu le mérites ; si tu en venais à ne pas le mériter, je ne te louerais plus ; pour que tu sois loué par moi dans l'avenir, continue à accomplir des gestes dignes de ma louange. Marot a recours à ce rapport proportionnel dans « Le Dieu Gard de Marot à la Court » (comp. 1537) : « Quant est de moy, je ne veulx chanter hymne / Que de mon Roy : ses gestes reluysants / Me fourniront d'arguments suffisants » (Vol. 2, p. 134, vv. 64-66)[7]. Non seulement la louange reflète la vertu déjà évidente du roi, mais elle constitue aussi une *espérance*, et elle sert elle-même à augmenter la vertu constatée[8]. La personne louée provoque l'espoir de futurs bienfaits : « Quand à l'Espoir, que j'ay en vous bouté / D'ailleurs ne vient, que de vostre bonté, / En qui me fie », proclame Marot au Cardinal de Lorraine en 1528 (Vol. 1, p. 318, vv. 27-29). La source de l'espoir ne réside pas dans la personne du poète, mais dans la personne louée ; la déception de cet espoir sera la pleine responsabilité du personnage dont la bonté l'oblige aux bienfaits demandés. En ce sens l'acte de louer est le constat d'une obligation ; tout manquement à l'obliga-

---

[7]   Les citations proviennent des deux volumes de l'édition des *Œuvres poétiques* de Clément Marot par Gérard Defaux (Paris: Bordas, 1990 et 1993), « Classiques Garnier ». Les « gestes reluysants » de François Ier rappellent la description des vertus chez Cicéron (elles sont « resplendissantes ») : la justice (« iustitia, in qua virtutis est splendor maximus », *De officiis* 1.7.20), l'équité (« Aequitas enim lucet ipsa per se », 1.9.30), le courage (1.20.67), la constance et la modération (« ex quo elucebit omnis constantia omnisque moderatio », 1.29.102). Les gestes qui méritent le plus de louange sont donc ceux qui relèvent du domaine du gouvernement de soi et des autres ; il ne s'agit pas simplement de prouesses militaires. La situation quasi contractuelle de l'éloge est évoquée dans la ballade, « De Paix, & de Victoire », dont je reprendrai l'analyse plus bas. « Bon Espoir » fait croire au poète que la paix ou la victoire adviendront (c'est-à-dire, que François Ier fera preuve de ses vertus morales) ; une fois la paix rétablie, le discours d'éloge peut reprendre, une *cause* de l'éloge ayant été fournie : « Mais Bon Espoir me promect pour loyer / Heureuse Paix, ou triumphant Victoire. / Ma plume alors aura cause, & loysir / Pour du loyer quelcque beau Lay escrire... » (vol. 1, p. 121, vv. 19-22). La cause que constitue la paix précède ainsi la cause que constitue le « loyer », les gages du poète.

[8]   Ce que souligne Antonius Pinus Portodemaeus, commentateur du troisième livre de Quintilien (sur « animi semper vera laus », 3.7.14) : « virtutis usus nunquam variat in deterius : & ideo animi semper vera laus est, id est, virtutes insitas satis est commemorasse, & *dicendo auxisse* » (*M. Fabii Quintiliani, oratoris eloquentissimi, institutionum oratorium libri XII, singulari cum studio tum iudicio doctissimorum virorum ad fidem vetustissimorum codicum recogniti ac restituti...* (Paris: Michel Vascosan, 1538), f. 23r).

tion est une rupture de contrat, la rupture d'une promesse, de la *fides*
qui est la base de la justice commutative[9]. La personne louée n'ayant pas
consenti au contrat, celui-ci ne peut évidemment avoir force de loi,
mais reste une représentation fictive, une hypothèse de contrat, si l'on
veut. En ce sens également la louange peut constituer, pour celui qui en
est l'objet, une contrainte, un lien dont il a intérêt à se défaire, même si,
en tant que souverain, il ne peut se soustraire aux contrats[10]. Marot
poussera à fond le jeu sur le contrat, cet échange de services entre le
poète et son mécène, le rat et le lion, le poète nécessiteux et le roi libé-
ral (par exemple, dans la fameuse épître «Au Roy» composée fin
1531)[11].

Si la louange est fondée sur une perception éthique («ta bonté fournit la matière de ma louange») et en tire sa force quasi contractuelle, elle
doit se distinguer clairement de la flatterie. Or cette distinction sera une
source féconde de réflexions, de Plutarque à Machiavel[12]. Le problème
reste peut-être au fond insoluble: rien n'empêche le flatteur d'adopter
les apparences du conseiller juste et prudent. On semble s'accorder sur
le principe que le bon conseiller n'hésitera pas à proposer au prince un
conseil désagréable ou même à le blâmer, tandis que le flatteur ne ris-
querait jamais l'offense. Comme le dit Sénèque, cité à maintes reprises
dans les florilèges de sentences morales, «Je veux plus tost offenser avec
les choses vrayes, que plaire en flatant»[13]. La vérité ne se distingue donc

---

[9]   Voir Cicéron, *De officiis* 1.7.23: «Fundamentum autem est iustitiae fides, id est
     dictorum conventorumque constantia et veritas».

[10] Ce que rappellent avec insistance les théoriciens du pouvoir souverain; voir
     Jean Bodin, *Les six livres de la Republique*, 1.8: «Il ne faut donc pas confondre
     la loy & le contract: car la loy depend de celuy qui a la souveraineté, qui peut
     obliger tous ses subiects, & ne s'y peut obliger soy mesme: & la convention
     est mutuelle entre le Prince & les subiects, qui oblige les deux parties recipro-
     quement, & ne peut l'une des parties y contrevenir au preiudice, & sans le
     consentement de l'autre: & le Prince en ce cas n'a rien par dessus le subiect»
     (éd. rev. Lyon, Jacques du Puys, 1580, p. 94). Voir également à ce sujet la per-
     cutante analyse de Francis Goyet, de «l'Epistre à son amy Lyon» de Marot, in
     *Le sublime du «lieu commun»: L'invention rhétorique dans l'Antiquité et à la
     Renaissance* (Paris: Champion, 1996), pp. 399-403: le lion, c'est aussi le roi, qui
     devient un lion *lié*, et dont l'amitié doit, par la force de la louange du poète,
     s'étendre aux faibles.

[11] Voir vol. 1, p. 322, vv. 90-130. Marot refuse de demander franchement un don,
     tout en suggérant que tout prêt ne sera pas rendu, ce qui le transforme en don.

[12] Voir, dans les *Moralia* de Plutarque, «Comment discerner le flatteur d'avec
     l'amy» et Machiavel, *Il principe*, chap. 23 («Quomodo adulatores sint fugiendi»).

[13] Cité par Pierre Trédéhan dans son *Tresor de vertu, où sont contenues toutes les
     plus nobles, & excellentes Sentences, & enseignemens de tous les premiers Auteurs*

du mensonge que par sa nature désagréable : paradoxe néfaste, puisque, par cette confusion toujours possible avec la flatterie, la louange se trouve privée de tout support éthique. Toutefois la louange qui encourage une conduite vertueuse tout en louant les vertus déjà présentes dans le souverain semble un choix à la fois agréable et apparemment le moins flatteur[14]. Le prince prudent se trouve pourtant toujours devant un problème proprement herméneutique d'une complexité considérable ; mais, d'autre part, le poète élogieux ne pourra pas non plus échapper au paradoxe. La rhétorique du « cœur » chez Marot peut, me semble-t-il, se comprendre dans cette perspective : bien insister sur la parfaite transparence du discours, voix du « cœur », n'est-ce pas une tentative de rompre ce cercle vicieux, ou au moins une démonstration de la conscience qu'a le poète élogieux des difficultés herméneutiques de son entreprise ? Ceci dit, la rhétorique du cœur demeure parfaitement conciliable avec l'insistance évangélique sur la pureté des intentions, la sincérité de la foi, etc.

Le poète se trouve en face d'une autre difficulté lorsqu'il s'agit d'offrir un discours « vrai » au prince, que ce soit un discours d'éloge ou un conseil qui risque d'offenser. Le plus averti des écrivains traitant de ces matières, Machiavel, recommande au prince de prendre l'initiative, de ne choisir que des conseillers sages et de leur donner l'occasion de s'exprimer librement sur des sujets précis. C'est en posant lui-même les conditions et les occasions du conseil que le prince prudent réduit au maximum la séduction de la flatterie : l'éloge ou le conseil dont le conseiller (et, par implication, le poète) prend l'initiative sont vivement

---

Hebreux, Grecz, & Latins, pour induire un chacun à bien & honnestement vivre (Lyon : Benoist Rigaud, 1576), p. 68. On retrouve les sentences de Trédéhan chez Gilles Corrozet, *Les Propos memorables et illustres hommes de la Chrestienté. Avec plusieurs nobles & excellentes Sentences des anciens Autheurs Hebrieux, Grecs & Latins...* (Rouen : Theodore Reinsart, 1599).

[14] Voir Erasme, *Institutio principis christiani*, cap. 2 (le prince doit éviter les flatteurs et, lorsqu'il reçoit des louanges, il doit les interpréter comme des exhortations à des actes dignes de louange) : « Cum [princeps] audiet solennes panegyricos, ne protinus credat, aut faveat suis laudibus, sed si talis nondum est, qualis praedicatur, admoneri se cogitet, detque operam ut iis laudibus aliquando respondeat » (in *Erasmus von Rotterdam : Ausgewählte Schriften*, vol. 5, ed. Gertraud Christian, Darmstadt, Wissenschaftliche Buchgesellschaft, 1968, p. 239). Parmi les louanges possibles, Erasme préfère donc celles qui rappellent au prince son *officium*, sa fonction et son devoir en tant que prince, par exemple « integerrimus, incorruptissimus, sapientissimus, etc. » au lieu de « inclytus, invictissimus, etc. » On doit éviter à tout prix, en tant que poète de cour, des louanges qui font de lui l'égal de Dieu (« sacra maiestas », etc.) (p. 237).

découragés; s'ils ne sont pas simplement des mensonges ils seront trop peu respectueux[15]. Par rapport au discours de conseil, l'éloge poétique souffre donc d'un désavantage fondamental qui est sa rhétorique de spontanéité. Puisque je ne t'ai rien demandé, pourquoi m'offres-tu cet éloge si ce n'est pour des raisons intéressées? La spontanéité apparente d'un éloge, en d'autres mots, est un indice du calcul qui sous-tend sa communication, ce qui constitue une autre raison pour laquelle l'éloge projette sa cause première dans les gestes accomplis par la personne louée (une victoire, un traité de paix, une entrée royale, etc.). De ce point de vue, le genre de l'épître est particulièrement vulnérable, et l'habileté de Marot particulièrement évidente.

L'ÉLOGE, LE PRINCE ET LE BIEN PUBLIC

Au vu de toutes ces difficultés, ce jeu délicat entre contrainte et liberté, les conditions si précaires de l'offre poétique, comment le poète panégyriste fait-il passer le thème sans doute essentiel de l'éloge humaniste: la défense urgente du bien public? Comment faire travailler le prince non pas pour son propre bien mais pour celui de la chose publique? Parmi bien d'autres, Etienne Pasquier, dans *Le Pour-Parler du Prince* (1560), en exprimera la nécessité d'une manière nette, en résumant l'argument de son dialogue:

> Après avoir soubs quatre divers personnages discouru trois diverses opinions, sur le soing que le Magistrat souverain doit avoir au maniement de sa Republique, enfin l'Autheur se ferme en celle du Politic, qui est l'utilité publique, à laquelle le Prince doit rapporter toutes ses pensées, & non de s'advantager en particulier, à la foule & oppression de ses Subjects[16].

Comme plusieurs de ses contemporains Marot ne cesse de reprendre ces formules, tout en leur donnant un ton parfois surprenant. Je n'en cite-

---

[15] «Perché non ci è altro modo a guardarsi dalle adulazione, se non che gli uomini intendino che non ti offendino a dirti el vero; ma quando ciascuno può dirti el vero, ti manca reverenzia. Pertanto uno principe prudente debbe tenere uno terzo modo, eleggendo nel suo stato uomini savii, e solo a quelli debbe dare libero arbitrio a parlarli la verità, e di quelle cose sole che lui domanda, e non d'altro. (...) Uno principe pertanto debbe consigliarsi sempre, ma quando lui vuole e non quando vuole altri; anzi debbe tòrre animo a ciascuno di consigliarlo d'alcuna cosa, se non gnene domanda» (*Il principe*, 23, éd. Luigi Fiorentino, Milano, Mursia, 1969, pp. 109-110).

[16] Texte que l'on trouve en tête du dialogue à partir de 1596. Voir l'édition des *Pourparlers* assurée par Béatrice Périgot (Paris: Champion, 1995), p. 51 n. 1.

rai que deux exemples. Dans le premier, s'adressant à Anne de Montmorency, dans une épître composée vers 1531-1532, notre poète lui
offre un «petit Recueil de ses Œuvres» en lui suggérant d'y prendre
plaisir après avoir assuré le bien public:

> Votre Esprit noble en ce petit Verger
> Aulcunesfoys se pourra soulager
> Quand travaillé aura au bien publique
> Auquel tousjours soigneusement s'applique. (Vol. 1, p. 296, vv. 27-30)

Marot construit un échange que nous connaissons bien: le «Grand
Maistre» mérite la louange du poète par sa disposition à la justice. Le
livre est la récompense de futures actions justes, dont pourra aussi bénéficier le poète. Mais le livre n'est pas exactement récompense, il n'est
que l'occasion d'un repos, d'un plaisir qui suivent le travail pour le bien
public. Ce travail est proprement une habitude, une disposition durable
qui correspond à la définition de la vertu chez Aristote[17]. Marot suggère
en effet que le don du livre n'est pas nécessaire pour que cette disposition continue à opérer; Anne de Montmorency *n'a pas besoin* de ce don
pour assurer le bien public. Il ne s'agit plus vraiment d'un échange.

Marot nous offre un autre exemple – d'ailleurs fort traditionnel – de
cet infléchissement du rapport entre poète élogieux et prince loué, en
faisant intervenir Dieu: c'est la divinité qui travaille pour le bien public
à travers la figure du prince. Le poète loue donc le prince méritoire en
priant Dieu de choisir celui-ci comme garant de la justice terrestre, puisqu'il en est digne. La péroraison ironique de la célèbre épître au roi de
1531 en est un exemple, fort ambigu cette fois-ci. Pour provoquer la
libéralité du roi, Marot «enfle» son style:

> Dieu tout puissant te doint (pour t'estrener)
> Les quatre coings du Monde gouverner,
> Tant pour le bien de la ronde Machine,
> Que pour aultant, que sur tous en es digne. (Vol. 1, p. 323, vv. 127-130)

Le souverain est tenu à exercer la justice («le bien de la ronde
Machine») qui est la cause finale de son pouvoir. La cause efficiente de
son pouvoir est son mérite; si les deux causes étaient absentes, le poète
ne souhaiterait pas que Dieu lui donne le gouvernement des quatre
coins du monde. La louange se transforme en prière; elle n'est que le
constat du mérite de la personne louée et ne constitue pas elle-même la
récompense de ce mérite. C'est Dieu qui, par un *don* («Dieu... te doint

---

[17]   Rappelons que dans la tradition latine, la vertu aristotélicienne est *habitus*, une
        disposition durable formée par l'activité (*functio muneris*) de l'âme; c'est-à-dire
        qu'elle n'est ni émotion (*passio*) ni capacité (*potentia*). Voir l'*Ethique à Nico-*
        maque 2.1-5.

(pour t'estrener)»), reconnaît le mérite du prince. Le roi occupera donc vis-à-vis de Dieu la même position que le poète occupe vis-à-vis du roi. Que Dieu te fasse ce cadeau comme toi tu peux me faire un cadeau (bien moins important). Pourtant, cette analogie de la libéralité est le choix stylistique, donc peu sincère, d'un poète qui, en jouant, «enfle son style». L'analogie divine ne provient donc pas ici du «cœur», elle semble délibérément fausse. Ne retombons-nous pas ainsi dans le simple contrat? Si pour avoir ce cadeau de ta part je dois te louer d'une certaine manière, voilà! C'est fait: pour que le roi «y mette quelque chose», Marot entame l'éloge de conclusion[18].

Gardons-nous pourtant de croire que le jeu fréquent avec les conventions éthiques de l'éloge chez Marot, surtout lorsqu'il est en position de quémandeur, empêche l'exploitation très sérieuse d'une éthique du discours épidictique, très sérieuse au sens où l'enjeu est en fait la justice publique, la paix du royaume, et le langage celui d'Aristote *et* du Nouveau Testament. Les conflits quasi interminables entre François Ier, Henri VIII, et Charles V ont donné lieu à une production importante de poèmes centrés sur la paix, et Marot ne manque pas d'y participer. A la fin de l'année 1521, pendant les négociations de Calais, Marot compose la ballade «De Paix, & de Victoire». Ce poème de jeunesse qui fait preuve, selon Gérard Defaux, d'«une audace certaine» (vol. 1, p. 512), reflète une campagne humaniste pour la paix dont on peut retrouver les exemples les plus évidents chez Erasme et chez Thomas More[19]. La ballade, du point de vue rhétorique, est d'abord discours délibératif. Que faut-il désirer? La paix ou l'empire? Trois considérations militent en faveur de la paix: la justice royale, les souffrances du peuple, et un appel de Dieu au repentir et à «l'amendement». La première strophe de la ballade dépend pourtant d'un éloge du roi dont nous avons examiné les divers aspects: tu as tout ce que tu désires, en plus tu es un bon roi, et je te rappelle maintenant ce que cela veut dire, ce que c'est qu'un bon roi:

> Quel haut souhait, quel bien heuré desir
> Feray je, las, pour mon dueil qui empire?
> Souhaiteray je avoir Dame à plaisir?
> Desireray je ung Regne, ou ung Empire?
> Nenny (pour vray) car celluy qui n'aspire

---

[18] Ce qui annonce la conclusion du «Contre les Petrarquistes» de Du Bellay: «Si toutefois Petrarque vous plaist mieux, / Je reprendrai mon chant melodieux....»

[19] Sur les thèmes de la paix dans la poésie française du XVIe siècle, voir James Hutton, *Themes of Peace in Renaissance Poetry*, éd. Rita Guerlac (Ithaca: Cornell University Press, 1984).

> Qu'à son seul bien, trop se peult desvoyer:
> Pour chascun donc à soulas convoyer,
> Souhaiter veulx chose plus meritoire:
> C'est que Dieu vueille en brief nous envoyer
> Heureuse Paix, ou triumphant Victoire. (Vol. 1, pp. 120-121, vv. 1-10)

Pour le moment concentrons-nous sur l'écho le plus direct de la thématique de la justice, dans les vers 5 à 7: le poète refuse l'empire puisque celui qui travaille pour son propre bien «se desvoye»; il faudrait, par contre, travailler pour le bien de tous. Le langage de ces vers annonce le début du «Chant Royal Chrestien», composé avant 1531. Celui qui aspire à son propre bien néglige celui de Dieu:

> Qui ayme Dieu, son Regne, & son Empire,
> Rien desirer ne doibt, qu'à son honneur,
> Et toutesfois *l'Homme tousjours aspire*
> *A son bien propre, à son aise, et bon heur,*
> Sans adviser si point contemne, ou blesse
> (En ses desirs) la divine Noblesse. (Vol. 1, p. 357, vv. 1-6, je souligne)

Le bien dont *tous* pourraient jouir est le bonheur des fidèles au retour du Christ:

> Quand Dieu par son pouvoir
> Faira les Cieulx, et la Terre mouvoir,
> Et que les Corps sortiront de la Lame,
> *Nous aurons tous ce bien,* c'est assavoir
> Santé au Corps, et Paradis à l'Ame. (*ibid.*, vv. 56-60)[20]

L'opposition entre le bonheur profane de l'individu et le bien auquel tous sont conviés se nourrit évidemment du Nouveau Testament, et la similarité des termes invite à une lecture «évangélique» qui ne rendrait pas pour autant entièrement justice aux vers de la ballade. Car le bonheur, le «soulas» donc chacun pourra jouir n'est pas le salut, mais la *paix* en ce monde. La ballade «De Paix, & de Victoire» fait partie d'un ensemble de poèmes plus proprement politiques: le bien de tous y est un bonheur profane, ce qui situe la thématique sur un plan non théologique mais éthique. En fait l'opposition entre celui qui ne cherche que son propre bien et celui qui cherche l'avantage de tous est l'opposition fort traditionnelle entre le roi et le tyran, comme elle est définie par Aristote dans le huitième livre de l'*Ethique à Nicomaque*. Citons la tra-

---

[20] On retrouve la même opposition dans le discours de la Mort de la «Deploration sur le trespas de Messire Florimond Robertet»: «celluy ne s'ayme en rien, / Lequel vouldroit tousjours vivre en ce Monde, / Pour se frustrer du tant souverain bien, / Que luy promect Verité pure, et munde» (Vol. 1, p. 216, vv. 309-312).

duction française de Maître Nicole Oresme, imprimée par Antoine
Vérard en 1488:

> Et la communicacion ou policie qui est transgression et corrupcion de
> celle qui est appellee royalme et est sa contraire, c'est *tyrannie*; car l'une
> et l'autre sont *monarchies*. Mais ils different tres grandement; car le
> tyrant quiert et a entencion a son propre proffit ou gaaing. Et le roy
> entent et quiert le proffit de ses subjectz; car celui n'est pas roy qui
> n'est de soy et par soy souffisant en tous biens. En tel seigneur ne a mes-
> tier, besoing ou indigence de rien. Et donques il ne met pas son enten-
> cion a querir ses proffiz, mais les proffiz de ses subjectz. (...) Et le
> tyrant est contraire a cestuy, car il entent, il parsuit et quiert son prof-
> fit[21].

Rappelons le langage utilisé par Marot: «celluy qui n'aspire / Qu'à son
seul bien, trop se peult desvoyer: / Pour chascun donc à soulas
convoyer....» (vv. 5-7). Suivant Aristote, le poète distingue visiblement
le tyran (qui n'aspire qu'à d'autres conquêtes impériales) du roi (qui
souhaite le bien de tous, la paix). La tyrannie est une «déviation» de la
monarchie, une «transgression» ou «corruption» pour reprendre les

---

[21] *Le livre de Ethiques d'Aristote*, éd. Albert Douglas Menut (New York: G. E.
Stechert, 1940), pp. 434-435. Comparer la version latine d'Argyropulos,
publiée par Jacques Lefèvre d'Etaples dès 1497 avec celle de Leonardo Bruni et
«l'ancienne»: «Transgressio autem regni quidem tyrannis est. In utraque enim
unus est princeps, sed inter sese plurimum differunt. Nam tyrannus quidem
suum, rex autem eorum qui ab ipso reguntur considerat commodum. Non est
enim rex, nisi sit ex sese sufficiens, & bonis omnibus antecellat. Talis autem
nullius indiget rei: non ergo suas ipse, sed eorum qui reguntur utilitates considerat. (...) Tyrannis autem est contraria regno. Suum nanque bonum sequitur
ipse tyrannus» (cité dans *Opus Aristotelis de moribus ad Nicomachum: Ioanne
Argyropylo Byzantio traductore, adiecto familiari Iacopi Stapulensis commentario*, Paris, 1538, f. 83v.). Le fait que les besoins du tyran sont les plus grands est
souligné également par Platon (*République* 9, 579E). L'état tyrannique est
appelé plus loin *pravitas* de la monarchie. Le traducteur moderne J. Tricot utilise le terme «déviation» (*Ethique à Nicomaque*, Paris, Vrin, 1979, p. 412), ce
qui est très proche du terme de Marot, «desvoyer». Erasme se souvient de
cette distinction dans son *Institutio principis christiani* (1515): «Id ut compen-
dio dicam, hac nota Principem a Tyranno distinguit in Politicis Aristoteles,
quod hic suis studet commodis, ille Reipublicae. Princeps quacumque de re
deliberans, illud semper in animo spectat, num expediat universis civibus:
Tyrannus illud considerat, an sibi conducat» (*éd. cit.*, p. 158). Voir aussi sa *Querela pacis* (1516): «Sapiant Principes, et populo sapiant, non sibi, ac vere
sapiant, ut maiestatem suam, ut felicitatem, ut opes, ut splendorem his rebus
metiantur, quae vere magnos et excellentes faciunt» (p. 481). Le Prince n'exi-
gera pas pour lui-même ce qui ne conduit pas à l'utilité publique: «Huic [au
Prince] vicissem tantum deferat populus, quatenus ad publicam utilitatem
conducit. Non aliud exiget bonus Princeps» (p. 420).

termes d'Oresme, *transgressio* ou *pravitas* dans les traductions latines. Ce rappel précis du 8ᵉ livre de l'*Éthique à Nicomaque,* qui est aussi un lieu commun des écrivains politiques, ne dit pas pourquoi le roi ne chercherait pas son propre avantage. Comment s'assurer que le souverain ne choisira pas «son seul bien»?

Une réponse peut-être trop rapide vient du côté de l'évangélisme: celui qui ne cherche pas son propre avantage est l'homme charitable. Le roi chrétien se distingue du despote par la charité dont il doit se faire l'exemple. Mais la formulation de Marot me semble très précisément *politique*: il n'exhorte pas le roi à aimer Dieu en aimant son prochain ou en exerçant la justice à l'instar de Dieu le Roi suprême. En fait Aristote nous fournit une réponse qui, à mon sens, permet de bien mieux comprendre un aspect fondamental de l'éthique de la louange marotique. Le roi ne cherchera pas son propre avantage, *parce qu'il n'a besoin de rien*: «car celui n'est pas roy qui n'est de soy et par soy souffisant en tous biens. En tel seigneur ne a mestier, besoing ou indigence de rien». La traduction latine d'Argyropulos ajoute: «& [rex] bonis omnibus antecellat». Lorsque Marot se demande «Souhaiteray je avoir Dame à plaisir? / Desireray je ung Regne, ou ung Empire?» il fait comprendre que François Iᵉʳ, Henri VIII, et Charles V *ont déjà tous ces biens*, même si le poète lui-même ne les a pas. Aucune raison, donc, pour les rois de ne pas faire la paix.

Poser le roi (ou tout mécène potentiel) comme celui qui n'a besoin de rien est une stratégie persistante chez Marot: «Quand vous plaist», dit-il à François Iᵉʳ, «mieulx que moy, rimassez, / Des biens avez, et de la rime assez» («Petite Epistre au Roy,» vol. 1, p. 87, vv. 5-6)[22]. Ainsi, le poème-don ne peut en aucun cas *servir*; il ne répond à aucun besoin: j'ai «espoir», dit le «despourveu» à la sœur du roi, «que la vostre noblesse /

---

[22] Pour une analyse de cette épître sur le fond très riche de la Grande Rhétorique, voir l'importante analyse de Cornilliat, *«Or ne mens»*, pp. 330-338, et surtout pp. 332-333: «Le fait que le prince ait tout ce qu'il faut, y compris la rime même, et que le poète le reconnaisse d'emblée, place leurs rapports sous un jour entièrement nouveau. Dans la Grande Rhétorique ordinaire, le prince est le lieu de la plénitude, auquel pourtant manque (implicitement) la rime, la «couronne» de l'éloge, que le rhétoriqueur, dont c'est la spécialité, se propose justement de lui adresser, de lui *ajouter*, formant ainsi, d'après celle du prince, sa propre plénitude. Marot admet d'emblée qu'au prince ne manque pas même la rime: c'est priver son propre discours de toute chance de se figurer «plein», comblé; de donner par la rime un équivalent, un analogue du bien du prince. Du coup, c'est en quelque sorte gratuitement que le poète adresse la parole au prince, et c'est, de même, gratuitement que le prince lui donnera de l'argent». Vu à travers l'éthique aristotélicienne, ce «gratuit» est en fait la condition nécessaire du bienfait, ou de l'habitude du bienfait chez le roi.

Me recevra, non pour aulcune chose / Qui soit en moy pour vous servir enclose» (vol. 1, p. 77, vv. 173-175). La poésie de Marot constitue tout au plus une occasion pour le roi ou pour le mécène de *prendre plaisir*: en offrant la traduction d'Ovide au Cardinal de Lorraine, Marot déclare son intention, «Qui est, et fut, et sera, de sçavoir / Faire aulcun cas, où tu puisses avoir / Quelcque plaisir» (vol. 1, p. 294, vv. 15-17).

La louange n'est pas conçue comme une augmentation de la personne et ne constitue en rien un événement intervenant dans la vie de la personne louée, elle est plutôt une sorte de supplément, une occasion à prendre ou à laisser, sujette au bon plaisir du souverain. La gloire du souverain est telle que l'éloge poétique n'y fera aucune différence: «Il est bien vray, que pour ton loz chanter, / On ne le peult (tant est grant) augmenter» («[De Venise,] Au Roy», vol. 2, p. 114, vv. 103-104) proclame Marot à François Ier, en imitant Ovide (*Tristia* 2.67-68) mais en rappelant aussi l'exorde des *Confessions* de Saint Augustin (surtout I.2.2).

En surface, l'hyperbole de la louange marotique n'est qu'une manière plus habile de quémander. Elle est aussi souvent un jeu: elle semble rendre le roi complice de l'astuce du poète et devient une flatterie si évidente que le roi et le poète s'en rient tous les deux. Elle est aussi une façon de déjouer les ennemis, de montrer au roi que n'importe qui peut tenir des discours flatteurs, que seule la sincérité du cœur est le garant de la vérité. Mais elle est aussi un calcul *éthique*, un discours qui en louant pousse à la justice. Celui qui n'a besoin de rien, qui a tous les biens spirituels et temporels, exercera de lui-même la justice. Rien de plus important, donc, que de rappeler au prince qu'il se suffit à lui-même. Une poésie qui *sert* est ainsi une poésie qui afficherait le *besoin* du prince, et le pousserait à «aspirer à son seul bien».

Par cette manipulation de l'intertexte aristotélicien, la ballade «De Paix, & de Victoire» fait valoir le fondement éthique du discours épidictique, mais aussi l'urgence du bon conseil, du discours délibératif, cet arrière-fond pacifiste évangélique, et par cela même la fonction précisément anti-fonctionnelle de la poésie. La mise en scène de la prière pour la paix n'est guère moins réussie. Le poète prend, semble-t-il, lui-même la parole («souhaiteray *je*»), et se met devant un choix de souhaits: désirerai-je la volupté, les biens temporels, ou la paix pour tous? Evidemment, seuls les souverains nommés dans l'envoi seraient capables de réaliser ces désirs, surtout le dernier, puisqu'ils possèdent déjà dames et règnes. Le poète ne dit pas «si j'étais à la place des rois, je ferais la paix», impliquant qu'il n'est pas à la place du roi, ou ne peut s'y trouver. Or, tout être humain peut être à la place du roi, y compris le poète. En ce sens-là, la situation rhétorique de la première strophe constitue la mise en scène du concept sous-tendant la charité (nous sommes tous des *proximi*, des créatures de Dieu) mais aussi celle du concept d'*humanitas*, base de la justice et de la bienfaisance humaines et le principe par lequel la société humaine est maintenue[23]. Nous faisons tous partie de l'espèce humaine par le fait de nos facultés rationnelles, c'est-à-dire notre capacité de communiquer et de faire des choix guidés par la raison; c'est de cette *persona* que découle toute bonté morale[24]. La complicité du poète et du roi n'est qu'une version réduite de celle qui unit tous les êtres humains, et qui rend possible la nécessité éthique du travail pour le «soulas» de «chascun». L'égalité rhétorique initiale entre le «je» choisissant de prier pour la paix et François Ier choisissant de la négocier est donc aussi une incarnation de la *persona communis*, fondement de tout bien public.

Le «public» se combine ainsi avec ce qui est aussi un projet poétique personnel: les différents désirs dont s'abstient le poète, préférant la prière pour la paix, représentent des choix génériques: je n'écrirai ni de la poésie d'amour en imitant Ovide (la «Dame à plaisir») ni de la poésie épique en imitant Virgile («ung Regne, ou ung Empire»); je me consacre avec tout mon cœur («Mon triste Cœur l'Œil en faict larmoyer») au rétablissement de la paix, et cela en empruntant, prophète quelque peu hésitant, la voix même de Dieu («Amende toy ô Regne transitoire»!). Si cette «poétique de déplacement»[25] peut se voir comme le triomphe du message évangélique libérateur, elle n'affranchit pas pour autant de l'éthique; elle fait au contraire avancer un projet éthique dont la portée ne se mesure pas entièrement en termes de la théologie.

Lorsque, dans la suite de la ballade, le discours religieux semble revenir en pleine force, il est employé à des fins séculières: c'est *pour que la paix se fasse* que Marot prête les paroles suivantes à Dieu:

> Cueurs endurciz (las) il vous fault ployer.
> Amende toy ô Regne transitoire,
> Car tes pechez pourroient bien fourvoyer
> Heureuse Paix, ou triumphant Victoire. (vv. 27-30)

---

[23] «Ea ratio, qua societas hominum inter ipsos et vitae quasi communitas continetur» (Cicéron, *De officiis*, 1.7.20).

[24] C'est aussi ce qui nous distingue des animaux, selon Cicéron: «una communis [persona] est ex eo, quod omnes participes sumus rationis praestantiaeque eius, qua antecellimus bestiis, a qua omne honestum decorumque trahitur» (*De officiis*, 1.30.107).

[25] J'emprunte ici l'astucieuse expression de Gérard Defaux, dans son introduction aux *Œuvres complètes* de Marot, vol. 1, surtout p. xxxix. Voir aussi son «Marot et 'ferme amour': Essai de mise au point», in éds. Ullrich Langer et Jan Miernowski, *Anteros* (Orléans: Paradigme, 1994), pp. 137-167.

Le repentir des cœurs endurcis n'amènera pas seulement le salut de
leurs âmes, mais la paix du monde ici-bas; il s'agit bien d'une exhortation qui vise le monde transitoire, non pas pour le condamner parce
qu'il est transitoire mais parce qu'il peut s'améliorer, et qu'il est soumis
à la politique, parfois même à une politique pacifiste. Après avoir obéi
aux conventions de cette politique pacifiste (rappel de la vertu du roi
dans la première strophe, plainte du corps social dans la seconde, exhortation de Dieu dans la troisième), le poète se voit enfin en mesure d'offrir un appel direct aux princes guerroyants, ou plus précisément trois
appels distincts qui portent tous sur le premier membre de l'alternative
« Heureuse Paix, ou triumphant Victoire ».

Il faudrait comprendre en ce sens-là aussi le décalage entre la portée
du texte et le refrain qui offre le choix entre la poursuite de la paix ou
la poursuite de la victoire. Le poème est d'abord conseil, discours délibératif: faut-il faire ceci ou cela? Faut-il faire la paix ou souhaiter la victoire? L'éloge implicite du roi (explicite ailleurs) qui a tout ce qu'un
homme pourrait désirer, résout en fait la question: par sa nature même
de roi, qui n'est pas celle du tyran, François doit travailler pour la paix.
L'alternative posée par le refrain est contredite par l'argumentation: au
fond, tout indique que la paix est le seul but méritoire de la politique
royale. Le cadre délibératif est maintenu jusqu'au bout. Le discours épidictique est mis expressément au service d'un but délibératif; le poète
qui loue est aussi le conseiller, et le conseiller est aussi la voix de l'*humanitas*.

« Heureuse Paix, ou triumphant Victoire » peut se lire finalement
non comme une disjonction (du genre *aut... aut*) mais comme une identité (du genre *sive*): la paix, ou pour mieux dire, la victoire. Toute paix
est vraiment victoire, un triomphe sur le dévoiement que représentent
la guerre et le tyran.

LA FLATTERIE ET L'ÉLOGE

Blandiloquio nihil nocentius (Rien de plus pernicieux que la flatterie).
Erasme, *Apophtegmata*

L'*Ethique à Nicomaque* distingue l'éloge proprement dit d'un autre
type d'évocation d'un bien: la reconnaissance de l'honneur ou de la
gloire. En d'autres termes, s'y différencient les biens «louables» de ceux
qui sont «honorables». Philippe Le Plessis donne en 1553 du passage
pertinent la traduction suivante:

> Certes il semble que tout ce qui est louable par ce qu'il est de quelque
> qualité, et aucunement à un autre referé, reçoyve louange: veu que
> nous louons les justes, les forts, et pour dire en un mot, les bons, aussi
> les vertus, à cause de leurs œuvres et actions: comme aussi les robustes,
> les bons coureurs, et chacun semblable, pour estre tels, qu'en eulx la
> nature ait mis aucunement quelques moyens et avancemens pour traic-
> ter et executer toutes choses bonnes et vertueuses: ce que l'on peult evi-
> demment congnoistre mesmes par les louanges qu'on donne aux dieux:
> lesquelles à la verité sembleront estre ridicules, si elles nous sont atri-
> buees: ce qui nous advient à cause (comme nous avons dict) que les
> louanges sont donnees en ayant esgard à quelque autre chose. Mais si
> louanges sont de telle façon et espece, il est evident que les choses par-
> faictement bonnes, ne se doyvent appeller louables, ains meritent
> (comme il est apparent) quelque nom plus grand et meilleur: veu que
> nous appellons les Dieux sainctz, et bien heureux: et des hommes aussi
> ceulx, qui sont les plus divins[1].

Les biens «louables» (*ta epaineta*, objet de l'*epainos*) sont relatifs à
autre chose, ce qui n'est pas le cas des biens «honorables» (*ta timia*). Si
la vertu est objet de louange, c'est parce qu'elle se traduit sous forme de
bonnes actions et parce qu'elle conduit au bien vivre ou à la félicité. Par
contre, la félicité, qui est elle-même ce à quoi mènent les autres biens,
sera objet d'honneur et de révérence, mais non pas de louanges. Dieu
n'est pas, en ce sens étroit, objet de louange parce que, dans sa perfection, il n'est pas sujet au désir ou à la peur, et qu'il serait ridicule de le

---

[1] *Les Ethiques d'Aristote Stagirite à son filz Nicomache...* (Paris: M. de Vascosan,
1553), 1.12, f. 16ʳ.

louer parce qu'il n'y cède pas[2]. Un bien « absolument » louable se sépare
par là même de la louange et devient objet de « quelque nom plus grand
& meilleur ». C'est aussi le cas des hommes qui ressemblent le plus aux
dieux, ou comme le dit s. Thomas, « dans lesquels apparaît une certaine
image divine à cause de leur excellence »[3]. La louange, *epainos* ou *laus*,
est donc proférée, du point de vue moral, à l'intention de ceux qui réa-
liseront la vertu par l'action. En ce sens, la « référence » (*anaphora*) du
bien loué est sa mise en action : le bien se « réfère » constamment à son
actualisation. Cette référence peut également se comprendre dans un
autre sens, comme l'établissement d'une relation ou d'une comparaison
entre les hommes : est loué ce qui permet à quelqu'un de *mieux* agir que
les autres. C'est ce qui ressort de la traduction fournie par Denis Lambin : les louanges des dieux, se « référant » à nous, sont ridicules, « atque
hoc propterea accidit, quod laudes, quemadmodum diximus, compara-
tione et relatione quadam constant » [et cela arrive parce que les
louanges, comme nous l'avons dit, existent par comparaison et à travers
une certaine relation][4]. L'éloge tire ainsi son existence du statut *relatif*
de l'objet d'éloge, de la relation entre disposition et action, et entre la
personne louée et les hommes en général. L'éloge est un discours *lié*,
comme l'est son objet. Il constate un *effort* de la part de la personne
louée, et appelle un effort en même temps : l'individu n'est pas louable
par le fait même de son existence, mais grâce à l'usage qu'il fait de ses
capacités, face au risque et à la contingence. Au delà du bien dans sa réalisation et dans son rapport aux hommes, on atteint quelque chose de
plus grand, de quasi absolu, de *délié*. C'est dans le cadre de cette distinction rhétorique *et* morale que s'élabore le jeu de l'éloge à la Renaissance,
ce passage délicat entre la Charybde de l'exhortation déplaisante et
rudoyante et la Scylla de la flatterie effrontée mais plaisante.

---

[2]   Voir le commentaire de s. Thomas d'Aquin : « Si enim aliquid esset laudabile
      absolute, et non secundum habitudinem ad aliquid aliud, sequeretur quod
      idem in omnibus esset laudabile. Hoc autem manifeste apparet falsum, si quis
      considerat laudes quibus laudamus substantias separatas quas Deos nominat. Si
      quis enim laudes eorum referret ad ea quae in hominibus laudantur, derisibile
      videretur ; puta si quis laudaret de hoc quod non vincatur a concupiscentia vel
      timore » (*In decem libros Ethicorum Aristotelis ad Nicomachum expositio*, ed.
      Angeli M. Pirotta, Taurini, Marietti, 1934, 1.18.218, p. 73).
[3]   « In quibus apparet quaedam divina similitudo propter eorum excellentiam »
      (*In decem libros Ethicorum*, 1.18.220).
[4]   *Aristotelis Stagiritae de Moribus ad Nicomachum libri decem*, trad. Denis Lam-
      bin, annot. Lambin, Theodor Zwinger (Bâle : Ioannis Oporinus, Eusebius
      Episcopius, 1566), 1.13, p. 59.

CLAUDE CHAPPUYS ET FRANÇOIS Ier

Dans mon analyse de l'éloge, c'est tout d'abord le *Discours de la court* de Claude Chappuys, poète de cour sous François Ier, qui retiendra mon attention. Avant toute chose, rappelons que ce traité en vers, publié en 1543 et dédié à François Ier, fut composé dans le contexte d'une cour royale dévouée, dans une monarchie en voie de centralisation – la situation est en cela bien différente de celle de l'Italie. Le poète-narrateur, «apres avoir maintz discours discouru / Et en la Court tant nuict que jour couru»[5], nous offre ses souvenirs et ses conseils sous forme d'un voyage allégorique à la cour. Ayant choisi la vie active, le poète rencontre Franc Arbitre, Grace divine, et Esperance: cette dernière lui montre le «chemin de la Court», sur lequel il rencontre successivement Pasquin et l'Aretin, Dame Diligence, Labeur, et Bon Vouloir, des laquais, des pages, des fournisseurs, etc. avant d'apercevoir un «Palais du Roy» et finalement le roi, la famille royale, et les différents personnages qui entourent François Ier. Le poème de Chappuys est un exemple, d'ailleurs assez peu fréquent du moins dans la France du XVIe siècle, d'une version «euphorique» de la vie aulique. Chappuys emprunte des thèmes parfois satiriques à la littérature aulique remontant à Enea Silvio Piccolomini et Alain Chartier (le refus de la vie solitaire «sauvage»[6], les peines et travaux des courtisans mal logés et mal nourris[7], l'apprentissage de la «civilité»[8]), mais, démontrant sa douce modestie, il refuse d'imiter le projet de Castiglione: «je ne veulx former / Le Courtisan, et moins le reformer» (A ii[v]). Le «discours» du poète tourne vite à l'éloge pur et simple de François Ier et de sa cour dont il présente les splendeurs.

Ce qui rend ce discours poignant, c'est la combinaison entre le genre «souvenirs d'un courtisan» et l'éloge du roi. Par là, un problème très

---

5 *Discours de la court* (Paris: André Roffet, 1543), A ii[r]. Chappuys naquit aux alentours de 1500 et décéda en 1575.

6 «Celuy la qui fuyt societé / Semble approcher de la brutalité» (A iv[r]-A iv[v]).

7 «Souvent / Ilz mont laisse a la pluye et au vent» (C ii[v]); pourtant: «Mais si quelqu'ung allegue les travaulx / Qu'en court lon treuve, et par montz et par vaulx / Le mal, le soing, les charges et ennuys / Qu'aulcuns y ont et les jours et les nuictz, / Je le supply qu'il considere bien / Quel advantaige il en vient, et quel bien» (H iv[r]).

8 «C'est celle la [«la liqueur de doctrine»] où pour aprendre à vivre / Parmy le monde, en grand civilité, / Puyser se peult parfaicte honnesteté, / Grace agreable, ung maintien asseuré, / Ung attraict doulx, discret et mesuré / Et qui en boit il vomist bien soubdain / Rusticité, et devient tout mondain» (D ii[v]). Sur tous ces thèmes, voir Pauline M. Smith, *The Anti-Courtier Trend in Sixteenth-Century French Literature* (Genève: Droz, 1966).

ancien retrouve une certaine pertinence. Car la cour du prince connaît un danger, voire une «peste», pour reprendre le mot violent de Machiavel[9], danger pour le prince lui-même mais également pour la *res publica*: le flatteur. Chappuys récuse à plusieurs reprises toute intention de *flatterie*: «Ne penses pas qu'en cela rien desguise: / Ny que ce soit flaterie ou fainctise: / C'est verité...» (E ii[r]). Au lieu de nous interroger sur la rhétorique de cette dénégation détachons-nous un instant du poème de Chappuys, pour aborder une question plus générale: qu'est-ce qu'une flatterie, au juste? Selon la définition générale, formulée depuis l'Antiquité, il s'agit de tout discours qui loue celui qui ne mérite pas d'être loué, ou qui loue une qualité absente[10]. Il est facile de voir que cette définition, centrée sur la valeur purement épistémologique de l'éloge, n'est qu'une voie sans issue. L'analyse du discours élogieux, de sa vérité ou de sa fausseté, se bornerait à mesurer l'écart entre les faits, dits, et vertus évoqués et le degré de leur présence dans la personne louée; exercice vain puisqu'il détournerait notre attention de la portée *historique* de la flatterie, ainsi que de sa portée *pragmatique*: comment cerner dans le discours ce qui est perçu comme flatterie du roi, et comment déterminer ce que *fait* la flatterie?

FLATTERIE ET VÉRIDICITÉ

Ces questions nous permettent de mesurer l'insuffisance de la définition épistémologique, bien que Chappuys lui-même, opposant *flaterie* et *verité*, semble s'en contenter: le flatteur, c'est celui dont le dis-

---

[9] Voir *Il principe*, chap. 23, «Quomodo adulatores sint fugiendi»; Erasme, *Institutio principis christiani*, chap. 2, et avant la Renaissance, tout le troisième livre du *Policraticus* de Jean de Salisbury.

[10] Voir, sur ce reproche «philosophique» à l'éloge rhétorique, Laurent Pernot, *La rhétorique de l'éloge dans le monde gréco-romain* (Paris: Etudes augustiniennes, 1993), vol. 2, p. 514 et tout le chapitre 1 de la 3e partie, «L'éloge en question», pp. 493-605. Pour une définition semblable de la flatterie à la Renaissance, voir Johannis Althusius: «Est igitur adulatio blandus quidem sermo, sed talis, quo homini placere volumus, quo studemus lucrum aliquod, vel benevolentiam captare ab alio, eo quod alii attribuimus quod non habet, vel bonum quod habet nimium extollimus, vel vitium laudamus, vel aequum rectumque dissimulamus, vel majora quam decet tribuimus. (...) Adulator ergo hominem malum pejorem reddit, bonum vero corrumpit, vitia nutrit & auget, virtutes sistit & languefacit»(dans *Civilis conversationis libri duo: Editi á Philippo Althusio U.J.D.*, Hanover, Guilelmus Antonius, 1601, Livre 1, chap. 8, p. 38).

cours offert au prince n'est pas véridique[11]. Or le critère de véridicité
éliminerait pratiquement tous les discours épidictiques parce qu'il
néglige une fonction essentielle de l'éloge, l'exhortation. Lorsqu'on
loue la justice du roi, ce n'est pas nécessairement parce qu'il la possède,
ce peut être pour l'obliger à agir en conséquence, ou pour encourager
chez lui un comportement juste déjà présent, fût-ce en faible mesure.
«La loüange est l'esperon de la vertu, et je tascheroy de devenir ce que
me feriez», propose non sans quelque ironie un poète sous Henri IV[12].
Erasme l'affirme lui aussi dans son *Institutio principis christiani*: «Lorsqu'il écoute les éloges solennels, qu'il ne croie ni n'approuve aussitôt
ces louanges de sa personne, mais, s'il n'est pas encore tel que l'on le
décrit, qu'il considère les louanges comme une exhortation, et qu'il s'efforce d'être un jour à leur hauteur»[13].

FLATTERIE ET HYPERBOLE

La fonction parénétique de l'éloge a aussi pour effet d'éroder la pertinence d'un critère qui pourrait distinguer l'éloge de la flatterie, celui

---

[11] Evidemment rien de plus banal que l'identification entre flatterie et discours
faux; parmi les maintes reprises de ce reproche aux «hypocrites» citons le
«dit» de Thalès, *similis tui sis*, traduit et commenté par Gilles Corrozet: «Sois
tout ainsi en fait, et en langage, / Comme tu es au dedans du courage. Tu ne
dois point avoir en la bouche autre chose que tu as en la pensee. La mauvaise
coustume des simulateurs, et hypocrites est à hayr: pource que leur cœur
pense l'un, et leur langue dit l'autre» (*Le conseil des sept sages de Grece, mis en
françois, avec une brieve, & familiere exposition sur chascune autorité, & sentence*,
Lyon, Jacques Berion, 1548, p. 7).

[12] Il s'agit de Pierre d'Avity, dans la préface aux lecteurs de son volume *Les travaux sans travail* (voir ci-dessous). Toute cette discussion rejoint l'analyse
négative du genre épidictique dans le *Ménéxène* de Platon, et l'effet séduisant de
la flatterie. L'auditeur du discours se croit autre que ce qu'il est, mais, en même
temps, il tâchera de se conformer aux attentes ainsi créées par les paroles du
flatteur. Voir Richard Lockwood, *The Reader's Figure: Epideictic Rhetoric in
Plato, Aristotle, Bossuet, Racine and Pascal* (Genève: Droz, 1996), p. 164.
Socrate analyse la flatterie à partir d'un éloge des morts: l'effet flatteur serait
l'identification de l'auditoire avec les morts loués (Lockwood, pp. 125-126). Le
discours offert au prince dépend évidemment toujours de l'évocation des
ancêtres; toutefois, à la Renaissance, l'identification avec les morts ne constitue pas en elle-même une flatterie.

[13] «Cum [princeps] audiet solennes panegyricos, ne protinus credat, aut faveat
suis laudibus, sed si talis nondum est, qualis praedicatur, admoneri se cogitet,
detque operam ut iis laudibus aliquando respondeat» (in *Erasmus von Rotterdam: Ausgewählte Schriften*, vol. 5, éd. Gertraud Christian, Darmstadt, Wissenschaftliche Buchgesellschaft, 1968, chap. 2, p. 239).

de l'hyperbole, qui consiste à exagérer les qualités de la personne louée. Jean de Salisbury rappelle que « la fraude des flateurs seult toutes choses eslever au plus hault »[14]. Erasme accepte les épithètes élogieuses lorsque celles-ci concernent les qualités morales et les devoirs du prince telles que « integerrimus, incorruptissimus, sapientissimus, etc. »; il rejette en revanche celles qui encouragent l'orgueil ou la guerre, telles « inclytus, invictissimus, etc. » Les premières épithètes sont évidemment hyperboliques, mais elles peuvent se comprendre comme exhortations plutôt que flatteries. Même les épithètes religieuses dans le genre « sacra maiestas » peuvent inciter le prince à un gouvernement plus magnanime. Par ailleurs, un langage quasi religieux s'infiltre dans les éloges du prince dès le Moyen Age (qui, lui, ne fait que continuer une tradition impériale) avec la formule *imago deitatis princeps*, par exemple à travers le *Policraticus* de Jean de Salisbury[15]. Erasme ne s'en offusque pas non plus. Les différents poètes courtisans autour de François Ier seront moins scrupuleux encore qu'Erasme, notamment Claude Chappuys:

> Et qui plus est le Dieu regnant es cieulx
> De tous seigneur, les Roys appelle dieux
> Les illustrant de tiltre si haultain
> Pour ung chascun rendre seur et certain
> Combien leur est la reverence deue[16].

Si hyperbole il y a, elle est sûrement dans la comparaison entre le Roi et une divinité. Mais est-ce vraiment de la flatterie? La louange jouant sur l'analogie entre le roi et Dieu « regnant es cieulx » n'est pas forcément incompatible avec une intention parénétique de l'éloge, puisque le roi, représentant de Dieu sur terre, devra maintenir la foi et assurer la

---

[14] *Le Policratique*, trad. Denis Foulechat (1372), Livres I-III, éd. Charles Brucker (Genève: Droz, 1994), 3.4, p. 212.

[15] « Est ergo, ut eum plerique diffiniunt, princeps potestas publica et in terris quaedam divinae maiestatis imago » (*Ioannis Saresberiensis Episcopi Carnotensis Policratici*, éd. Clemens C.I. Webb, Oxford, Clarendon, 1909, repr. New York, Arno Press, 1979, 4.1.513d, pp. 235-236).

[16] *Discours de la court* (E i[v]). Voir sur l'analogie entre la royauté terrestre et le « roi des cieux » Anne-Marie Lecoq, *François Ier imaginaire: Symbolique et politique à l'aube de la Renaissance française* (Paris: Macula, 1987), pp. 325-359 et surtout p. 353. Voir aussi Baldassare Castiglione, *Il libro del cortegiano*, 4.22, qui souligne que seuls les *bons* rois sont à l'image de Dieu (« in terra molto più simile imagine di Dio son que' bon prìncipi che l'amano e reveriscono, e mostrano ai populi la splendida luce della sua giustizia, accompagnata da una ombra di quella ragione ed intelletto divino », éd. Ettore Bonora, Paolo Zoccola, Milano, Mursia, 1972, p. 303). Citant Plutarque, Erasme avait dit la même chose au premier chapitre de son *Institutio principis christiani*; l'analogie divine connaît par ailleurs une longue tradition médiévale.

pietas dans son royaume, par son exemple même. Claude Chappuys fait
précéder son éloge de François Ier d'une description de la «grande cha-
pelle» et du récit du «Roy à la messe» dans lequel il explique le rapport
quasi féodal qui unit Dieu le seigneur et le roi son vassal, légitimation
du pouvoir détenu par le roi sur ses sujets:

> Ainsi le Roy qui porte au Createur
> L'honneur que doibt au maistre ung serviteur,
> Recongnoist bien que Dieu le faict regner,
> Craindre, obeir, et sur nous dominer,
> Baissant les yeulx se confessant fragile,
> Et quant ce vient qu'il baise l'evangile
> Il monstre à tous qu'il fault entretenir
> La verité, et sa foy maintenir,
> Et tost apres qu'ant il va à l'offrande
> C'est envers dieu recognoissance grande
> Exemple à nous, qu'à luy sont tous les biens,
> Spirituelz comme les terriens. (*Discours de la court*, C iv^v - D i^r)

La louange du roi serviteur de Dieu peut donc s'interpréter aussi
comme une exhortation: la reconnaissance du roi envers Dieu est le
modèle de celle que ses sujets doivent à la Déité; en obéissant au roi
nous obéissons à Dieu: «Qui sert le Roy il sert Dieu tout puyssant»,
rappelle Chappuys (E ii^r). Pour que les sujets soient soumis au roi, celui-
ci doit être soumis à Dieu[17]. Dans son *Livre de l'institution du prince*,
Guillaume Budé rendra encore plus explicite cette responsabilité des
«Monarches et Princes»; s'inspirant sans doute, comme ses prédécesseurs, de la Bible (Sagesse, 6), Budé affirme que les princes doivent
rendre compte devant Dieu de leur comportement envers leurs sujets[18].

---

[17] Les poètes de cour se garderont bien, pourtant, de poursuivre les conséquences
de la responsabilité royale; Chappuys ne dira jamais à François Ier: «si tu ne
suis pas la loi divine, je ne suis aucunement tenu à t'obéir». La mise en scène
de la piété royale évite au poète de rendre explicite cette menace; François Ier
est pieux, donc la question de l'obéissance du poète ne se pose même pas.

[18] «Tant s'estend leur famille, comme leurs seigneuries et monarchies s'esten-
dent, mesmement quand ilz sont bien reverez et obeys de leurs subiectz, lesquelz non seulement doibvent a Dieu et aux hommes solicitude et providence
pour leur famille, leurs domestiques et leurs officiers, mais aussy pour tous
leurs justiciables et responsables, pour lesquelz ilz sont tenuz et obligez
respondre devant Dieu et la providence divine, qui les a proveus et commis a
icelles charges, donné les grandes dignitez et preeminences. Parquoy les
monarches ayans bons sens par nature doibvent entendre, que cure, solicitude
et charité envers le peuple, zelatoires du bien publicq et de l'honneur du pays,
sont conjoinctes et annexées par droict primitif a leurs majestez, ainsi que est
deue reverence obsequale, devotion et obtemperance voluntaire des subiectz
envers iceulx princes et leurs edictz...» (*Le livre de l'institution du prince*, éd. de
1548, éd. Maxim Marin, Frankfurt a. M., Peter Lang, 1983, chap. 5, p. 138).

L'instance finale est évidemment la loi divine et non le bien de la *res publica*; mais le rappel de la formule *imago deitatis princeps* peut très bien viser les contraintes d'une *politique*, tout en ajoutant à la gloire du souverain.

FLATTERIE ET ACCOMMODATION

Ni le manque de véridicité ni l'hyperbole ne constituent donc des marques sûres dans le discours de la flatterie, quoiqu'elles y contribuent. Nous nous sommes penchés jusqu'ici sur le rapport entre le sujet de l'énonciation et l'énoncé, ou le rapport entre l'énoncé et le référent. Nous pouvons aussi aborder la question du rapport entre la flatterie et l'éloge sous un angle différent, celui du rapport entre le message et son destinataire. La flatterie serait le discours qui reproduit celui que tient ou tiendrait le destinataire du message: je te flatte parce que je te dis ce que tu dirais toi-même. La flatterie est donc ce qu'on appelle « l'accommodation » parfaite du destinateur au destinataire[19]; son discours ne dit rien de *nouveau*, le nouveau étant ce qui n'agrée point. Ce critère est pourtant difficile à appliquer dans tout cas isolé: si un discours flatteur réussi ne déplaît pas, tout ce qui plaît n'est pas nécessairement flatterie.

---

[19] Voir Quinte Cicéron, *Commentariolum petitionis*, 41 (sur la pratique de la *blanditia*): «[blanditia] petitori vero necessaria, cuius et frons et vultus et sermo ad eorum quoscumque convenerit sensum et voluntatem commutandus et accommodandus est»; Plutarque, *Comment discerner le flatteur d'avec l'amy*, 11: « le flatteur se compose comme une matiere propre à recevoir toutes sortes d'impressions, s'estudiant à se conformer et s'accommoder à tout ce qu'il entreprent de ressembler par imitation, estant souple et dextre à se transmuer en toutes similitudes...» (trad. Jacques Amyot); Jean de Salisbury, *Le Policratique*: «Et certes celui qui vest en soy et prent la forme et semblance d'autruy et se transfigure en diverses faces selon les affecions et plaisirs des autres, il met guectes et tent laz... [Les flatteurs] acordent leur volenté a quelconques chose que tu vouldras, afin que par grant fraude et barat ilz acquierent la grace de celui a qui ilz parlent ou de qui l'en parle...» (3.4, p. 212). Dans la littérature anti-aulique, cette capacité d'accommodation fait évidemment partie de la condamnation du courtisan. L'avocat Adam Theveneau recommandera une épreuve sûre pour distinguer le flatteur du bon serviteur, mais cette épreuve suppose la prudence du bon prince: «Et pour les [flatteurs] esprouver, elle [la prudence] luy donne les preceptes de feindre d'avoir envie de faire une chose, qui ne luy est honneste ny convenable, ceux qu'il verra autour de luy le trouver bon, & branler selon la diversité du mouvement de ses affections, comme l'ombre du corps à mesure qu'il se remuë, infailliblement sont des flateurs...» (*Les Morales...où est traité de l'Institution du jeune Prince...*, Paris, Toussaint du Bray, 1607, p. 248).

La distinction entre éloge et flatterie, selon cette perspective, s'inscrit inévitablement dans l'ordre de la durée temporelle; l'éloge véritable est celui qui traduit une disposition durable chez l'orateur, tandis que le discours flatteur se modifiera, voire se contredira, au gré des circonstances, traduisant non pas une disposition mais la parfaite disponibilité du sujet d'énonciation et son absorption instantanée des opinions d'autrui[20]. Il est donc essentiel non seulement que le discours non flatteur établisse l'èthos de l'orateur mais aussi que cet èthos soit identique d'un discours à l'autre, et qu'en plus les arguments ou opinions avancés par l'orateur ne varient pas dans le temps. Le véritable discours de louange chante l'*habitus* de vertu du prince et ce discours est lui-même le produit d'un *habitus* de vertu.

LA FLATTERIE ET LE TYRAN

Un dernier élément distinguant flatterie et éloge nous conduit au cœur de l'intérêt du problème de la flatterie pour les discours épidictiques de Chappuys et pour la cour de la Renaissance. La flatterie est proprement un *discours tyrannique*, selon la définition aristotélicienne du tyran, qui ne s'intéresse qu'à son propre bien, à son plaisir, au détriment du bien commun (par opposition au roi qui préfère le bien commun, l'honneur, à son propre bien, puisqu'il n'a besoin de rien)[21]. Le flatteur poursuit son propre profit et non celui du prince ou le bien commun. Chez Christine de Pisan déjà ce parallélisme est implicite. D'une part, «[Aristote] dit que tirannie est quant le prince quiert plus son bien propre que le publique et que c'est contre seigneurie royale qui doit plus soignier du proffit de son peuple que du sien mesmes»[22]. Le prince doit «garder la justice» et «il lui couvient estre garni pour ce faire de tresbons et sages et prudens hommes et beaux conseilliers, et qui plus aiment l'ame et l'onneur de lui et le bien du pays que leur

---

[20] «Mais qui voudra prendre garde de près, il appercevra facilement les mutations et changemens du flatteur, comme du poulpe: et verra qu'il se transforme en plusieurs façons, blasmant tantost une vie qu'il avoit louée nagueres, et approuvant un affaire, une façon de vivre, et une parole qu'il rejettoit auparavant: car il ne le cognoistra jamais constant en une chose, ne qui ait rien de peculier à soy, ne qui aime ou qui haïsse, qui s'attriste ou qui s'esjouisse, d'une sienne propre affection, par ce qu'il reçoit toujours, comme un mirouer, les images des passions, des vies, des mouvemens et affections d'autruy» (Plutarque, *Comment discerner le flatteur d'avec l'amy*, 16).

[21] *Ethique à Nicomaque* 8.10 (1160b1-9) et *Politique* 5.10 (1311a2-7).

[22] *Le livre du corps de policie*, éd. Robert H. Lucas (Genève: Droz, 1967), chap. 9, pp. 23-24.

propre proffit» (*Le livre du corps de policie*, chap. 19, pp. 62-63). L'analogie entre la flatterie, le discours et le comportement tyranniques est
pragmatique: la valeur morale du discours se mesure par ses conséquences. Rien n'empêche que le flatteur tienne un discours dont certains arguments reprennent parfaitement les lieux communs des vertus,
pourvu que le résultat final soit en ce cas précis l'accroissement du bien
propre de l'orateur. Si la poursuite de ce bien propre, au préjudice du
bien commun, semble représenter un critère externe par rapport au discours, l'éloge du roi peut comporter un élément qui garantit que la
louange n'est pas une flatterie et cet élément constitue en fait le fondement moral de l'éloge du roi. Il s'agit de l'appel à la *dignité* du roi.

Ayant rappelé la formule *imago deitatis princeps* dans son évocation
de «l'Authorité royale», Chappuys affirme qu'il ne s'agit nullement
d'une flatterie:

> Ne penses pas qu'en cela rien desguise:
> Ny que ce soit flaterie ou fainctise:
> C'est verité, monstrant que leur office [des rois]
> Est de regir en bon ordre et pollice,
> Et se prouver en tous lieux et endroictz
> Justes, prudentz, veritables, et droictz:
> Ne commettant rien par authorité
> Qui desroguer puysse à leur deité:
> O pour le Roy digne vocation
> Pour les subjectz grand consolation,
> Dieu avec nous a tousiours contracté
> D'estre servi selon sa volunté:
> Et bon plaisir, c'est son commandement:
> Non pas selon nostre fol jugement
> Et le Roy veult qui tient icy son lieu
> Se conformer au seul vouloir de dieu... (*Discours de la court*, E ii^r)

La *digne vocation* du roi consiste à ne rien faire qui puisse «déroger» à
la «déité» du roi. Cette «déité» ne se limite pas simplement à la loi
divine et aux commandements bibliques, mais comprend aussi la justice, la prudence, la «vérité», et la «droiture», c'est-à-dire ce qui est
selon le droit, les lois, etc. En d'autres mots, il s'agit pour les rois de
régner «en bon ordre & pollice», assurant l'ordre et incarnant les principes dont cet ordre découle. La *digne vocation* royale, tout en confé-
rant aux rois un statut de lieutenant de Dieu sur terre, les *soumet* à
l'ordre de la justice.

Chappuys insiste sur l'origine divine (et non populaire, distinction
qui deviendra fondamentale au cours du siècle) de cette dignité royale;
toutefois l'idée fondamentale, du point de vue politique, c'est que l'autorité s'avère être une *conséquence* de la soumission royale à l'ordre.
L'autorité royale ne pourrait constituer la *cause* de l'ordre, auquel cas la

soumission à l'ordre entraînerait une diminution de l'autorité. Nous trouvons ce principe dans un passage célèbre du *Corpus iuris civilis*, *Codex* 1.14.4 («De legibus et constitutionibus principum et edictis»):

> Digna vox maiestate regnantis legibus alligatum se principem profiteri: adeo de auctoritate iuris nostra pendet auctoritas. et re vera maius imperio est submittere legibus principatum[23].

La «digne vocation» (*vocatio-vox*) du roi chez Chappuys rappelle donc littéralement ce que les légistes appellent la *lex digna* du droit romain,

---

[23] *Corpus iuris civilis*, vol. 2 (*Codex*), éd. Paul Krüger (Berlin: Weidmann, 12ᵉ éd. 1959), p. 68. Voir la version de Denis Foulechat qui traduit le code cité par Jean de Salisbury: «C'est digne voiz que personne se die et afferme en magesté regnant estre prince lié et obligié aus loys. Car l'auctorité du prince depent de l'auctorité de droit. Et selon la verité le plus grant fait de l'empire est soumettre la seigneurie et principaulté as lois» (*Le Policraticus*, livre 4, éd. Charles Brucker, Nancy: Presses univ. de Nancy, 1985, Chap. 1, p. 7). On peut comparer ce texte avec la traduction donnée dans les *Vindiciae contra tyrannos*: «C'est une chose bien seante à la Maiesté d'un qui domine sur les autres, de declairer qu'il est Prince lié aux loix. Aussi nostre puissance depend de l'autorité du droit. Et à la vérité, c'est une chose plus excellente que la dignité de l'Empire mesmes, d'assuiettir la Principauté aux loix» (traduction française de 1581, éds. A. Jouanna, J. Perrin, M. Soulié, A. Tournon, H. Weber, Genève: Droz, 1979, p. 3). Voir, sur les débats autour de ce code et le conflit avec la maxime *princeps legibus solutus* au Moyen Age, Ernst H. Kantorowicz, *The King's Two Bodies: A Study in Mediaeval Political Theology* (Princeton: Princeton Univ. Press, 1957), pp. 104-107, 135-136. Le principe n'est pas absent non plus de la philosophie morale; voir Pierre de La Primaudaye, *Academie française* (Genève: Jacques Chouët, éd. rev. 1593), Livre 1, Chap. 60: «Les sept Sages de Grece, invitez à un festin par Periander, Prince de Corinthe, furent mis par lui sur le discours de l'Estat des grands. (...) Bias parlant apres, dist: [Qu'un Roy ou Prince souverain n'a moyen de se rendre plus glorieux, qu'] [e]n se rendant lui-mesme le premier sujet aux loix de son pays» (f. 314ʳ). Dans la deuxième moitié du siècle l'utilisation de la maxime ne se limite pas aux Protestants; voir Jean Helvis, *Le miroüer du prince chretien* (Paris: Thomas Brumen, 1566), dédié à Charles de Lorraine: «Donques l'êtablissement de la dignité, & puissance roïalle, ne doit êlongner, ni aucunement distraire le Prince de la voïe de clemence, benignité, et justice: comme ces trop insensez, & superbes Tyrans se persuadent follement: Mais au contraire, l'astreindre plus êtroittement, que tous autres, à l'observation des lois, et Edis, qu'ils aura [sic] mis en avant, pour justement seigneurier, et conduire son peuple à la maniere du sage Lycurgue, legislateur des Lacedemoniens, qui n'ordonna onques loi, que lui mêmes n'eut entierement gardée... (...) Si bien qu'avant qu'il entende que c'est de bien commander, il faut qu'il sçache que c'est de bien obeïr à la loi...» (pp. 5-6). Le *Codex* est indiqué en marge, aussi bien que Diogène Laërce, *Vie de Solon* (*arche proton mathon archesthai*: «commande, sachant d'abord obeïr», 1.2.60).

devenue à la fois lieu commun et lieu contesté chez les théoriciens de la
monarchie au XVIᵉ siècle[24]. Citons Claude de Seyssel dans *La Monarchie
de France* (1ᵉʳᵉ éd. 1519):

> Et m'est assez d'avoir déclaré lesdits trois freins et restrentifs [Religion,
> Justice, «Police»] de la puissance absolue des rois, laquelle n'en est
> pour ce moindre, mais d'autant est *plus digne* qu'elle est mieux réglée.
> Et si elle était plus ample et absolue, en serait pire et plus imparfaite:
> tout ainsi que la puissance de Dieu n'est point jugée moindre pour
> autant qu'il ne peut pécher ni mal faire; ains en est d'autant plus par-
> faite. *Et sont les rois beaucoup plus à louer et priser* de ce qu'ils veulent en
> si grande autorité et puissance être sujets à leurs propres lois et vivre
> selon icelles, que s'ils pouvaient à leur volonté user de puissance abso-
> lue...[25]

La dignité du roi, qui est très précisément ce qui *mérite l'éloge*, consiste
en la soumission aux lois. Si les rois décidaient de ne pas se déclarer
sujets aux lois, ils auraient une dignité moindre et mériteraient moins
l'éloge. Cette identification étroite entre la dignité et le mérite provo-
quant l'éloge représente une sorte de cercle de la rhétorique épidictique
royale: un lien, une obligation émanent à la fois de la voix de l'orateur
qui appelle et confirme la parole «digne» du roi. Comme le discours du
tyran correspond au discours du flatteur, la dignité royale correspond
au discours également «digne» du poète-courtisan-conseiller qui doit se
soumettre à une éthique du discours. C'est ce que suggère Chappuys:

> Ce n'est assez que de servir aux yeulx:
> Faire le beau, le doulx, et gratieux,
> (...)

---

[24] La «dignité» du roi dans la tradition médiévale est un concept très large, se
référant à la singularité de la charge royale et à la souveraineté accordée au roi
par le peuple (voir Kantorowicz, *The King's Two Bodies*, p. 384). Toutefois,
l'émergence d'une monarchie de plus en plus portée vers la centralisation fis-
cale et administrative souligne l'importance de l'élément proprement légal et
moral de la dignité du roi se soumettant à ses propres lois.

[25] *La monarchie de France et deux autres fragments politiques*, éd. Jacques Poujol
(Paris: Librairie d'Argences, 1961), 1.12, p. 120, je souligne. A rapprocher de
Guillaume Budé: «L'empereur dit en ses loyx escriptes et constitutions impe-
riales, que combien qu'il ne soit subiect aux droictz civilz, neantmoins cest
honneur à luy et aux autres princes, et parole digne du Roy de soy vouloir y
assubiectir et aussy le dire et maintenir publiquement, pour donner reverence
et auctorite à ses edictz, constitutions et ordonnances» (*L'institution du prince*,
chap. 3, p. 100). La *lex digna* fera l'objet de maintes analyses et deviendra une
arme puissante dans la polémique protestante contre l'absolutisme naissant et
chez les théoriciens anti-machiavéliens; elle est citée en exergue dans les *Vindiciae contra tyrannos* de 1577 (trad. française 1581), et par Innocent Gentillet.

> Je ne dys pas pourtant que ce soit vice,
> Mais pour servir *dignement* ung tel maistre
> Estre convient tel qu'on veult apparoistre:
> Je diray plus s'il fault que me despite,
> Autour de luy ne fault estre hypocrite... (E ii[v], je souligne)

Si le roi, pour posséder sa dignité, doit se soumettre aux lois du royaume, le poète-courtisan, pour acquérir sa dignité, doit pour sa part se soumettre aux lois de son discours. La *digna vox* du sujet est un rapport éthique à la parole: mentir ou fausser son caractère reviendrait à se déclarer affranchi, absous de l'ordre de la parole. Etre *oratione solutus* équivaut donc à être *legibus solutus* (*Digesta* 1.3.31), le flatteur correspondant au tyran.

C'est par ce biais que nous revenons au problème de la flatterie. Le discours flatteur n'est pas simplement hyperbolique ou faux, mais il contient, dans le contexte de la cour royale ou princière de la Renaissance, un réseau de thèmes reliés à une parole fondamentale proférée par le flatteur au prince: *Tu es au-dessus des lois*. Selon Pierre de La Place, les flatteurs «ne cessent de leur persuader que seuls ils peuvent tout, et qu'ils n'ont que faire de se soubsmettre à autruy»[26]. Jean Bodin en donne une version dans *Les six livres de la République*: «oyant dire à un flatteur, que toutes choses sont justes aux Rois: Ouy, dit-il [Antigon, roi d'Asie], aux Rois barbares et tyrans»[27]. Déjà chez Castiglione nous trouvons une étiologie de la tyrannie, résultat de la flatterie. Au début du 4e livre du *Cortegiano*, Ottaviano réintroduit l'élément éthique dans la description du courtisan, en distinguant les tyrans des bons princes. L'existence de tyrans, princes ignorants et orgueilleux, selon Ottaviano, s'explique par une seule «racine», le mensonge[28]. Il ne s'agit pas simplement d'un discours non véridique, mais d'un tissu de mensonges dont la trame progressive et la thématique cohérente engendreront le tyran. Les ennemis encouragent le seigneur dans les vices, et les amis deviennent des «adulateurs» afin de gagner la grâce et la faveur des seigneurs, et plus ils mentent, plus les seigneurs se trompent eux-mêmes. «Enivrés» de la liberté dont ils semblent pouvoir jouir sans contradiction («senza mai non che riprensione ma pur contradizione» 4.7, p. 289), étant non seulement obéis mais presque adorés, les seigneurs

---

[26] *Traitté de la vocation et maniere de vivre a laquelle chacun est appellé* (éd. rev. Paris: Federic Morel, 1578), pp. 35-36. Voir aussi Erasme, au 2e chapitre de l'*Institutio principis christiani*.

[27] Ed. 1593 (réimpr. Paris: Fayard, 1986), 1.8, p. 214.

[28] «Dei molti errori ch'oggidì veggiamo in molti dei nostri prìncipi, i maggiori sono la ignoranzia e la persuasion di se stessi; e la radice di questi dui mali non è altro che la bugia» (4.6, p. 288).

commencent à croire que régner est chose facile, et que pour cela, seule la force est nécessaire. Ils pensent que le vrai bonheur, c'est pouvoir faire tout ce qu'ils veulent faire (« il poter ciò che si vole », ibid.), et finalement, ils conçoivent la justice comme une contrainte, et toute contrainte comme une diminution de leur pouvoir[29]. Le contraire de la dignité, c'est donc l'absence de contraintes, et le discours flatteur est celui qui s'articule à partir de la proposition selon laquelle l'autorité royale, pour reprendre l'expression de Chappuys, est ce qui se place au-dessus de toute loi. Comment peut-on *louer* une personne dont la seule disposition serait la capacité de s'affranchir de toute disposition vertueuse? Il s'agirait de l'éloge d'une personne en quelque sorte *vide*, ne fournissant aucune attache à un discours qui lui aussi tournerait à vide. De la même manière le flatteur, soustrait à sa propre parole, prononce un discours détaché de son èthos, en d'autres mots éthiquement vide.

Divers textes de Chappuys nous permettront de résumer ce parcours de l'éloge, que nous aborderons d'abord dans ce qui touche au délibératif, à l'action d'autrui, ensuite dans ce qui articule la situation existentielle du poète panégyriste et en même temps courtisan.

Lorsque François Ier accorde à Charles V un passage à travers la France en novembre 1539, les deux souverains sont fêtés par les poètes de la cour française, y compris Claude Chappuys et Clément Marot. Chappuys compose « La complaincte de Mars sur la venue de l'empereur en France »: Mars se plaint de cette entente entre François Ier et Charles V et, à la suite de son discours, le poète se réjouit et entame l'éloge des rois qui font la paix:

> Et vous, O Roys, qui voulez plus tost estre
> Roys par vertu, que par corone ou sceptre,
> Qui preferez nostre felicité,
> Et le repos de la christienté,
> A voz plaisirs, et à tout aultre bien.
> Qui pourroit dire et exprimer combien
> Vous meritez envers Dieu et les hommes?
> Combien debvons louer voz grandz bontez,
> Dont nostre espoir quasi vous surmontez:
> (...)
> Or l'on peult dire et par tout maintenir,
> Que s'il vous plaist la paix entretenir,

---

[29] « Però alcuni hanno in odio la ragione e la giustizia, parendo loro che ella sia un certo freno ed un modo che lor potesse ridurre in servitù e diminuir loro quel bene e satisfazione che hanno di regnare, se volessero servarla; e che il loro dominio non fosse perfetto né integro, se essi fossero constretti ad obedire al debito ed all'onesto, perché pensano che chi obedisce non sia veramente signore » (*ibid.*).

> Non seulement serez Roys, mais la loy
> Vous donnerez à tout Prince et tout Roy :
> Et est cela une digne excellence,
> Ung hault povoir, une preeminence,
> Qui tout degré et dignité surmonte...[30]

Reprenons brièvement les thèmes communs et connus: le roi qui préfère le bonheur du peuple à ses propres plaisirs est digne de louanges et se distingue du tyran; il oblige ainsi le poète à le louer. La *digne excellence*, c'est-à-dire celle qui mérite la louange, est une conséquence du maintien de la paix («sil vous plaist la paix entretenir...»). Si les rois ne maintiennent pas la paix, ils n'atteindront pas la dignité requise. Nous retrouvons donc ici thème du *lien*: si vous vous obligez à garder votre accord de paix, vous m'obligez à vous louer, votre *digna vox* appelle alors la plus grande louange, celle qui ne peut guère s'exprimer («Qui pourroit dire et exprimer combien / Vous meritez envers Dieu et les hommes?»). Le maintien de la paix, leur digne excellence, confère aux deux rois le pouvoir de «donner la loi» aux autres princes et rois, donc parce que Charles V et François Ier se soumettent à l'accord de paix leur puissance s'en trouve augmentée. Ainsi, les deux rois deviennent en même temps exemplaires.

Il demeure que Chappuys laisse subsister dans son éloge un ton inquiétant. Le mérite du roi est d'abord un mérite «envers Dieu», ensuite «envers» les hommes, c'est-à-dire d'abord aux yeux de la Déité, ensuite aux yeux des hommes. Il est vrai que les deux mérites se confondent. Toutefois le mérite royal s'avère indicible, peut-être parce qu'il est d'abord envers Dieu (parce que c'est Dieu qui en décide). De même, la décision de garder la paix découle du *plaisir* royal, non pas de la piété des rois: la formule «sil vous *plaist* la paix entretenir» rappelle fâcheusement le côté «absolu» du pouvoir royal.

Le *Discours de la court* fournit un autre exemple de l'inquiétude du poète. Dans son côté «manuel du courtisan» ce poème reflète les soucis du poète dont la réussite dépend étroitement de la faveur royale. Celle-ci, hélas, est bien variable. Mais celui qui

> ... se voit cheut de quelque hault degré,
> Ne se doibt pas du tout desesperer:
> Mais en son cueur tousjours considerer
> Que de vertu la grande fermeté
> Ne se parfaict fors en infirmité.
> (...)

---

[30] In *Sensuivent les triumphantes et honorables entrees, faictes par le commandement du Roy treschristien Francoys premier de ce nom, a la sacree Maieste Imperiale, Charles V...* (Gand: Josse Lambert, 1539), H i^v-ii^r.

Car c'est au Roy, et qui l'engardera
D'eslever ceulx que bon luy semblera[.]
Et ceulx aussi qui seront exaulsez,
Quand luy plaira se verront abbaissez.
Cela n'est point fortune, à bien l'entendre,
C'est ung secret de Dieu, pour nous apprendre
Quelle est la force et puissance des hommes,
Et que sans luy moins que paille nous sommes. (H i^{r-v})[31]

La faveur royale est ici littéralement *imago deitatis*, au sens où elle agit comme celle de Dieu, rehaussant ou abaissant les hommes si tel est son plaisir. Elle se rapproche donc de la *grâce* divine. Le roi n'est toujours pas absous, *solutus*, de tout lien, puisqu'il est responsable devant Dieu; mais comme la faveur royale reste un «secret», elle ne suit aucune loi et refuse en outre de déclarer sa soumission à une loi quelconque. Nous sommes évidemment dans le domaine du choix personnel du souverain, et cette logique conduira dans d'autres circonstances à l'instauration du choix personnel comme principe de la *politique* et non pas seulement de la faveur à la cour. C'est ici que le langage religieux s'immisce dans l'éloge d'une manière néfaste, qui dépasse à mon sens les rapports de *dignité* se trouvant à la base de la fonction parénétique du discours. La louange hyperbolique du courtisan, axée sur l'analogie divine, risque de basculer; la flatterie et le tyran ne sont jamais loin...

PIERRE MATTHIEU PANÉGYRISTE D'HENRI IV: LE CALCUL DU VERTUEUX

Sous le règne d'Henri IV, ni le langage religieux ni la rhétorique des vertus ne cesseront de se mêler à l'éloge[32]. Mais deux textes épidictiques, le premier apparemment inspiré par l'éloge *grosso modo* humaniste, le deuxième offrant au roi un rêve de conquêtes, font voir la distance parcourue depuis l'œuvre du poète de cour sous François Ier. Pierre Matthieu, historiographe d'Henri IV, ancien ligueur devenu panégyriste du roi converti, produit, comme beaucoup de ses contemporains, une kyrielle d'éloges du roi assassiné. L'un d'eux, qui retient particulièrement notre intérêt, fut imprimé à la suite de son *Histoire de la mort*

---

[31] On trouve une évocation semblable de «Faveur» dans le *Discours*: «Ceste Faveur est bien accompaignee / Chascun la suyt, de nul n'est desdaignee, / Et comme il plaist au Roy elle est vestue. / Par luy seul est haulsee ou abbatue» (H iv^v).

[32] Voir Jacques Hennequin, *Henri IV dans ses oraisons funèbres ou la naissance d'une légende* (Paris: Klincksieck, 1977).

deplorable du Roy Henry IIII et de ses *Trophees de la vertu et de la fortune de Henry le Grand*; il fut composé avant la mort du roi mais publié avec les autres, sous le titre *Panegyre de Henry IIII. Tres-Chrestien Roy de France & de Navarre*[33]. Une partie importante de cet éloge en prose se concentre sur les vertus royales: piété, justice, valeur [force], clémence (p. 36). La tempérance y trouve aussi son compte («Il avoit vaincu ses ennemis il luy estoit necessaire de se vaincre soy-mesmes», ce qui lui a permis de se convertir au catholicisme, p. 20); la prudence est mentionnée, parce qu'elle est requise par les conditions de la guerre contemporaine (p. 33). Henri IV n'est pas un tyran; sa «grande familiarité avec ses subjects» lui permet d'offrir cet apophtegme: «en tout cas j'aime mieux estre aimé que redouté». Matthieu commente: «Royale parole» que celle-là (p. 68). En effet le geste anti-machiavélique d'Henri IV est une parole digne de la royauté: *digna vox maiestate...* Henri IV est louable *par rapport* à la dignité royale et au royaume dont il est le roi. Matthieu insiste sur ce lien de dignité qui unit le roi et son royaume: «Ce grand Roy estoit seul digne de la conqueste de la France, la France estoit seule digne de la Valeur d'un si grand Roy» (p. 30). Tout ceci est démontré par le fait qu'Henri IV fut capable de faire la *paix*:

> Mais il ne luy suffit pas d'avoir fait la guerre si elle ne produit la Paix. La plus Royale vertu d'un grand Prince qui entre en un Estat troublé est la Justice, la plus puissante est la vaillance, les grands efforts viennent des armes, et le plus glorieux fruict des armes vient de la Paix. Il monstre qu'il n'a fait la guerre que pour avoir la Paix, que sa Masse comme celle de Hercules est d'olivier, et son espée trempée en l'huile. (p. 26)

Les actions du roi ont une cause finale, la paix, par rapport à laquelle Henri IV devient louable[34]. Il ne l'est pas vraiment par lui-même; sa nature fougueuse le portait plutôt à la gloire militaire[35] et l'on s'étonna

---

[33] J'ai consulté l'édition de la Houghton Library (Fr 1244.54.5*) qui ne comporte ni lieu ni date de publication. Le *Panegyre* se trouve aux signatures C-G. La Bibliothèque nationale en possède une édition in-folio publiée à Paris par la Veuve de M. Guillemot et S. Thiboust, 1611, et Hennequin cite en outre une édition in-8° publiée en 1612 (p. 299).

[34] Faire la guerre pour avoir la paix est la justification traditionnelle de la prise d'armes légitime; voir Cicéron, *De officiis*, 1.11.35. Chappuys s'en servira aussi (*Discours de la court*, Diii^v).

[35] «Ceux qui avoient veu naistre le Roy dans les armes, commander à quatorze ans dans les armées, ses premiers exercices aux perils, qu'il s'estoit acquis la gloire de sçavoir vaincre, d'user de la Victoire, de dompter ses ennemis, et de leur pardonner les ayant domptez, ne pouvoient croire, qu'un Prince de ce courage, de ceste humeur et de ceste fortune voulut penser à la Paix, et estancher la soif de la gloire, dont les plus grands courages sont ardemment alterez...» (pp. 34-35).

de le voir exercer la clémence après ses victoires. L'objet de l'éloge de
Matthieu a ainsi *mérité* son panégyrique; il ne le provoque pas par son
existence même, de manière absolue, mais les rapports de dignité,
étayés par les vertus, dans lesquels il s'est rendu illustre, fournissent la
substance du discours.

Chez Matthieu, davantage que chez Chappuys et les poètes de la
cour de François Ier, la vertu devient ouvertement *fonction* du pouvoir;
elle assure le fonctionnement efficace de la chose publique. Evidemment, les vertus royales ne sont jamais conçues indépendamment de
leur effet bénéfique: la clémence de César est un outil politique aussi
bien que la libéralité des nobles romains. Sous la direction de la prudence, le dosage des vertus et leur application appropriée permettent de
maîtriser la situation politique soumise à de multiples contingences.
Toutefois, chez Matthieu, la prudence ne figure pas parmi les vertus
royales; réduite à l'astuce, au froid calcul, elle n'a sans doute pas pu
résister à l'assaut machiavélien. En revanche, les autres vertus s'exer-
cent précisément d'une manière prudente: chacune transforme un obstacle politique en avantage royal. La conversion du roi, élément fondamental du repos de la nation, donne lieu à la description suivante:

> Toutes les vertus de ce Prince ont presté la main au bastiment du repos
> public, mais l'honneur en demeure à la PIETÉ. Tout aussi tost que les
> peuples virent qu'il servoit Dieu en la religion de ses Peres, ils creurent
> que la guerre n'estoit plus pour la Religion, mais contre l'Estat; tien-
> drent pour ennemis ceux qui ne vouloient recognoistre un Prince reco-
> gneu et advoüé du Ciel par tant de miracles. (p. 36)

Dès que la conversion royale s'effectue, la résistance militaire se voit
redéfinie: n'ayant plus de fin spirituelle, elle devient simple révolte.
Cette transformation – essentiellement de *définition* – rallie le peuple et
retrace les limites du pouvoir. Est-ce un simple calcul de la part du roi?
Oui et non: ce n'est pas *dans le but* de confondre ses ennemis qu'Henri
IV se convertit, mais lorsque c'est fait, les ennemis sont confondus
(«tout aussi tost que...»). Le calcul reste implicite, mais le rapport explicite entre les deux faits est plutôt un rapport de succession chronolo-
gique, presque d'effet simultané. La personne d'Henri IV ne calcule pas
la conséquence précise de ses actions; mu par la piété, reconnu par le
Ciel, il est au-dessus d'un tel calcul. Pourtant, par la conséquence de ses
actes, l'Etat est sauvé[36].

---

[36] Voir, sur cet effet de la prudence, l'article éclairant de Francis Goyet, «Pru-
      dence, Sublime, Raison d'Etat», à paraître dans *Discours pour les Princes*, éds.
      Isabelle Cogitore, Francis Goyet (Grenoble: Presses universitaires de Gre-
      noble III). Ailleurs, Matthieu motive la conversion du roi par le désir de celui-
      ci de compléter sa couronne royale par le diamant de la religion: «Ce riche

La force («Valeur») d'Henri IV lui permit de chasser «cinq armées estrangeres» et sa justice s'assura la fidélité de plusieurs villes et peuples qui risquaient de lui retirer leur soutien (p. 36). La clémence vainquit ceux que ni la force ni la justice ne pouvaient réduire. Comme la piété, elle redéfinit les alliances en faveur du roi, et de l'Etat:

> Elle a sagement MESLÉ LES VICTORIEUX PARMY LES VAIN-CUS. Elle a donné la vie aux coupables pour augmenter le nombre de ceux qui ne virent qu'à la gloire de sa debonnaireté. (...) SA NAIS-SANCE LE FIT GRAND, SA FORTUNE PLUS GRAND, SA CLE-MENCE TRES-GRAND. S'il n'eut pardonné à tant de rebelles, il n'eut pas commandé à tant de subjets. (p. 37)

Si la clémence royale est l'élément le plus marqué du *mérite* d'Henri IV, elle est aussi ce qu'il y a de plus *louable* chez lui, sa naissance et sa fortune n'étant pas sujettes à sa volonté. Elle le fit «tres-grand», comme la piété le fit «tres-chrestien». La clémence est «sage», c'est-à-dire prudente, parce qu'elle sait étendre son royaume en augmentant le nombre de ses sujets. On pardonne pour commander mieux et à un plus grand nombre, calcul sublime, où le geste royal entraîne une euphorie politique, où le jeu de gain et de perte est remplacé par une augmentation générale, totale.

Malgré une présentation qui suggère que les vertus s'acquièrent par une sorte de nécessité interne pour compléter la couronne illustre de la monarchie française, les vertus représentent chez Matthieu des actions politiques précises, une intervention stratégique dans l'histoire, un calcul pratique. Elles se détachent donc de ce fond ornemental, de cette scène de la splendeur royale qu'était pour Chappuys la cour de François Ier. L'éloge de Matthieu, tout en se servant des liens de dignité du discours épidictique, tout en affichant la couronne des vertus, absorbe certaines stratégies politiques qui, soumises en apparence à d'autres finalités, s'associent à la raison d'Etat.

PIERRE D'AVITY ET HENRI IV: LE CONSEIL DE PICROCHOLE

L'éloge de François Ier par Claude Chappuys concerne avant tout la splendeur de la présence royale au milieu de la cour; il représente les

---

DIAMANT DE LA RELIGION DONT LE FEU EST SI PUR ET L'EAU SI BELLE ne paroissoit pas en sa coronne de la mesme splendeur que ses Peres l'avoient porté par ce qu'il ne servoit pas Dieu à leur façon. On desiroit que la Pieté qui a donné aux Roys de France le glorieux tiltre de Tres-Chrestiens luy donna celuy de fils aisné de l'Eglise. Pour ce il se faict instruire...» (pp. 20-21).

différentes qualités du roi: piété, beauté, prudence, justice, etc. L'éloge
du roi est donc principalement organisé autour des vertus «statiques»
du souverain, que celui-ci démontre par des gestes ritualisés. Chez Matthieu, le roi est représenté comme un acteur dans l'histoire, mais ses
actions découlent, en apparence du moins, de ses vertus, qui toutes
visent à rétablir le repos de la chose publique. Un autre type d'éloge
décrit aussi le roi comme acteur dans l'histoire, mais celle-ci est comprise essentiellement comme un enchaînement de conquêtes. C'est évidemment ce type d'éloge qu'Erasme récuse parce qu'il pousse le roi à
l'entreprise guerrière. Un exemple frappant de cette louange, célébrant
avant tout la conquête, se trouve parmi les poèmes de circonstance d'un
poète du règne d'Henri IV.

   Pierre d'Avity, seigneur de Montmartin (1573-1635), est connu surtout comme géographe[37]; il fut simple soldat sous Henri IV mais se dis-
tingua rapidement et connut une belle carrière militaire avant d'être
anobli en 1610 par lettres patentes. En 1599, il publia une collection de
ses lettres, discours, et vers sous le titre *Les Travaux sans travail*[38]. Dans
ce recueil se trouve un poème dédié au «Tres-Auguste, Tres-Chrestien,
et tres-victorieux Henri IIII, Roy de France, & de Navarre». Henri IV
est «tres-victorieux» parce qu'il a mis fin aux guerres de religion: voilà
le prétexte (implicite) de la louange. Le poète se réfère d'ailleurs seulement deux fois à la fin de ces guerres. La prosopopée de la France parle
au poète:

> Voy ta mere, et cognoy qu'autresfois esplorée,
> En mille, et mille endroits par les siens deschirée,
> Ayant d'un coup mortel ses doux flancs transpercez,
> Flancs qui par ses enfans se virent offencez,
> Elle reprent la vie... (p. 294)

Plus tard, au cours d'un passage qui souligne la faveur dont jouit le roi
auprès du Ciel, d'Avity proclame que les astres brillent davantage
depuis que les feux des guerres de religion sont éteints: «Ses feux [du
ciel] en sont plus beaux, depuis que ta vaillance / Vient esteindre les
feux, qui consument ta France» (p. 298). En principe, l'objet de l'éloge
est la *paix* qu'Henri a pu établir en France. Pourtant, le discours épidictique tourne au discours délibératif, en poussant le roi à la conquête.

---

[37]   Voir ses *Estats, empires, et principautez du monde, representez par la description
       des pays, mœurs des habitans, richesses des provinces, les forces, le gouvernement, la
       religion, & les princes qui ont gouverné & gouvernent chascun estat iusques à pre-
       sent*, première éd. 1614. J'ai consulté l'édition de 1648 (Genève: Jacques Stoer).
[38]   Paris: Gilles Robinot, 1599. Ce recueil fut réimprimé en 1601, 1602, 1603, et
       1609; voir Henri Lafay, *La poésie française du premier XVIIe siècle (1598-1630)*
       (Paris: Nizet, 1975), pp. 420-421.

Etalant ses aspirations de géographe, d'Avity énumère les villes et les nations qui attendent leur tour d'être vaincues par les forces d'Henri :

> Le marchand Portugal, et la noble Castille,
> Grenade, Salamanque, et Tolede, et Seville
> Te porteront leur clefs [sic], et t'iront requerant,
> Tesmoignages certains d'un hardy conquerant.
> Du More recrespé la demeure alterée,
> Du Scyte gouste-sang la cruelle contrée,
> L'Arabe vagabond, le caut Aegyptien,
> N'adoreront plus rien qu'un Henry tres-chrestien.
> J'appercoy ja desja les Bracmanes d'Indie,
> A ton autorité soumettre leur patrie,
> Admirer ta sagesse, adorer ta valeur,
> Publier ta clemence, et priser ta douceur.
> Mais ne vois tu grand Roy la grandeur Emperiere,
> De l'infidelle Turc craindre ta main guerriere?
> Voy comme il se tapit...
> Bref je voy grand Roy quelque part où tu sois,
> Qua la [sic] tu fais valoir la valeur des François.
> Tu fais tout, tu prens tout, et le tour de la Terre
> N'est qu'un point, regardant ce que tu peux conquerre. (pp. 297-298)

Cet éloge étonnant rappelle très précisément le conseil donné à Picrochole par ses gouverneurs (*Gargantua*, 33): on passe, au beau milieu de la description des actions futures de Picrochole, du futur simple au présent (de «L'aultre partie ira ruer sur ce Grandgousier» à «voicy Barberousse qui se rend vostre esclave»), et on présente les actions futures comme ayant lieu en ce moment même *devant les yeux* de Picrochole («voicy Barberousse»); les ennemis anticipent l'irrésistible avance de ses armées («Le pauvre Monsieur du Pape meurt *desjà* de peur»). D'Avity, futur géographe, offre le même genre de discours épidictique aux limites du délibératif: les Arabes et les Egyptiens «adoreront» Henri, et le poète voit «ja desja les Bracmanes d'Indie, / A ton autorité soumettre leur patrie». Passant du futur au présent, son langage est celui de l'évidence: «*Voy comme* il [le Turc] se tapit...» Les ennemis sont déjà prêts à se rendre; en fait ils le font sous nos yeux... Le discours délibératif devient euphorique: les distances se réduisent à rien, le monde se parcourt comme s'il était un point: «Tu fais tout, tu prens tout, et le tour de la Terre / N'est qu'un point, regardant ce que tu peux conquerre». L'allitération lie la nomination du roi à la conquête de la terre: *tu – tout – tout – tour – terre*. Le pronom qui désigne le roi s'étend sur le globe entier; la puissance d'Henri est toujours au-delà de l'espace terrestre euphoriquement réduit à un point. Le roi divinisé participe des mêmes paradoxes spatiaux que Dieu lui-même: il est tout par rapport à ce rien qu'est le monde.

Cette conquête rhétorique de l'espace par l'éloge hyperbolique n'est toutefois pas sans conséquences éthiques. Dans l'éloge que nous connaissons chez Marot et même chez Chappuys, la proposition fondamentale est la suivante: «je loue tes vertus pour que tu les exerces; si tu fais ainsi, tu mériteras et continueras de mériter l'éloge». La vertu-*habitus* est une activité pour ainsi dire constante, ou au moins une promesse d'activité: tu es disposé à exercer la justice et les autres vertus de façon continue. La vertu suppose un effort réfléchi, une persistance de cet effort dans la durée temporelle, une négociation des obstacles par la prudence. Dans les discours d'Avity et des gouverneurs de Picrochole, l'éloge devient utopie: lieu et espace sont comme abolis[39]. Tout est déjà fait, tout est là devant toi; tu as tout accompli et parcouru. Je te loue parce que ta puissance transcende tous les obstacles. En d'autres mots, le roi *n'agit jamais*, et par conséquent, n'exerce aucune vertu, ce qui revient à dire qu'il ne les possède pas. L'éloge exclut ainsi l'effort, le heurt de l'action contre l'obstacle, contre la contingence. Picrochole et Henri IV (selon la représentation d'Avity) sont donc nécessairement privés de prudence.

Il suffit donc de le vouloir, pour que tout s'accomplisse: c'est le message de ce téléscopage du temps et de l'espace. Le discours d'éloge poussé à son paroxysme devient louange de la volonté divine, et le chantre du roi ne confirme plus par son chant les *vincula* qui lient le roi et dans lesquels il puise son autorité. Le poète est devenu une voix de *sujet*. Quant au roi, semant la mort parmi ses ennemis sans rencontrer aucun obstacle, il est pareil au chasseur qui, impitoyablement, poursuit les bêtes avec sa meute de chiens:

> Tant de chefs estrangers, à qui la noire Parque
> A fait payer le port à Caron dans sa barque,
> Traietter l'Acheron, et raconter la bas
> Sçavent que vaut la main, qui les mains de la France
> Enchaisne librement, et tient en sa puissance.
> Ainsi qu'on voit souvent au pierreux Vivarez,
> Un qui va rebrossant l'espesseur des forests,
> Lors que de chiens couplez une meute scavante
> Poursuit la beste fauve, et des dents la tourmente,

---

[39] L'éloge de Louis XIV prononcé par Jean Racine devant l'Académie française le 30 octobre 1678 abolit de même le temps historique pour le roi. Voir le commentaire lucide de Richard Lockwood: «In the present era, the way Racine depicts it, historical time is essentially meaningless, since history now is simply the interval between the formation of the King's resolutions and the moment of their revelation or accomplishment. History has no power to affect the relation between events and their sole cause, Louis Le Grand» (*The Reader's Figure*, p. 190).

> Le chasseur à la fin range tout sous sa loy,
> Et reprend les preneurs sans morsure ou abboy :
> Ainsi tant de François tous cernez de victoires,
> Sont esclaves d'un Roy qui s'acquiert mille gloires. (pp. 292-293)

Les Français deviennent des «esclaves» volontaires, «enchaînés librement» par la main du roi, du chasseur poursuivant la bête dont la mort accroîtra la gloire non des Français mais du roi «qui s'acquiert mille gloires». Le sujet du roi se soumet à lui volontairement, non pas pour que le roi poursuive le bien commun, mais pour qu'il acquière la gloire : il s'agit là de la tyrannie, mais d'une tyrannie consentie, proche de la servitude volontaire de La Boétie. La «meute scavante» de «chiens couplez» est évidemment aussi une image de ce que la France *n'est pas encore*, au lendemain de l'Edit de Nantes, et de ce qu'elle pourrait être, unie dans la guerre contre l'ennemi. Les chiens «rangés» sous la loi du monarque, poursuivant la «beste fauve», ne s'entre-déchirent pas.

Comme les conquêtes qui se font en l'absence euphorique d'une résistance quelconque, le consentement à la monarchie dans l'éloge d'Avity élimine toute notion d'effort, d'imposition d'un ordre sur une société comprenant une majorité catholique qui, en réalité, était loin d'accepter le statut accordé aux Protestants par les ordonnances de 1598 dont, par surcroît, la minorité craignait à juste titre les conséquences[40]. Le consentement n'est pas arraché au peuple mais se produit de lui-même, comme si le roi, tout en s'adressant au peuple, se parlait à lui-même :

> Bref devant toy je voy l'Impossible possible,
> Et l'entrée en tous lieux à toy seul accessible.
> Et tu ne forces pas tant seulement les murs,
> Mais d'une douce force as place dans noz cœurs :
> Tu t'empares de nous et nostre ame contrainte
> Par un divin effort, de tes vertus atteinte
> Ne respire que toy, ne parle que par toy... (p. 293)[41]

Le roi s'impose dans les cœurs de ses sujets par le *spiritus*, l'Esprit qui souffle et grâce auquel nous respirons. Les conditions de l'éloge se

---

[40] Voir Bernard Cottret, *1598: L'Edit de Nantes: Pour en finir avec les guerres de religion* (Paris: Perrin, 1997), pp. 167-251.

[41] Le premier vers rappelle l'éloge d'Henri IV au début d'une «Franciade» de Jean Godard : «l'impossible à tous à toy seul est possible» (dans *L'oracle ou chant de Protee. Où sont predictes les glorieuses victoires de Henry IIII. tres-Chrestien & tres-victorieux Roy de France & de Navarre. Ensemble, les Trophees dudict Seigneur, augmentez & corrigez de nouveau*, Lyon, Thibaud Ancelin, 1594, p. 2). La vie d'Henri IV inspire à maints panégyristes le besoin de constater cette transcendance de «l'impossible».

modifient en même temps: le poète ne loue plus le roi dans une situation essentiellement contractuelle («je te loue parce que ta vertu est res-
plendissante et pour qu'elle continue de l'être»). L'âme des sujets est
«atteinte» par les vertus du roi, mais c'est parce qu'elle est bouleversée
par le souffle divin qu'elle se met à chanter les louanges du roi. La situation de l'éloge est donc fondamentalement identique à celle de la prière:
traversé de ta «douce force», de ton Esprit, je te chante. Il n'est pas
question de mérite; les vertus du roi ne sont pas vraiment encouragées
par l'éloge du poète puisqu'elles font partie de la divinité du roi. Celui-
ci finit, en un sens, par se louer lui-même, à travers le sujet, créature du
roi. La divinisation du monarque atteint sans doute ici son apogée; il
n'incarne plus la *pietas* mais en est l'objet. Aux yeux de Pierre d'Avity,
Henri IV est un Dieu conquérant: conquêtes faciles de l'espace,
conquêtes douces des cœurs, «Soleil qui dissipe un monde de glaçons...»
(p. 293).

Pierre Matthieu lui non plus ne résiste pas à cette métaphore du roi-
soleil, et son éloge revêtira les mêmes accents de la prière, se détachant
du discours humaniste dans la péroraison de son *Panegyre*:

> Quand nous vous considerons en ceste sublimité de gloire, nos dis-
> cours se changent en admiration, nous faisons comme ces peuples qui
> en adorant et admirant le Soleil ne sçavent faire autre chose que de luy
> tendre la main et la porter sur la bouche. L'admiration commence, et le
> silence finit leur hommage. Vostre felicité est si entiere que vous n'avez
> que faire de felicité, vos subjets sont si heureux soubs vostre Empire,
> qu'ils ne peuvent rien desirer sinon qu'il soit perpetuel. (p. 77)

Le roi, parfaitement achevé, par sa perfection même, est au-dessus de la
felicité, la fin ultime du bien vivre dans la téléologie des vertus classiques, ce qui veut dire qu'aucun effort, aucune mise en pratique ne lui
sont nécessaires pour manifester l'*habitus* de la vertu. Cette perfection,
vue à travers les données du discours épidictique, entraîne ainsi paradoxalement la disparition des vertus. L'éloge ne peut plus avoir de prise,
il ne peut s'attacher à rien, puisque le roi n'agit plus par rapport à autre
chose. En un sens, il est *mort*... Matthieu publie son panégyrique après
l'assassinat du roi, s'excusant du manque d'achèvement de son poème,
brutalement interrompu par la fin déplorable d'Henri IV. Il ne men-
tionnera pas, pour des raisons évidentes, le vieux problème soulevé par
Aristote dans l'*Ethique à Nicomaque* (1.10.14, 1101a6-8): est-il possible
de qualifier quelqu'un d'heureux avant le moment de sa mort, si l'on
considère l'exemple de Priam qui, après une vie si accomplie, connut
une fin si misérable?

Nous sommes donc loin de cet *epainos* aristotélicien qui louerait une
personne parce qu'elle est en rapport avec autre chose et pour qu'elle se

«réfère» à autre chose. Le roi absolu, absous, ne se «réfère» à rien
d'autre: il suffit qu'il existe pour être objet de révérence. Au fond, par
sa seule existence, il balaie devant lui les nations ennemies, à moins
qu'elles ne se rendent, mourant de peur, comme le Pape devant Picrochole. Le discours d'Avity est finalement dépersonnalisant: si le poète
affirme que notre âme est «atteinte» des vertus royales, celles-ci ne se
mesurent plus par une conduite, un vivre. Ainsi le roi n'est plus l'*imago
deitatis* qui fait de lui un instrument de la volonté divine, il est lui-même
cette volonté. En ce sens également il se confond avec le pouvoir éta-
tique, un principe politique au-dessus de toute vertu incarnée.

ETHOS DE L'ORATEUR ET DU POÈTE: RONSARD, LES PROTESTANTS ET LE COURTISAN

La visée d'autrui, de l'objet de louange, en l'occurrence le prince, oblige profondément le sujet prononçant le discours: les liens que suppose et projette l'éloge ne sont efficaces que si la subjectivité dont il émane présente aussi la dignité à laquelle cette subjectivité fait appel dans l'autre. Cette dignité qu'on peut qualifier d'intersubjective se construit évidemment par le discours lui-même: celui-ci est donc empreint d'un «caractère» qui le précède et l'accompagne, et qui existe par son pouvoir d'appel et de rappel. Il ne s'agit pourtant pas d'un caractère en quelque sorte théorique, présent dans toute parole humaine, mais d'un nœud de gestes, de thèmes, de procédés dialectiques relevant certes de la rhétorique mais se heurtant aussi aux contingences historiques, et à celles de ce qu'est en train de devenir la littérature.

Au XVIᵉ siècle, avant l'événement des *Essais* de Montaigne, il ne se trouve guère de texte dans lequel la rhétorique de la subjectivité éthique est déployée avec plus de talent magistral que le dernier des «Discours des misères de ce temps» de Ronsard. Il s'agit d'abord d'un poème dans lequel le poète proclame la différence que son art entretient par rapport au «sermon» du prédicateur et au discours en prose de l'orateur. Il serait trop facile de dire que les convenances rhétoriques l'obligent à faire cette distinction. La variété stylistique et thématique de ce texte, son ironie et sa nonchalance semblent poser un défi à la rhétorique politique, et surtout au discours idéologique en ces débuts des guerres de religion. Cette même variété rend possible un discours subjectif, traçant les vicissitudes d'un sujet sur le point de se retirer des grands débats autour de l'avenir de la France. Loin de démarquer son discours par une subjectivité *nouvelle* Ronsard puise largement, on le verra, dans les ressources de l'èthos[1] (et du pathos) qui font face à des exigences nouvelles issues de la crise que connaît la nation. En même temps, la rhétorique

---

[1] «Èthos» (accent grave, signifiant l'êta grec), rappelons-le, au sens de «caractère», «disposition» (de l'orateur), ce caractère étant composé d'émotions moins violentes, plus conciliantes, que le pathos, et donc plus propres à capter la faveur du public.

ronsardienne est prise, consciemment ou non, dans un engrenage produit par sa situation à la cour et qui met en cause le rapport entre sujet et discours.

Ce sont pour le moment les paramètres de l'èthos dans le poème qui m'occuperont. Je m'inspirerai pour cela d'une phrase d'apparence peu difficile extraite de la belle étude par Daniel Ménager sur les *Discours des miseres de ce temps*: « Ce sont [les pamphlets protestants] qui se trouvent au centre de la 'Responce' mais aussi la personne même du poète que les protestants avaient mise en cause »[2]. Il est question ici de la dernière pièce en vers dans l'ensemble de la poésie dite politique de Ronsard, écrite en avril 1563, et publiée séparément quelques mois après. Elle répond à une série d'attaques composées par les ministres protestants Antoine de la Roche-Chandieu et Bernard de Montméja. Au centre de la *Responce* se trouvent donc les pamphlets et en même temps la *personne* de Ronsard attaquée par les protestants. La « personne même » de Ronsard ne semble se révéler dans le texte que parce qu'elle est la cible d'attaques; pourtant, pour que Ronsard se sente concerné, ou la « personne même » de Ronsard se sente touchée, les attaques des protestants ont dû viser juste, ou, plutôt, chercher à atteindre ces aspects de la « personne même » de Ronsard auxquels le poète tenait, qu'il lui fallait défendre. Donc, pour que Ronsard reste Ronsard, pour restaurer sa *dignitas* entamée, le poète répond: je défends l'honneur de la personne de Ronsard. De cet honneur, il faut empêcher la trop grande diffusion, car les protestants tentent de l'enlever à la personne du poète pour s'en parer eux-mêmes: « Pour te mettre en honneur tu te prens à Ronsard » (p. 117, v. 6)[3]. C'est en leur répondant que Ronsard leur assigne, provisoirement au moins, un statut équivalent au sien (sa réponse constituant *ipso facto* une reconnaissance de leur dignité): d'où ses hésitations et son souhait de pouvoir se mesurer avec Théodore de Bèze. Il lui faudra alors démontrer qu'il est lui-même le maître se jouant des écoliers insolents, des « novices » (p. 117, v. 12). *Non est discipulus super magistrum.* Le poème servira de démonstration de sa maîtrise, c'est-à-dire qu'il fera voir ce qui, dans le passé, a permis à Ronsard d'acquérir ce sta-

---

[2]   In *Ronsard: Le Roi, le Poète et les Hommes* (Genève: Droz, 1979), p. 253. Tout le chapitre IV de la 3e section est consacré à la *Responce*. Pour un compte rendu récent de la polémique entre Ronsard et les protestants, surtout Théodore de Bèze, voir Malcolm C. Smith, *Ronsard & Du Bellay versus Beze: Allusiveness in Renaissance Literary Texts* (Genève: Droz, 1995).

[3]   Je cite l'édition de Paul Laumonier, *Œuvres complètes*, vol. 11 (Paris: Didier, 1946). Le poème sera remanié de façon conséquente par Ronsard, surtout à partir de 1578, et sérieusement raccourci dans l'édition de 1584. J'ai préféré me concentrer sur la version de 1563, dans toute sa *varietas*.

tut honorable. Aussi la défense de la *dignitas* consistera-t-elle en la restauration d'éléments bien connus, par un *rappel* de ce qu'est Ronsard, par un éloge de la personne. Il n'y aurait donc rien de *nouveau* dans le poème, aucune révélation.

La *personne* visée, celle que Ronsard choisit de défendre, est surtout le produit de son *iudicium*, de sa *voluntas*, c'est-à-dire des choix qu'il a faits, vu son état et ses talents naturels. Elle correspond à la quatrième des quatre *personae* que Cicéron attribue à tout être humain[4]. Certaines attaques protestantes mentionnées par Ronsard s'attachent ainsi en très grande partie à sa *carrière* trop ou trop peu ecclésiastique et à sa qualité de poète des princes: prêtrise, lascivité, athéisme, flatterie, inconstance, manque de respect vis-à-vis de Calvin, Bèze, Louis de Condé, poésie incohérente, etc.[5] D'autres attaques protestantes, vaguement ressenties comme illégitimes, visent non pas son jugement mais sa personne particulière et naturelle, sa surdité et sa vieillesse précoce, résultat des excès auxquels s'était livré le poète lascif. Ronsard n'est guère gêné par son âge, mais sa surdité pose le problème plus fondamental du *decorum*: vu cette carence naturelle, n'aurait-il pas dû choisir un métier différent? Il s'agit donc d'une défaillance, en plus, de son *iudicium* à laquelle Ronsard répond par une liste d'exemples de poètes également touchés par un défaut naturel, la cécité ou la surdité. L'exemple contemporain qu'il choisit est Du Bellay «Dont l'honneur merité par tout le monde court» (p. 130, v. 250). L'honneur, récompense des choix du *iudicium* concernant le *decorum* de l'individu, est attribué à un poète sourd qui, par surcroît, a dédié, à Ronsard même, un hymne à la surdité[6].

---

[4]   Les deux premières personnes sont données par la nature (celle qui est commune à tous les êtres humains par rapport aux animaux, celle qui nous est particulière, c'est-à-dire notre corps, nos facultés physiques et nos talents naturels), les deux dernières par les circonstances (naissance, événements fortuits, etc.) et par notre jugement ou volonté (essentiellement choix de la «carrière»: «Itaque se alii ad philosophiam, alii ad ius civile, alii ad eloquentiam applicant, ipsarumque virtutum in alia alius mavult excellere» *De officiis*, 1.32.115). Voir, pour une discussion de ces personnes, *De officiis*, 1.30.107-1.33.121.

[5]   L'exception étant l'affirmation du Prédicant que les Catholiques avaient peur au colloque de Poissy (vv. 699-710), et que les rois morts auraient embrassé la Réforme s'ils l'avaient pu (vv. 813-846). Mais ces attaques sont en fait aussi des attaques contre le *iudicium* de Ronsard qui aurait fait preuve de faiblesse de jugement si les affirmations protestantes étaient fondées et s'il persistait dans sa fidélité à l'Eglise.

[6]   Du Bellay s'avoue dans ce poème inférieur aux pouvoirs poétiques de Ronsard: *non est discipulus super magistrum...* (voir surtout éd. Henri Chamard, *Œuvres poétiques*, vol. 5, rééd. Paris, Nizet, 1987, p. 185, vv. 1-6 et p. 192, vv. 149-154). Lorsque Ronsard loue sa surdité qui lui a permis d'échapper au péril

Le poème trouve sa *dispositio* dans la liste même des attaques; le texte est scandé par la formule «Tu dis...» et Ronsard répond tour à tour sans accorder, semble-t-il, une préférence marquée à l'une ou l'autre des accusations. Tantôt mon athéisme, tantôt ma surdité... Par ailleurs, la disposition, apparemment sans gradation dialectique, correspond à l'apologie de la poésie qui ne suit pas l'ordre naturel du discours et dont l'art est caché (voir la section importante vv. 847-958). Nous serions en face d'une *persona* de poète et non d'orateur, ni d'ailleurs de prêtre, de courtisan ou de théologien.

En même temps, la défense du *iudicium* ronsardien ne se fera pas sans bénéficier des apports de la rhétorique «éthique» et «pathétique». La *captatio benevolentiae* proprement dite du poème se situe après l'établissement pénible du statut de la réponse (je réponds à toi faute de mieux), et elle annonce l'intention qui sous-tend le reste du discours:

> Toutesfois brevement il me plaist de respondre
> A quelqu'un de tes points, lesquels je veux confondre:
> Et si tu as souci d'ouyr la verité,
> Je jure du grand Dieu l'immense deité
> Que je te diray vray, sans fard ny sans injure,
> Car d'estre injurieux ce n'est pas ma nature:
> Je te laisse ce droit duquel tu as vescu,
> Et veux quand à ce point de toy estre veincu. (p. 120, vv. 63-70)

Ronsard combine les éléments requis, selon Aristote dans la *Rhétorique* (2.1.5-7), pour établir la *pistis*, la *fides*, dans le public (à définir): il possède l'*arete*, une *nature* bienveillante; il fait preuve de bonne volonté (*eunoia*) envers son adversaire, puisqu'il choisit, en plus, de dire la vérité sans injures; sa tournure finale, dans laquelle il affirme son désir d'être vaincu sur le point des injures, démontre sa bonne intelligence (*phronesis*): il sait manier la dialectique et paraîtra plus fiable en concédant à l'adversaire une plus grande habileté dans l'injure. Cette *concessio*[7] colore aussi son discours d'une certaine modestie ironique, et ajoute ce piment de *lenitas* qui empêche que l'indignation se transforme en haine et devienne ainsi odieuse[8]. On pourra comprendre de cette

---

du prêche de Bèze, il rappelle de même «l'Hymne de la surdité» de Du Bellay qui loue la surdité qui empêche que l'on entende les sons désagréables (surtout p. 190, vv. 95 et suivants). Du Bellay puise, bien sûr, dans la tradition de l'éloge paradoxal.

[7] Voir Quintilien, *Institutio oratoria*, 9.2.51.

[8] Voir sur la stratégie du *conciliare* qui sous-tend l'*indignatio* cicéronienne les pages excellentes de Francis Goyet, *Le sublime du «lieu commun»: l'invention rhétorique dans l'Antiquité et à la Renaissance* (Paris: Champion, 1996), pp. 261-267. Je m'inspire également de la discussion de la *maiestas* (pp. 307-330).

manière les différentes concessions de la *Responce* («je voudrais être prêtre» pp. 120-121, vv. 72-78; «j'aurais aimé en effet louer ma Muse» p. 151, vv. 682-683; «j'ai en effet exercé beaucoup de métiers» p. 152, vv. 692-698) dans la *Responce*. Le poète, incarnant pour le moment le rôle de l'orateur, aura ainsi produit l'*èthos* qui se répandra sur la totalité de son discours.

Mais Ronsard ne s'en contentera pas. Les deux premiers vers rappellent, malgré une apparence de nonchalance (*brevement*), des formules à la fois associées à la divinité et à la royauté: «Toutesfois brevement *il me plaist* de respondre / A quelqu'un de tes points, lesquels je veux *confondre*». «*Placeat* tibi domine ut liberes me: domine ad adiuvandum me festina. *Confundantur* & revereantur simul / querentes animam meam ut auferant eam», dit le Psalmiste[9]. C'est à Ronsard qu'il *plaît* de répondre, et c'est aussi Ronsard qui *confondra* ses ennemis. De même l'expression *il me plaist* rappelle peut-être encore plus consciemment la formule signifiant la souveraineté royale: *Tel est nostre plaisir*[10]. Le serment de Ronsard établissant l'*èthos* de l'orateur (au sens aristotélicien), la fiabilité de son discours, est donc un effet de sa magnanimité, de sa grandeur d'âme[11]. Lorsqu'il «jure du grand Dieu l'immense deité», est-

---

9 Psaume 39:18-19, dans la version «hebraica» chez Jacques Lefèvre d'Etaples, *Quincuplex Psalterium* (facsimilé de l'éd. de 1513, Genève: Droz, 1979), fs. 61ᵛ-62ʳ. [«Veuille me délivrer, ô Eternel! Eternel, viens en hâte à mon secours! Que tous ensemble ils soient honteux et confus / Ceux qui en veulent à ma vie pour l'enlever!»].

10 Voir Henri Estienne, *Les Premices, ou le I livre des proverbes epigrammatizez, ou des epigrammes proverbializez* (1593; réimpr. facs. Genève: Slatkine, 1968): «A Dieu il faut laisser / Son plaisir: et tousjours en son cœur bien penser, / Si dire se permet chasque prince mortel, / *Tel est nostre plaisir*, que dira l'immortel?» (Epigramme 96, p. 71). Le débat est vieux: on trouve pareille plainte chez Jean de Salisbury: «Et certes je pense que ainsi avient il a tous ceus qui, quant ilz sont eslevéz en haut degré, suyvent leur mouvement de cuer et de char et la convoitise de leur cuer, qui donne entendre que leur principalité soit seigneurie, et l'orgueil et venin de leur cuer espandent sur leurs subgiéz. Et leur *plaisir* et raison font tout paroil tout aussi comme se ilz ne feussent point soubmis a la loy divine et nullement contrains par quelconque necessité d'acomplir la justice de Dieu» (*Le Policratique* [1372], Livres I-III, éd. Charles Brucker, Genève, Droz, 1994, Livre II, Chap. 27, p. 190). Elle sera reprise par les légistes huguenots tels que François Hotman au cours des guerres de religion. Voir aussi le personnage du Courtisan, dans les *Dialogues* de Louis Le Caron: «Ne sçais-tu point la dignité roiale exceller alors, quand le Roi fait garder comme loi, ce qui lui plaist d'ordonner?» (éds. Joan A. Buhlmann, Donald Gilman, Genève: Droz, 1986, «Le Courtisan II, Dialogue II», p. 126).

11 «Magnanimité» surtout au sens de la confiance suprême en son mérite qui, aux yeux des autres, frôle l'orgueil; les Protestants reprochent à Ronsard, à

ce une preuve d'humilité, ou plutôt la décision volontaire de se soumettre aux lois divines et à la loi que constitue la vérité, décision faisant
partie de la *dignitas* du roi[12]? En fait Ronsard, poète quasi divin et souverain, n'a guère *besoin* d'établir la fiabilité de son discours: elle est précisément la conséquence d'une phrase conditionnelle («si tu as souci
d'ouyr la verité...»), et baigne dans une ironie sereine. Si en effet le Prédicant est le disciple du maître Ronsard, aucune preuve de vérité n'est
nécessaire. La *captatio benevolentiae* devient un geste qui découle de la
magnanimité du poète et qui la confirme dans son aisance, dans sa nonchalance mêmes.

Qui s'agit-il d'ailleurs de convaincre? Ou, pour le dire plus exactement, qui doit être persuadé de l'èthos de Ronsard? Qui est celui dont
on cherche la bonne volonté? Malgré les tentatives de *conciliare* dont le
poème est parsemé, ce n'est certainement pas le Prédicant: il est par sa
nature même porté aux injures, donc à la fausseté. L'éloge de soi et le
blâme de l'autre que constitue la *Responce* se jouent devant un public,
mais lequel? En un sens, si l'on veut tirer les conséquences de cette rhétorique de la dignité souveraine, ce n'est personne; il s'agit donc d'aller
au-delà des intérêts particuliers pour aborder le général.

Au cœur du poème, depuis «M'esveillant au matin...» (p. 144, v. 513)
jusqu'à «Sans soucy je me couche...» (p. 145, v. 557), le fameux «récit de
journée» de Ronsard, inspiré, selon les éditeurs de la récente Pléiade,
d'Antonio Carraciolo et très indirectement d'Horace (*Satires*, 1.6)[13],
constitue un récit «éthique» s'il en fut, dans sa *lenitas* et sa contingence

---

plus forte raison après la publication de la *Responce*, son désir de «gloire», son
«importable arrogance», sa vantardise, son «orgueil importable» (voir Jacques
Pineaux, éd., *La Polémique protestante contre Ronsard*, 2 vols., Paris, Didier,
1973, *passim*).

[12] La *lex digna*: «Digna vox maiestate regnantis legibus alligatum se principem
profiteri» (*Codex* 1 14.4). Voir par rapport à cette loi notre discussion de la flatterie au chapitre précédent. Le Caron rendra explicite ce rapport entre la législation (*leges*) et la parole (*vox*) royales: soumettre ses paroles au critère de la
vérité fait partie de la dignité du roi, puisque ses paroles sont comme des lois:
«Toutefois je desire l'oraison du prince estre tant roiale et conjointe avec la
prudence (laquelle s'estudie en la recherche de la vérité) qu'elle ne soit fardée
de quelque couleur mensongere: car seroit indigne de sa vertueuse noblesse,
que la parolle dementit la pensée. (...) Les parolles d'un prince sont comme
lois, lesquelles aussi se doivent resentir de l'autorité qu'on lui attribue: pource
que si on ajoute plus de foi n'aiant juré, qu'à autre, quelque serment qu'il ait
fait: il faut que son oraison porte avec soi sa dignité» (*Dialogues*, «Le Courtisan – Dialogue premier», p. 80).

[13] *Œuvres complètes*, éds. Jean Céard, Daniel Ménager, Michel Simonin, vol. 2
(Paris: Gallimard, 1994), p. 1597, n. 3 pour la p. 1055.

mêmes, et dans la simplicité d'un langage qui semble dire nuement les choses[14]. L'amplification portant sur les fonctions ecclésiastiques de Ronsard chanoine (p. 146 v. 565 – p. 148 v. 600) ne se privera pourtant pas d'une comparaison «luxuriante»: mais le métier de poète y oblige. Le récit de journée remplit une fonction essentielle de la stratégie de conciliation, à la fois envers le destinataire du discours et envers la nation entière. Il incarne donc cet èthos que nous associons à Cicéron:

> On rallie les âmes par le mérite d'un homme, par les choses qu'il a accomplies, par la réputation de sa vie; il est plus facile d'embellir ces choses si elles sont vraies que de les feindre si elles n'existent pas. Mais les attributs suivants de l'orateur sont utiles: une douceur de la voix, un visage qui exprime la modestie, une affabilité des paroles, et, si l'on poursuit ardemment une chose, faire semblant de l'avoir entreprise à contre-cœur et parce qu'on y était contraint. Il est très utile de montrer des signes d'affabilité, de générosité, de douceur, de piété, d'une disposition agréable et non pas convoiteuse et avide. (*De oratore*, 2.43.182, je traduis)[15]

Ronsard nous donne un portrait de lui-même qui s'accorde presque mot pour mot avec ces recommandations d'Antonius dans le *De oratore* pour acquérir la sympathie du public. Il révèle les détails intimes de sa vie à contre-cœur, *invitus*, contraint par les mensonges de son adversaire: «Or je veux que ma vie en escrit aparoisse: / Afin que pour menteur un chacun te cognoisse» (vv. 511-512). A moins d'y être obligé, sa réserve naturelle, *pudor*, l'empêcherait de s'exposer aux yeux de tous *sponte sua*. Son récit montre toutes les qualités requises: *facilitas*, la facilité d'abord et la sociabilité: Ronsard aime à «deviser» avec un ami (v. 536), il «cherche compagnie» (v. 547); *liberalitas*, la nature généreuse et la bonté: «je ne suis ni mutin ni meschant» (v. 561); *mansuetudo*, la douceur de la modération: «Tout pur d'ambition & des soucis cuisans» (v. 541); *pietas*, la reconnaissance des devoirs, la piété: Ronsard commence et finit sa journée par la prière et il est «Treshumble observateur des loys & de mon Prince» (v. 520); *gratus animus*, l'amabilité, le charme, le contraire de l'avidité: loin de toute ambition, Ronsard dit le

---

[14] Voir Ménager, *Ronsard*, p. 257: «Ce n'est plus le poète qui dit sa vie, mais la vie qui se dit, langage des choses et de leur transparence».

[15] «Conciliantur autem animi dignitate hominis, rebus gestis, existimatione vitae; quae facilius ornari possunt, si modo sunt, quam fingi, si nulla sunt. Sed haec adiuvant in oratore: lenitas vocis, vultus pudoris significatio, verborum comitas; si quid persequare acrius, ut invitus et coactus facere videare. Facilitatis, liberalitatis, mansuetudinis, pietatis, grati animi, non appetentis, non avidi, signa proferri perutile est...» Voir aussi le commentaire de ce passage chez Jakob Wisse, *Ethos and Pathos from Aristotle to Cicero* (Amsterdam: Adolf M. Hakkert, 1989), pp. 233-236.

« mot pour rire » et ne loge chez lui « trop de severité » (vv. 549-550), il aime la musique et le luth, « ennemis du souci » (v. 554). Le mouvement facile et comme léger du récit – « tantôt ceci, tantôt cela » – s'accorde parfaitement avec la construction d'un caractère qui inspire la sympathie. Ronsard « en privé » est l'orateur cicéronien qui cherche à *concilier*, qui ne peut pas ne pas être engagé dans la défense du bien commun.

Or, au bout de la partie la plus « personnelle » de la *Responce*, nous passons directement au général, de la *quaestio finita* (« ma vie est-elle honnête ? ») à la *quaestio infinita* (« quel genre de vie faut-il pour que la France se rétablisse ? ») :[16]

> Si tous les Predicans eussent vescu ainsi,
> Le peuple ne fust pas (comme il est) en souci,
> Les villes de leurs biens ne seroient despoillées,
> Les chasteaux renversez, les eglises pillées,
> Le laboureur sans creinte eust labouré ses champs,
> Les marchés desolés seroient plains de marchans,
> Et comme un beau soleil par toute la contrée
> De France, reluiroit le bel espy d'Astrée... (p. 148, vv. 601-608)

Le récit de journée de Ronsard sert donc d'exemple à tous, et pour tous les temps. Le passage du particulier au général suit de très près la distinction lapidaire que faisait Cicéron entre les deux genres de questions : la cause, « limitée », qui concerne des circonstances et des personnes spécifiques, limitées, et la proposition, « infinie », qui va au-delà des particularités pour aborder des sujets d'application générale[17]. Le récit de Ronsard est en effet des plus *limités* (une seule journée, du matin au soir, d'une seule personne), et son exemple, généralisé, mènera à ce qui est le *moins* limité : le retour de l'âge d'or dans son printemps éternel et atemporel, l'abondance continue de la terre et la floraison euphorique du commerce. La journée de Ronsard est l'exemple d'une vie qui, dans sa douceur et son harmonie, est l'image de la concorde sociale, un chaînon dans ce *vinculum* qui relie les hommes, et que les Protestants ont brisé, cette « corde / Qui tenoit doucement les peuples en concorde » (pp. 148-149, vv. 619-620). Le particulier est ainsi relié sans faille au général ; l'èthos ronsardien ne se définit guère comme la délimitation d'un espace absolument distinct, que les individus rempliraient à volonté, mais plutôt comme l'équilibre d'une vie qui dans sa modestie paisible se fait l'image de la paix générale.

---

[16] Voir Goyet, *Le sublime du «lieu commun»*, pp. 273-274.

[17] « Duo sunt... quaestionum genera, quorum alterum finitum temporibus et personis, causam appello, alterum infinitum nullis neque personis neque temporibus notatum propositum voco » (*De partitione oratoria*, 61).

La modestie du Ronsard «privé» fait place, toutefois, à cette «fière et véhémente déclaration» du poète lésé, défendant son art aussi bien que sa personne:

> Tu ne le puis nyer! car de ma plenitude
> Vous estes tous remplis: je suis seul vostre estude,
> Vous estes tous yssus de la grandeur de moy.
> Vous estes mes sujets, & je suis vostre loy.
> Vous estes mes ruisseaux, je suis vostre fonteine,
> Et plus vous m'espuisés, plus ma fertile veine
> Repoussant le sablon, jette une source d'eaux
> D'un surjon eternel pour vous autres ruisseaux. (pp. 168-169, vv. 1035-1042)

Comme dans la *captatio benevolentiae* initiale, aux accents moins doux, l'èthos ronsardien semble avoir abandonné cette *mansuetudo* si attachante pour retrouver l'accent de terreur du pathos, terreur d'autant plus vraisemblable qu'elle provient d'un personnage doux et raisonnable mais poussé à bout par ses adversaires et par les mauvais versificateurs. A ce moment s'exprime toute la fierté d'un poète, mais aussi toute l'habileté de l'*orateur*. Cicéron, revenu de l'exil en 57 avant J.C., s'adresse au sénat en ces termes:

> Avec moi les lois, avec moi les cas disputés, avec moi le droit des magistrats, avec moi l'autorité du sénat, avec moi la liberté, avec moi même l'abondance des fruits de la terre, avec moi tout ce qui est sacré et toute la révérence vers les dieux et les hommes sont partis[18].

L'orateur, jouant sur le registre de l'indignation, associe sa personne dans sa grandeur anaphorique à tous les *vincula* qui relient la société humaine: lois, tribunaux, libertés, travail de la terre, respect des Dieux. Ronsard poète fait de même: il est un roi pour les autres, il est législateur, il est garant de toute fécondité. L'anaphore «Vous estes tous remplis... Vous estes tous yssus, etc.» incarne cette plénitude: «vous» est un produit de «moi»; quand je dis «vous», je dis «moi»; lorsque je réponds à «vous», c'est comme si je me répondais à moi-même. Ronsard est la source poétique mais son autorité rhétorique est aussi le *vinculum* qui assure l'existence même de la vie commune.

*
* *

---

[18] «Mecum leges, mecum quaestiones, mecum iura magistratuum, mecum senatus auctoritas, mecum libertas, mecum etiam frugum ubertas, mecum deorum et hominum sanctitates omnes et religiones afuerunt» (*Post reditum in senatu*, 14.34). Les vers de Ronsard reprennent de même l'éloge d'Homère par Virgile.

La *Responce aux injures* est ainsi traversée d'une rhétorique éthique tout à la fois aristotélicienne et cicéronienne; on pourrait même dire que les moments les plus remarquables de ce poème – le récit de journée, la défense de la poésie – utilisent les ressources les plus connues de l'èthos et du pathos. La question du sujet, qui sous-tend l'analyse de l'èthos et du pathos, reste encore à poser. Selon Daniel Ménager, «[Ronsard] profite de cette aubaine: parler de soi, mais d'une manière telle qu'elle met en évidence son individualisme profond. Le 'je' triomphant de la 'Responce' désigne un poète qui ne se sent lié à aucune institution, et qui dispose d'une totale liberté»[19]. L'interprétation dont nous venons de tracer les lignes semble aller dans un sens tout contraire. Le poète conciliateur ne serait-il pas l'opposé exact de l'individu absolu? Le sujet dans sa dimension éthique est celui qui défend l'institution, la construit même, dans un discours reliant son caractère propre aux devoirs qu'implique la vie en société.

Cependant, on ne peut s'empêcher de se demander si la subjectivité éthique, qui aurait dû constituer le point fort de la *Responce*, n'est pas en réalité en train de perdre sa pertinence. Cette perte nous permet d'ailleurs de comprendre l'interprétation proposée par Ménager. L'èthos de Ronsard semble désuet dans le cadre de la polémique, mais, ce qui est peut-être plus important, la subjectivité éthique est minée par l'entière *disponibilité* du sujet Ronsard. Dans le tourbillon de la polémique, la *Responce* a suscité des répliques de la part des protestants; parmi celles-ci, la pièce la plus intéressante est la *Replique de la response faite par Messire Pierre Ronsard...par D. M. Lescaldin*, publiée en 1563, dont l'auteur est probablement Louis Des Masures[20]. Dans cette réplique, Lescaldin reproche à Ronsard le manque de rapport entre sa conviction religieuse et son mode de vie:

> ... Ce n'est pas la foy seule
> Qui differe entre nous, ains avecques la foy
> Discordante la vie est entre nous et toy.
> Tu dis que nous suyvons l'opinion oblique,
> Et tu crois l'union catholique et publique.
> Mais où est la doctrine, et le zele des cœurs
> Qui monstrent les raisons de tes Catholiqueurs?
> Informe toy de nous, si tu en as envie.
> Et lors en conferant la differente vie,
> Aux fruits de toy et nous pourra mieux estre appris
> Ce qu'il faut estimer de l'arbre et de son pris[21].

---

[19] *Ronsard*, p. 258.

[20] Voir Malcolm C. Smith, *Ronsard and Du Bellay versus Beze*, p. 120 n. 183.

[21] Ed. Jacques Pineaux, *La polémique protestante contre Ronsard*, vol. 2, pp. 274-275, vv. 1012-1022.

La vie de l'individu doit refléter le *zèle du cœur*, elle doit constituer la preuve de la conversion, de l'action de l'Esprit. En ce sens, la vie de l'individu a perdu sa fonction éthique: elle n'est plus l'exemple de la poursuite du bien commun du monde ici-bas, elle doit transcender les *vincula* des devoirs lorsque ceux-ci posent un obstacle à la Vérité. Ronsard, lui aussi, reproche au Prédicant le manque de vraie conversion («pour changer de loy n'as changé de nature», *Responce*, p. 150, v. 656), mais ceci ne fait que souligner que l'èthos cicéronien n'occupe qu'une deuxième position après cette conception qui fait de la vie le signe de la grâce. L'orateur conciliateur souligne l'*humanitas* qui nous réunit; pour le Prédicant cette même *humanitas* doit céder la place à la loi divine. Le charme paisible de la vie éthique n'est guère compatible avec le zèle que requiert la vraie foi. Le pathos déployé par Ronsard pour défendre la poésie est déplacé; il aurait dû s'en servir pour défendre la foi[22].

La polémique protestante soumet la rhétorique ronsardienne à une critique théologique, de l'extérieur, en refusant de se battre sur le terrain d'une rhétorique éthique. La *Responce* elle-même suggère que l'èthos du poète est un outil parmi d'autres, que la personne protéiforme de Ronsard se pliera à des services divers lorsque le roi ou les princes le voudront. L'èthos servirait ainsi à une fin publicitaire. Cette disponibilité du poète marque le passage si inquiétant où Ronsard se dit capable de survivre même si l'Eglise romaine était détruite:

> Tu dis que je mourois acablé de grand peine
> Si je voyois tomber nostre Eglise Romaine!
> J'en serois bien mary: mais quand il aviendroit,
> Le magnanime cueur pourtant ne me faudroit,
> J'ay quelque peu de bien qu'en la teste je porte,
> Qui ne craint ny le vent ny la tempeste forte,
> Il nage avecques moy, & peut estre le tien
> Au rivage estranger ne te serviroit rien,
> Où les gentils cerveaux n'ont besoin de ton Presche. (pp. 164-5, vv. 959-967)

La *magnanimitas* que nous avons constatée auparavant (surtout dans la *captatio benevolentiae* des vers 63-64) dicte la réponse de Ronsard: mes ressources, je les possède dans mon «magnanime cueur». Pourtant, ce

---

[22] Lescaldin mettra aussi en cause le principe même de l'exemplarité qui soustend la rhétorique de l'èthos, en caractérisant ainsi le récit de la journée de Ronsard: «Oyons doncques, Ronsard, ceste longue elegie / Par laquelle tu veux canoniser ta vie» (p. 268, vv. 859-860). Ronsard essaie de *se canoniser*, de se rendre saint, donc de rivaliser avec le Christ qui devrait seul attirer les prières et l'attention des humains (voir Jean Calvin, *Institution de la religion chrétienne*, III, Chap. 9, «De l'oraison»). Imiter légitimement, c'est imiter le Christ, ou tout au plus le martyr, qui lui-même imite le Christ.

sont surtout des ressources qui *se monnaient*: loin de déclarer qu'il lui
serait possible de vivre en solitude, se contentant de peu ou rien, Ronsard semble dire qu'il saura chercher d'autres protecteurs, d'autres
mécènes. Quant au Prédicant, il se trouvera au «rivage estranger» où les
«gentils cerveaux», les cerveaux nobles, n'auront pas besoin de ses services. Ce propos suit tout naturellement un passage où Ronsard se
plaint, injustement sans doute, de la relative parcimonie royale: je suis
payé, mais je pourrais l'être mieux, puisque je le mérite, et que mon
mérite survivra même à la ruine de l'Eglise catholique. L'èthos dans
toute sa *lenitas* est celui d'un «bon serviteur» du prince. On peut s'interroger, toutefois, sur le sens de cette expression: un *bon* serviteur, ne
serait-il qu'un serviteur *habile*?

C'est ainsi que l'on pourrait comprendre les proclamations apparemment hautaines du poète, toujours relativisées par une sorte de pulsion publicitaire: «Je sers à qui je veux, j'ay libre le courage» (p. 151,
v. 684), mais les plus Grands «ont bien / Pouvoir de commander à mon
Luth Cynthien» (pp. 151-152, vv. 685-686)[23]. La rhétorique éthique et
pathétique de Ronsard ne peut donc pas se séparer du contexte politique dans lequel elle se déploie, la cour du roi ou des princes. Ronsard,
sujet protéiforme, jouant de tous les registres, présentant un banquet
aux plats les plus divers, déployant sa *festivitas* érasmienne[24], est aussi le
serviteur qui montre ses talents et ce faisant, éblouit non pas le Prédicant mais le Roi. Le fait même que sa poésie s'affiche comme un plaisir
pur, libre de toute intention didactique, et comme exclue du «Conseil
privé» (p. 163, v. 928) la rend finalement tout à fait complaisante, disponible, incarnant l'habileté d'un rhéteur dont l'intelligence ne s'associe pas nécessairement à la vertu. C'est à ce danger que s'expose la poésie de cour. C'est en cela aussi que certaines attaques protestantes, tout
en comprenant mal – ou feignant de mal comprendre – la position
éthique du poète catholique, visent en effet un point sensible.

La question du sujet dans la rhétorique de la *Responce*, poème si
«personnel», se trouve donc compliquée par la nature de la situation
politique, c'est-à-dire en fin de compte par le public auquel ce texte

---

[23] Voir le commentaire acerbe de Lescaldin: «... apres viens escrire / De ton luth
     Cynthien, qu'il n'est subjet qu'à toy, / Et aux plaisirs sans plus des Princes et
     du Roy, / Que des autres Seigneurs tu n'es valet n'esclave. / Mais ils te feront
     bien, quoy que sois haut et brave, / Trotter à la cuisine, y servir de jouët...»
     (*Replique*, pp. 275-276, vv. 1040-1045). Voir aussi mon *Invention, Death, and
     Self-Definitions in the Poetry of Pierre de Ronsard* (Saratoga: Anma Libri, 1986),
     pp. 81-82.

[24] Voir Jean Lecointe, *L'idéal et la différence: la perception de la personnalité litté-
     raire à la Renaissance* (Genève: Droz, 1993), pp. 443-445.

s'adresse. Le déploiement d'un èthos ronsardien est d'abord, explicitement, adressé au Prédicant qui, par sa nature même n'en croira rien.
L'èthos construit aussi un personnage conciliateur exemplaire et souverain; il s'adresse donc à la nation entière. Mais il s'adresse de même aux
patrons futurs, aux rois et princes pour qui la démonstration de Ronsard n'est pas persuasive en tant que telle (elle ne fait passer aucune
thèse), mais indique plutôt les talents disponibles du poète de cour.
Nous avons donc, parallèlement à cette multiplication de «lecteurs
implicites», une multiplication des sujets: la personne défendant son
iudicium au premier plan, la personne conciliant la nation en passant
par-dessus la tête du Prédicant, et la personne qui fait la publicité de ses
propres talents, peut-être aussi en jouant sur tous ces registres: tout
cela, je peux le faire quand je voudrai et si vous le voulez. La rhétorique
de l'apologie et du passage du particulier à la *quaestio infinita* ferait ainsi
partie d'une subjectivité humaniste, mais peut-être se trouve-t-elle aussi
emboîtée dans le contexte d'une autre subjectivité, déterminée quant à
elle par les exigences de la cour[25].

Car c'est le milieu de la cour qui produit un clivage entre ce que l'on
peut appeler la prudence au sens éthique et celle qui se réduit à l'intelligence dans le maniement des arguments. La question fondamentale,
celle qui sous-tend de même l'èthos au sens aristotélicien, c'est de savoir
si la prudence n'existe que par son alliance avec la poursuite du bien,
puisqu'elle en tire son efficacité, ou si une intelligence du contingent
peut se passer de la poursuite du bien en faveur de la recherche de
l'avantage particulier et satisfaire toutes les exigences rhétoriques. En
d'autres mots, pourra-t-on jamais reconnaître l'èthos mensonger, dont
la définition repose sur une distinction entre le sujet de l'énonciation et
celui dont le caractère est produit par le discours, par des critères pragmatiques? Vieille question peut-être – et sans doute sophistique dans le
tissu éthique aristotélicien, mais qui se pose de nouveau, et avec une
urgence nouvelle, dans le contexte de la cour. Ce n'est pas lorsque l'orateur semble impliqué lui-même dans les sentiments qu'il provoque que
la cour peut trouver un discours plus persuasif, mais au contraire
lorsque l'orateur-courtisan montre la *disponibilité* de son èthos «discur-

---

[25] Sur cette subjectivité, produite par une volonté rationalisée, agissant par
l'adoption et le changement utilitaire et momentané de rôles, plutôt que par
les *habitus* exercés dans la durée qui constituent la vertu, voir Wilhelm Kühl-
mann, «Edelmann – Höfling – Humanist: Zur Behandlung epochaler Rollen-
probleme in Ulrich von Huttens Dialog 'Aula' und in seinem Brief an Willi-
bald Pirckheimer», in éd. August Buck, *Höfischer Humanismus* (Weinheim:
VCH Verlag, Acta humaniora, 1989), «Mitteilung XVI der Kommission für
Humanismusforschung», pp. 161-182.

sif», dissocié ou non de son «vrai» caractère. Le courtisan sait *s'accommoder* aux circonstances. A ce moment-là le jeu se déplace: il s'agit d'assurer non plus seulement l'apparence vraisemblable de l'èthos, mais, dès qu'elle est produite, sa parfaite soumission à la volonté de l'orateur: je te persuade de mon caractère par mon discours, mais je peux, si je veux, changer de discours. Le «je» est ainsi une sorte de volonté vide mais puissante.

La discussion la plus éclairante de cette problématique «aulique» se trouve à mon avis dans les *Dialogues* de Louis Le Caron. L'échange entre les personnages LE CARON et LE COURTISAN apparaît comme une simple dispute entre le défenseur de la philosophie et le courtisan cynique, rappelant le *Phaedrus sive de laudibus philosophiae* de Jacopo Sadoleto, mais aussi la longue tradition de la satire de cour. Toutefois, c'est avec une certaine complexité que ce dialogue non seulement dessine l'antagonisme entre deux positions contraires, l'une «orthodoxe» et l'autre «sceptique», mais permet de relier le problème de la prudence à celui du sujet éthique. Le Caron, le défenseur de la philosophie et des vertus, se plaint de la séparation entre l'éloquence et la sagesse:

> Celui qui premier ausa separer l'eloquence de la sagesse, lesquelles nature a estroitement unies, me semble avoir jetté la societé humaine en miserable desordre, dont sont venus tous les maux, lesquelz au jourd'hui nous pleurons. Car premier il enseigna de farder et colorer la parolle mensongere d'une semblance et image de verité: combien que si nous regardons à la loi de nature, elle a voulu l'oraison estre la representation du vrai dessin de l'entendement. («Le Courtisan II – Dialogue II», p. 159)

La plainte de Le Caron suit les conventions de la condamnation du «mauvais» inventeur[26], la mise en garde chez Cicéron[27], et la vieille accusation de mensonge lancée contre la rhétorique. Pourtant la distinction entre éloquence et sagesse, distinction *artificielle*, c'est-à-dire introduite par l'effort et l'audace humains, élargit une distinction que

---

[26] Genre «Quiconque a le premier des enfers deterré / Le fer...» (Ronsard, «Les Armes» [dans les *Meslanges* de 1555], éd. Laumonier, vol. 6, p. 204, vv. 1-2). Ce blâme traditionnel s'attache à celui qui introduit dans le monde un mal et qui, par cette «invention» marque la fin d'un âge meilleur (le prototype est évidemment l'âge d'or) et le début des malheurs du présent. Voir aussi Tibulle («Quis fuit... primus qui» etc., *Elégies* I, 10) et Horace («Quicumque primum...», *Odes*, II, 13).

[27] «Quae quo maior est vis [eloquentiae], hoc est magis probitate iungenda summaque prudentia; quarum virtutum expertibus si dicendi copiam tradiderimus, non eos quidem oratores effecerimus, sed furentibus quaedam arma dederimus» (*De oratore*, 3.14.56). Donner des armes à des gens égarés...

nous retrouvons déjà chez Aristote, dans la définition même de l'èthos qui produit la *pistis*, la *fides* du public. L'èthos s'établit, rappelons-le, par l'apparence dans le discours, de la *phronesis*, de l'*arete*, et de l'*eunoia* de l'orateur (*Rhétorique*, 2.1.5). Il faut combiner ces trois éléments: le bon sens ou l'intelligence, c'est-à-dire la capacité de trouver des opinions correctes, la vertu, et la bonne disposition vis-à-vis de l'auditoire. Aristote explique qu'un orateur peut avoir formé des opinions correctes, «pensant correctement» (*doxazontes orthos*) mais, à cause de sa méchanceté (*dia mochtherian*) ou de son manque de bonne volonté, il pourrait bien choisir de ne pas dire la vérité (2.1.6). C'est au moins ce que peut penser son public. Mais, indépendamment de la situation rhétorique, est-il vrai que celui qui «pense correctement» puisse être à la fois méchant et de mauvaise volonté? En plus, vu de la seule perspective éthique, pourra-t-il persuader son public du contraire? En d'autres mots, la production de la *fides* du public pose-t-elle des exigences qui ne correspondent pas à la nature de l'homme vertueux? Car la *phronesis* dans l'*Ethique à Nicomaque* est définie comme une disposition (*hexis*) rationnelle qui permet d'atteindre la vérité en ce qui concerne la pratique des choses qui sont bonnes pour les hommes (6.5.6). Il serait ainsi impossible pour l'homme prudent d'être également méchant, et de ne pas exercer sa bonne volonté vis-à-vis de ses amis. Il est donc évident que, dans ce passage de la *Rhétorique*, Aristote conçoit le public comme ce qui voit dans la *phronesis* une capacité purement intellectuelle et technique, une habileté: «penser correctement» n'a, *aux yeux du public*, aucune valeur morale[28]. Il y a donc lieu, déjà chez Aristote, de distinguer entre une prudence «rhétorique», capacité neutre, et la prudence «éthique», reliant, dans son existence même, la capacité intellectuelle à des fins éthiques.

Dans sa plainte, toute conventionnelle qu'elle soit, Le Caron puise donc dans une problématique qui concerne intimement l'èthos, par le biais de la prudence. Si la sagesse et l'éloquence sont unies «par nature», c'est que l'homme véritablement prudent ne pourra être méchant et qu'il sera en même temps l'orateur le plus efficace, puisque sa prudence apparente produira les meilleurs arguments et la *fides* du public. Si l'éloquence et la sagesse cessent d'être unies, c'est qu'il s'est installé, au cœur de l'èthos, une conception purement technique de la prudence, qui permet à l'orateur de trouver la vérité en ce qui concerne le contingent et de persuader son public du contraire de ce qui lui fera du bien (pour

---

[28] Je reprends, avec certaines modifications, la discussion de la différence terminologique entre la *Rhétorique* et l'*Ethique à Nicomaque*, chez Jakob Wisse (*Ethos and Pathos*, pp. 30-31).

faire avancer, à l'insu du public, ses propres causes privées). C'est ce que
le personnage Le Caron reproche à son interlocuteur:

> Considere je te prie quel sage tu nous escris, un rusé et subtil ouvrier
> de tromperie et dissimulation, lequel esblouïssant noz yeux de quel-
> que fardée et resplendissante mine recelle et cache en son cœur les
> secrets dessins de sa malice: puis quand l'occasion s'offre, les couver-
> tures et deguisements de sa feintise se demasquent, et ainsi *ne prisant la
> vertu, si non d'autant que d'elle il pense colorer son utilité*, par toutes
> injustes manieres se pousse aux richesses et honneurs. (pp. 170-171, je
> souligne)

C'est, selon Le Caron, le favori du tyran qui agit ainsi: «rien ne lui est
vertu ne vice, que ce qui plaist, ou desplaist à son maistre, il ne prise les
choses à la verité, ains seulement à son proufit» (p. 168). Le roi, en l'absence d'un guide sage, se fiera aux opinions changeantes du peuple, et
«le nom de prudence demeurera vain, le chois des choses entierement
s'evanouïra» (p. 169). Pour éviter de devenir un nom vide, la prudence
ne doit pas s'éloigner de la sagesse[29].

Les attaques du personnage Le Caron ne visent pas tant le tyran dans
sa cruauté et son injustice que le prince qui gouverne sans recours à une
volonté ou à un principe supérieurs, se limitant à assurer sa propre survie: il se peut très bien que ce prince soit juste, mais seulement parce
que sa justice, à un certain moment, lui est utile. Lorsque ce n'est plus
le cas, le prince est prêt à adopter une autre politique. En tous cas le
prince se pliera à ce qui plaît au peuple; sa prudence, ainsi que celle du
conseiller, consiste à savoir discerner ce qui plaît de ce qui ne plaît pas,
c'est-à-dire qu'elle se fonde sur l'accommodation et la sociabilité. C'est
ce que souligne le Courtisan, passant en revue les vertus et les soumettant à sa critique:

> Ne la prudence, ne la Justice, ne la force, ne la temperance peut bien
> estre enseignée par tes Docteurs. Comment celui pourroit meriter le
> nom de prudent, lequel envieilli en la solitude ne s'est jamais entremis
> au maniement des afaires de la Chosepublique, et ne l'a aidée de
> conseil? (...) Ou que la prudence soit la science du bien et du mal, ou la
> recherche de la verité: elle appartient à la societé humaine. Qui diroit
> quelque chose estre bonne ou mauvaise, laquelle on devroit suivre ou
> fuir, s'il n'avoit congneu le jugement du peuple? En quelle [*sic*] autre

---

[29] «La sagesse est en la contemplation et recherche des choses, qui ont leur condition tousjours une et en mesme maniere: la prudence s'exerce en la bien-avisée
conduite de celles, qui sont toutes en action et exposées à divers changements.
Toutesfois céte difference n'est tant estroite, qu'elle ne soit souvent mesprisée.
Aussi la philosophie promet sous l'amour de sagesse l'estude et des unes et des
autres choses» (pp. 172-173).

lieu la verité pourroit estre mieux recherchée, qu'en l'assemblée publique, en laquelle le vrai et le faux apparoissent à chacun. (p. 146)[30]

La prudence s'éloigne ainsi de la sagesse et devient une capacité à reconnaître et à effectuer non ce qui est bon pour les hommes, mais ce qui leur *semble* bon. Chez Aristote cette distinction n'est pas toujours bien nette, mais pour le platonicien Le Caron, elle est essentielle. Le Caron ne précise pas tout ce que cette définition de la prudence exclut. Elle exclut la notion de la supériorité intellectuelle et morale du prince; elle exclut le recours à la *quaestio infinita* qui devrait constituer le fondement d'une politique réfléchie; elle exclut le recours parallèle au «sublime» de la prudence, à la main sûre du pilote de navire dans une tempête[31]. La prudence comme discernement et accommodation aux apparences est aussi un art soumis au temps, à la mode si l'on veut; elle sait que demain sera un autre jour, que demain une autre politique sera efficace, parce que demain autre chose plaira.

Cette prudence «courtisane», qui exclut le statut supérieur du prince, affirme dans un même temps, paradoxalement, sa souveraineté absolue. Au début de son échange avec Le Caron, le Courtisan avance sa thèse:

> J'ai accordé le prince se devoir proposer l'utilité publique. Mais seroit rendre le Roi le plus serf de touts ses sujets, s'il n'estoit maistre de sa volunté, constituant ce qu'il estime meilleur: car parlant de l'utilité publique j'enten celle du prince, laquelle châcun doit reputer commune: par ce qu'en tout il se doit accommoder et flechir au Roi, duquel est la souveraine puissance. (...) J'ai tousjours dit rien ne devoir estre appellé juste, que ce qui plaist au prince. (p. 130)

Anticipant les querelles autour de la souveraineté royale dans les années 1570, le Courtisan défend la thèse extrémiste de l'absolutisme: «Tel est nostre plaisir» est la référence ultime, le fondement de toute justification politique. Pourtant, et c'est là le paradoxe, la «souveraine puissance» n'est telle que si elle n'est pas démentie par «l'événement», c'est-à-dire si le Prince ne fait rien qui ne soit une preuve de sa puissance, qui laisse deviner une faiblesse. La manière la plus efficace de s'assurer «l'événement», c'est de faire ce qui *semble bon*, ce qui plaira aux autres.

---

30 Le Courtisan explique ailleurs les devoirs du Sage, parmi ceux-ci: «s'accommoder à touts, ne faire aucune chose, de laquelle l'evenement le face repentir» (p. 139) – ce qui est très proche de l'habileté «neutre».

31 Voir, pour une analyse reliant la «Raison d'état» à un prolongement politique de la prudence, par le «sublime», Francis Goyet, «Prudence, sublime, Raison d'état», à paraître dans *Discours pour les Princes*, éds. Isabelle Cogitore, Francis Goyet (Grenoble: Presses universitaires de Grenoble III).

Le souverain, à qui tous doivent s'accommoder, doit aussi s'accommoder à tous[32]. D'où le besoin de la prudence «courtisane».

Le sujet de cette *reductio ad absurdum* de la puissance est constitué par la volonté pure, dans l'absolu par rapport au *vinculum* qui relie les hommes. L'absolution de tout lien devient un asservissement total, pourtant, au jeu des contingences, puisque c'est en effet de celles-ci que dépend le succès, l'existence même de la puissance. Le courtisan, délesté de sa fonction pédagogique et délibérative, constate et confirme cette puissance et, en l'imitant, la communique aux autres. La subjectivité du courtisan doit ainsi se soumettre aux mêmes conditions que celle du prince; derrière l'èthos se révélant et se constituant dans le discours doit transparaître une parfaite disponibilité du sujet par rapport aux contingences.

Dans son dialogue, Le Caron, comme d'ailleurs la littérature anti-aulique en général, a tendance à pousser la situation éthique de la cour à une limite théorique plutôt imaginaire: aucune cour de la Renaissance française n'incarne la puissance absolue, ni ne peut se passer du maintien assidu des liens de dépendance mutuelle entre le prince et ses sujets, ou de la rhétorique du bien commun. Toutefois l'exploration de l'éthique «courtisane» chez Le Caron et ses modèles ouvre des perspectives sur la subjectivité dans le discours qui dépassent l'èthos classique ou rivalisent avec lui.

En retirant la poésie du débat politique et en se déclarant détaché de «l'Eglise romaine», Ronsard semble vouloir préserver un espace à l'abri des vicissitudes du temps, de l'histoire, et ainsi des conflits politiques qui secouent son âge. Pourtant, en se déclarant en même temps poète des princes, il lui est difficile d'éviter ce piège éthique que constitue le courtisan, comme nous le suggère une partie de son «récit de journée», qui concerne ses activités lorsque le temps est maussade:

> Mais quand le ciel est triste & tout noir d'espesseur,
> Et qui ne fait aux champs ny plaisant ny bien seur,
> Je cherche compagnie, ou je joüe à la prime,
> Je voltige, ou je saute, ou je lutte, ou j'escrime,
> Je di le mot pour rire, & à la verité
> Je ne loge chez moy trop de severité.

---

[32] Voir aussi sur ce point la caractérisation du tyran chez Platon (*République* 9, 579D) qui est asservi à toutes les bassesses et qui doit être flatteur des hommes les plus vils. Je trouve cette formulation pertinente chez Eugene Garver: «at the extreme the prince whose character is always in tune with the times, and whose acts are consequently always successful, would have no character at all» (*Machiavelli and the History of Prudence*, Madison, University of Wisconsin Press, 1987, p. 7).

> J'ayme à faire l'amour, j'ayme à parler aux femmes,
> A mettre par escrit mes amoureuses flames,
> J'ayme le bal, la dance, & les masques aussi,
> La musicque & le luth, ennemis du souci. (p. 145, vv. 545-554)

Ronsard devient alors le type même du jeune noble, pratiquant, comme le jeune Gargantua, les sports qui maintiennent la forme du chevalier, déployant son esprit et sa bonne humeur, sa *iucunditas*[33], et s'adonnant à la danse et à la musique. Ce côté «léger» de la journée, le rythme sautillant et la succession rapide des verbes, contrastent avec la sobriété de la prière aussi bien qu'avec l'*indignatio* de Ronsard l'orateur, mais dans cette variété même, le poème de Ronsard rappelle la *festivitas*, la vivacité requise pour la narration qui prétend véhiculer non seulement des événements mais aussi la conversation et l'esprit des personnes concernées[34]. C'est donc ce qui rend le poème *personnel*, au sens érasmien du terme, et Ronsard obéit par ce style à l'éthique du *decorum peculiare* de ses prédécesseurs.

Toutefois, cet aspect du style «personnel» de Ronsard se trouve déjà mis en cause par un discours défini de plus en plus par ses adversaires. *Il Cortegiano* de Castiglione avait déjà, lui aussi, énuméré les activités qui permettent au courtisan de paraître *aggraziato* dans ce qu'il fait ou dit; de la chasse au «voltegiar a cavallo», le courtisan variera ses activités: «Voglio che 'l cortegiano... rida, scherzi, motteggi, balli e danzi, nientedimeno con tal maniera, che sempre mostri esser ingenioso e discreto ed in ogni cosa che faccia o dica sia aggraziato»[35]. La littérature anti-aulique s'empare de ces conseils et les tourne en dérision: la variété, la légèreté, la nonchalance et la douceur, *lenitas*, de cette journée caractérisent pour ces auteurs la superficialité protéiforme, l'absence de véritables connaissances du courtisan qui s'efforce de plaire. Dans sa satire de la cour, Philibert de Vienne consacre un chapitre à la «prudence» qui serait la connaissance du vrai nécessaire à ceux qui veulent plaire; la connaissance du vrai, dans ce contexte, est l'apprentissage de certains arts et sciences utiles, tels la musique, c'est-à-dire le jeu d'instruments (le

---

[33] A l'instar de Crassus, dont l'*humanitas* était telle que toute tristesse était bannie en sa présence et qu'une journée ardue ressemblait à un banquet à Tusculum grâce à sa *iucunditas* et son *in iocando lepos* (*De oratore*, 1.7.27).

[34] «Hoc in genere narrationis multa debet inesse festivitas confecta ex rerum varietate, animorum dissimilitudine, gravitate, lenitate, spe, metu, suspicione, desiderio, dissimulatione, errore, misericordia, fortunae commutatione, insperato incommodo, subita laetitia, iucundo exitu rerum» (Cicéron, *De inventione*, 1.19.27). Voir le commentaire de Lecointe, *L'Idéal et la différence*, pp. 443-445.

[35] Baldassare Castiglione, *Il libro del cortegiano*, eds. Ettore Bonora, Paolo Zoccola (Milan: Mursia, 1976), 1.22, p. 58.

luth est le premier instrument mentionné), la danse, «l'art de composer quelque Dixain, Rondeau, Ballade, Elegie, Chanson, Cantique, ou Lamentation amoureuse», «la science de quelques lieux communs des artz liberaux» pour pouvoir «diviser [sic] de toutes choses et non plus», la connaissance de langues modernes, «l'art d'escrimer et voltiger, de jouër à la paulme, à la balle et autres jeux d'exercice», etc.[36] Si les activités chères à Ronsard poète de cour ont un sens à la fois comme passe-temps et entraînement de la jeune noblesse et comme démonstration d'une *persona* dans sa *iucunditas* humaine, elles prennent un sens différent dans ce discours anti-aulique, qu'il provienne des Protestants ou de la critique moraliste humaniste, réagissant contre des tendances mondaines sceptiques, contre un certain italianisme ou contre l'éloge de la cour de Castiglione, dont le manuel fut rapidement traduit en français[37].

L'èthos humaniste, cicéronien et retouché par Erasme, se voit ainsi mis en cause par son rattachement à la cour du prince. Il risque de cesser d'être l'enracinement du sujet dans le discours pour devenir une des façades que le discours offre au patron ou au mécène. L'èthos, ou le simple fait de sa présence dans le discours, révèle non pas un sujet défini par des *habitus* que le discours manifesterait à l'auditoire, mais un sujet qui serait simple instance de la volonté. Le danger n'est pas vraiment que l'éloquence soit maniée par une personne méchante ou qui manque de bonne volonté, mais que le sujet qui manie le discours soit vide, dépourvu de dispositions morales, c'est-à-dire entièrement disponible, servile. C'est ce danger qui est en jeu dans la *Responce aux injures et calomnies*, et qui se dessine derrière les proclamations paradoxales de soumission aux princes dans lesquelles le poète lui-même se pose en souverain. Par les contingences auxquelles il fait front, le poème de Ronsard nous permet ainsi d'entrevoir les menaces qui pèsent sur l'existence des vertus louables et que constituent l'exigence chrétienne de la soumission du bien vivre à la grâce divine et l'exigence politique de la cour princière ou royale, privant le sujet du support moral qui étoffe tout discours éthique.

---

[36] *Le Philosophe de Court* (1547), éd. Pauline M. Smith (Genève: Droz, 1990), pp. 96-100.

[37] Sur cette littérature voir Pauline M. Smith, *The Anti-Courtier Trend in Six-teenth-Century French Literature* (Genève: Droz, 1966).

DISCOURS DE LA VERTU

FORTUNES DE LA *FORTITUDO* ET FORCE DE L'EXEMPLE

A l'époque de la Renaissance, le point d'ancrage du discours de la vertu dans la littérature est la *mimesis*, c'est-à-dire que ce discours présente des fictions dans lesquelles apparaissent des comportements qualifiés de vertueux, ou identifiables comme tels. Ces comportements traduisent souvent un caractère plus ou moins permanent; la vertu s'exprime moins par un éclat surprenant, un geste inattendu, que par l'application dans un cas précis d'une capacité déjà présente, qui s'exerce peut-être d'une manière plus marquée. Le «remarquable», l'étonnant, se confond avec l'exemplaire et trouve sa forme dans la narration brève constituant l'exemple qui, dans sa nature même, assure le lien entre le moment particulier et la vertu en général. Il est donc nécessaire, en parlant de la représentation de la vertu au XVIe siècle, d'avoir constamment à l'esprit ce circuit rattachant le geste précis au comportement individuel durable et celui-ci à l'étoffe générale de la vertu, par le biais de l'exemplaire. Le point de départ sera aussi celui d'Aristote dans l'*Ethique à Nicomaque*: la force.

LA MULETIÈRE DE MARGUERITE DE NAVARRE

Parmi les vertus à la source de l'*honestum*, aucune ne se prête mieux à la représentation littéraire que la force, *fortitudo* ou *andreia*. Pierre Charron nous rappelle, non sans ironie, que cette vertu, qu'il traduit par «vaillance», alors que ses prédécesseurs ont préféré le terme de «force», «est la plus difficile, la plus glorieuse qui produit de plus grands, esclatans, et excellens effets»[1]. Car la *fortitudo* semble s'incarner dans le geste plutôt que dans le comportement durable ou dans la réflexion; elle est une réponse physique à un événement précis. En voici une définition générale: «La force est le maintien d'un jugement stable en subissant ou repoussant des événements qui semblent

---

[1] *De la sagesse* (éd. de 1604) (réimpr. Paris: Fayard, 1986), Livre 3, chap. 19, p. 727.

affreux»[2]. Il s'agit donc de garder sa capacité de jugement dans une situation périlleuse, et d'agir selon la nature des circonstances: se résoudre à subir le péril ou le repousser. La *fortitudo* s'éprouve ainsi à la jonction du corps et de l'âme: il faut réagir physiquement, ou supporter physiquement, tout en démontrant par cette réaction une attitude mentale appropriée. La plupart des exemples donnés dans les florilèges trouvent leur origine dans des épisodes de guerre: c'est le cas de Scipion triomphant sur les Carthaginois, ou des exploits de Scaevola lors de la guerre des Gaules[3]. Chez Platon, dans le *Lachès*, c'est l'art militaire qui se trouve au centre du dialogue, et au 3e livre de l'*Ethique à Nicomaque*, Aristote est même soucieux d'exclure d'autres périls que ceux de la guerre, moins aptes à démontrer la *fortitudo* de la personne concernée. La nature en large partie physique de cette vertu et la scène surtout belliqueuse sur laquelle elle s'illustre tendent à en exclure les femmes. En outre la philosophie morale de la Renaissance attribue la *fortitudo* à l'homme, non seulement à travers l'étymologie grecque, mais aussi par l'association *vis – virtus – vir*[4]. Cependant, de Christine de Pisan aux compilateurs de la Renaissance, la tradition conserve maints exemples de femmes «fortes» qui ne se limitent pas aux Amazones[5].

---

[2]   «Fortitudo est conservatio stabilis iudicii in iis rebus, quae formidolosae videntur subeundis, vel repellendis» (littéralement: «dans des circonstances qui sont à subir ou à repousser»). Je cite le texte très répandu de Dominicus Nanus Mirabellius, augmenté par Bartholomaeus Amantius, *Polyanthea, hoc est, opus suavissimis floribus celebriorum sententiarum tam graecarum quam latinarum, exornatum, quos ex innumeris fere cum sacris tum prophanis...* (Cologne: Matermus Cholinus, 1567), p. 369. Amantius cite Cicéron, *Disputations tusculanes*, 4.24.53.

[3]   Voir par exemple Theodor Zwinger, *Theatrum humanae vitae*, dont le tome 8 est consacré à la *fortitudo*. Une partie importante des exemples concerne les différents chefs de guerre de différentes nations, des Hébreux aux Turcs (pp. 2080-2103).

[4]   Voir Lambert Daneau, *Ethices christianae libri tres...* (Genève: Eustache Vignon, 1583): «Fortitudo ad sex[t]um praeceptum pertinet *Andreia* dicta a Graecis, quòd una omnium virtutum maxime sit viro digna» (Livre 3, chap. 3, f. 332v); voir aussi Theophilus Golius, *Epitome doctrinae moralis, ex decem libris ethicorum Aristotelis ad Nicomachum collecta, pro Academia Argentinensi* (Argentorati: Iosias Rihelius, 1592): «Fortitudo est viri propria virtus. Nam quemadmodum apud Latinos virtus à viro, ita apud Graecos *apo tos andros* à virò, dicta est *andreia* fortitudo» (Livre 3, chap. 6, p. 129). L'argument étymologique provient de Cicéron, *Tusculanes*, 2.18.43: «Appellata est enim ex viro virtus; viri autem propria maxima est fortitudo».

[5]   Voir les chapitres 14 à 26 de la première partie du *Livre de la cité des dames*, et Zwinger, *Theatrum humanae vitae*, «Mulieres fortes in bello, bellicosae mulieres», Vol. 8, Livre 4, pp. 2073-2079.

La vertu de la *fortitudo* est au centre de l'une des premières nouvelles de l'*Heptaméron*, dans laquelle les caractéristiques de l'*exemplum* se manifestent d'ailleurs de la manière la plus évidente[6]. Dans cette nouvelle, la deuxième de la première journée, Oisille conte comment la femme d'un muletier est attaquée par un valet de son mari ; lorsqu'elle ne cède pas à ses tentatives de la « prendre par force », et réussit même à lui résister physiquement, il finit par se servir de son épée et lui donne tellement de coups qu'elle s'effondre. « Et après qu'elle eut perdu la parolle et la force du corps, ce malheureux print par force celle qui n'avoit plus de deffense en elle » (p. 20). Sa courageuse résistance, les expressions de sa foi, et sa mort en « martire de chasteté » servent d'exemple aux « folles et legieres » du village mais aussi aux devisantes, dont « [c]hascune pensa en elle-mesme que, si la fortune leur advenoit pareille, mectroient peyne de l'ensuivre en son martire » (p. 21). L'histoire de la muletière, selon Oisille, « doibt bien augmenter le cueur à garder ceste belle vertu de chasteté » (*ibid.*).

Toutefois, en plus de ce qu'en dit Oisille, la muletière est un exemple de la *fortitudo*. Le valet est décrit comme « bestial », refusant d'écouter les « remonstrances » et « honnestes raisons » d'une *femme de bien*. Celle-ci fait preuve de *iudicium stabile*, alors que le valet est réduit au rang de l'animal, se montrant « plus bestial que les bestes » :

> Car, en voyant qu'elle couroit si tost à l'entour d'une table, et qu'il ne la povoit prendre, et qu'elle estoit si forte que, par deux fois, elle s'estoit defaicte de luy, desesperé de jamais ne la povoir ravoir vive, luy donna si grand coup d'espée par les reings, pensant que, si la paour et la force ne l'avoit peu faire rendre, la douleur le feroit. Mais ce fut au contraire ; car, tout ainsy que ung bon gendarme, quand il veoit son sang, est plus eschauffé à se venger de ses ennemys et acquerir honneur, ainsy son chaste cueur se renforcea doublement à courir et fuyr des mains de ce malheureux, en luy tenant les meilleurs propos qu'elle povoit, pour cuyder par quelque moien le reduire à congnoistre ses faultes ; mais il estoit si embrassé [dans l'édition Claude Gruget de 1559 on lit « embrasé »] de fureur, qu'il n'y avoit en luy lieu pour recepvoir nul bon cousté [il faut sans doute lire « conseil, » qu'on trouve chez Gruget] ; et luy redonna encore plusieurs coups... (pp. 19-20)

---

[6]   Cette nouvelle, par son côté *exemple*, a fait couler beaucoup d'encre. Voir, pour l'interprétation la plus récente, qui fait le point sur les interprétations féministes et théologiques courantes, Nancy E. Virtue, « Ce qui doit augmenter le cœur aux dames : Telling the Story of Rape in Marguerite de Navarre's *Heptaméron* », *Romance Quarterly* 44 no. 2 (1997) : 67-79. Selon Virtue, pourtant, cet exemple réussit *mal* parce que ce serait une mauvaise *nouvelle*. Toutes les citations de l'*Heptaméron* proviennent de l'édition Michel François (Paris : Garnier, 1967).

La muletière défend sa chasteté physiquement, par son *adresse* et par sa *force*: elle réduit son adversaire au *désespoir* et à la *fureur*. Elle est littéralement plus forte que lui, physiquement et mentalement. Même gravement blessée elle continue à lui *parler*, montrant ainsi sa résolution et son *humanité*, elle qui s'occupait des bêtes de Marguerite de Navarre. Lorsqu'elle se voit percée par l'épée, elle ne cède point, comme son adversaire, au désespoir, mais redouble ses efforts. Le langage d'Oisille devient militaire: la muletière est devenue le *gendarme* qui est poussé à se *venger de ses ennemis*, à *acquerir honneur*. La terrible lutte est donc intégrée dans la série d'exemples de la *fortitudo* des guerriers; elle en a tous les attributs. Ainsi, lorsque la femme se sentit approcher de la mort, elle «rendit graces à son Dieu, lequel elle nommoit sa force, sa vertu, sa patience et chasteté» (p. 20). La première vertu nommée est la force, et non la chasteté, force accordée par Dieu mais revêtant toutes les qualités de la vertu classique.

En fait, du point de vue de l'éthique, la femme du muletier a gagné: elle a gardé sa lucidité, sa fermeté, la maîtrise de son corps même lorsqu'il était percé de coups. Son adversaire, n'ayant pu obtenir la victoire par sa propre force physique, a recours à l'épée, ce qui l'exclut de la catégorie des *fortes*, puisqu'il s'est servi d'une arme qui lui garantissait la victoire, celle-ci ne dépendant plus alors de son courage. De la même manière, Aristote hésite à accorder aux soldats expérimentés la vertu de *fortitudo*, puisque c'est leur supériorité qui les rend courageux. En fin de compte la muletière, *gendarme* sans armes, est un soldat plus fort que son adversaire muni d'une épée. Ses gestes s'accordent parfaitement avec la vertu «guerrière» des martyrs, dans la tradition médiévale[7]. Bel exemple par antiphrase: toutes les conditions de la *fortitudo*, de l'*andreia*, sont là, mais dans une personne qui, par son sexe et son statut social, est la plus éloignée de sa manifestation conventionnelle.

PANTAGRUEL DANS LA TEMPÊTE

Dans d'autres contextes littéraires, bien d'autres tonalités colorent la force, dont les écrivains exploitent les potentialités dramatiques. C'est le cas d'un épisode du *Quart livre* de Rabelais dans lequel se des-

---

[7]　Voir s. Thomas d'Aquin, *Summa theologiae* II-II qu 123 art 5 ad primum: «dicendum quod martyres sustinent personales impugnationes propter summum bonum, quod est Deus. Ideo eorum fortitudo praecipue commendatur. Nec est extra genus fortitudinis quae est circa bellica. Unde dicuntur fortes facti in bello». Voir aussi la discussion du martyre tout au long de la *quaestio* suivante.

sine, d'une manière marquée, le contraste entre *fortitudo* et *timiditas* ou *ignavia*, la timidité ou la pusillanimité. Il s'agit évidemment de la violente tempête que traversent Pantagruel et ses compagnons pendant leur voyage en bateau (chap. 18-22)[8]. Pantagruel semble la prévoir (il « restoit tout pensif et melancholicque », chap. 18, p. 301)[9] et en effet le pilote du navire, observant le pavillon de la poupe, reconnaît les signes avant-coureurs de l'orage. Il donne une série d'ordres afin de préparer le bateau pour le mauvais temps qui, d'ailleurs, ne tarde pas. Du point de vue éthique, nous ne sommes pas vraiment en présence de la prudence ou de la sagesse, puisque la tempête ne constitue pas, au fond, une situation contingente, qui peut ou non avoir lieu : les signes sont là, il faut réagir. Le pilote et les compagnons vont *au-devant* du mal, faisant tout ce qui est possible pour survivre au malheur qu'ils vont subir : il s'agit donc d'un mal *tolérable*. L'image qui résume ces procédés est celle de Pantagruel qui, ayant « imploré l'ayde du grand Dieu Servateur » et écouté le conseil du pilote, tient le gouvernail *fort et ferme* (chap. 19). Tout cela est bien classique : les florilèges fournissent à cet épisode tous les éléments requis. Pantagruel, ayant écouté le conseil de son pilote, garde le jugement ferme, comme il garde ferme le gouvernail ; il prend la direction du navire pour sauver la vie de ses compagnons, démontre publiquement sa piété (« faicte oraison *publicque...* ») et agit pour le bien commun, non pas pour ses propres fins : « Car la force est une avancée contre le péril mortel afin de sauver le bien commun »[10]. En même temps, il ne s'agit point d'audace ou de confiance excessive en soi

---

[8]   Comme l'exemple de Marguerite de Navarre, cette étape du voyage a suscité bien des interprétations. Parmi les plus récentes, voir surtout Michael Randall, *Building Resemblance : Analogical Imagery in the Early French Renaissance* (Baltimore : Johns Hopkins Univ. Press, 1996), pp. 117-122, qui insiste sur « l'humilité épistémologique » marquant les efforts des compagnons rabelaisiens.

[9]   Eds Gérard Defaux, Robert Marichal (Paris : Librairie générale française, 1994).

[10]   « Est autem fortitudo aggressio terribilium ubi mors imminet *propter bonum commune salvandum* » (Nanus, Amantius, p. 363 [je souligne], qui se réfèrent à Aristote, *Ethique à Nicomaque*, 3). Pourtant le « bien commun » est moins explicite chez Aristote ; le fort tolère les maux et se bat *tou kalou heneka*, pour une fin noble, ce qui, dans la tradition latine, devient *boni gratia*. S. Thomas définit la fin de la force guerrière comme la poursuite du bien commun dans une guerre juste : « Sed pericula mortis quae est in bellicis directe imminent homini propter aliquod bonum : inquantum scilicet defendit bonum commune per justum bellum » (*Summa theologiae*, II-II, qu 123 art 5 resp.). Mais voir surtout Cicéron, *De officiis* 1.19.62 : « Sed ea animi elatio, quae cernitur in periculis et laboribus, si justitia vacat pugnatque non pro salute communi, sed pro suis commodis, in vitio est ».

(*audacia* ou *confidentia*), puisque Pantagruel ne se comporte pas d'une manière impulsive mais montre sa *moderatio* en priant Dieu et en écoutant les sages conseils du pilote; son geste, surtout lorsqu'il s'oppose à celui de Panurge («Panurge restoit de cul sus le tillac»), démontre de plus sa maîtrise de la peur, *metus*, *terror*, ou *timor*. Il réalise ainsi la vertu «médiane» de la force, entre les extrêmes de la témérité et de la pusillanimité: «La force est le milieu entre la peur et la trop grande confiance en soi»[11]. La force de Pantagruel se répand parmi ses compagnons: Frère Jan symbolisera, dans les chapitres suivants, cette *fortitudo propulsans*, la force active qui lutte contre le mal que l'on doit subir[12].

---

[11] «Fortitudo est mediocritas in metu & confidentia» (Nanus, Amantius, p. 363).

[12] Voir les exemples, provenant pour la plupart de la guerre, chez Theodor Zwinger, *Theatrum humanae vitae*, Volume 8, livre 4. Selon Aristote, la guerre est la situation la plus propice à une mort noble (*Ethique à Nicomaque*, 3.6.10-11, 1115a35). Le naufrage offrirait moins de possibilités pour l'*andreia*, puisque l'homme fort ne peut ni se défendre vaillamment ni mourir noblement (par l'épée) (voir *ibid.*, 3.6.11-12, 1115b11-12). Pierre Charron se moquera de cette préférence pour la force militaire: «elle est plus pompeuse et bruyante... il y a plus d'esclat et de bruit que de peine et danger» (*De la sagesse*, p. 728). Par contre, chez Sénèque le naufrage se trouve parmi les maux dont la contemplation peut renforcer la *fortitudo contemptrix timendorum* (*Epîtres* 88.29): «Cogitanda ergo sunt omnia, & animus adversus ea quae possunt evenire formandus, exilia, tormenta, morbos, bella, naufragia meditare» (*Polyanthea*, p. 365). Dans la tradition chrétienne, la force guerrière revêt une moins grande importance que la capacité de supporter les malheurs; voir Pierre Lombard, *Sentences* III d 33 («De quatuor virtutibus principalibus») qui cite s. Augustin: «Fortitudo [est] in perferendis molestiis». L'exemple le plus frappant est le martyre. Voir s. Thomas d'Aquin (*supra*, note 8), mais aussi l'humanisme chrétien, par exemple Juan Luis Vivès, *De causis corruptarum artium*: «Jam fortitudinem esse dicit [Aristoteles] circa terribilia, non quaevis; neque enim in tolerantia infamiae, paupertatis, aphilias [amicorum carentia], mortis, in morbo, aut mari versari fortitudinem, sed in *periculis bellorum*; quo nihil dici potest, sive in religione nostra, sive in gentilitate, perversius: de religione: Quis non videt nullos fuisse unquam fortiores nostris Martyribus, et iis qui illa omnia patienter ferunt in spem gratiae Christi?» (éd. et trad. Emilio Hidalgo-Serna, Wilhelm Sendner, Munich: Wilhelm Fink, 1990, 6.2, p. 538). Pour le Huguenot Lambert Daneau, il y a une hiérarchie de périls qui démontrent la *fortitudo*, de la maladie à la guerre, la plus importante étant le martyre pour le Christ: «Huius sunt variae species constitutae. Nam & in Aegritudine sive morbo, & in Tempestate maris, vel Sylvis & incursu latronum periculum atque dolorem patienter ferre quaedam est animi fortitudo: maximè tamen quae in bellis versatur, & mortem considerate, ac lubenter pro patriae salute subit, fortitudo laudata est, quae bellica fortitudo dicitur, & ad hoc praeceptum maximè pertinet (etsi reliquae eius species ad hoc quoque caput Legis referri debent) cuius sunt haec duo munera Aggredi, & Sustinere. In eo ipso

Ses paroles seront des exhortations à l'intention de Panurge et des autres compagnons, poussant à l'action le peureux paralysé et dirigeant les actions des autres. Les paroles de Panurge sont évidemment tout le contraire: d'inutiles exclamations faisant parade de sa peur et minant l'effort commun. De plus, sa position physique, recroquevillé sur le tillac, est une incarnation de son état spirituel, une sorte de contraction de l'âme, comme le formule Cicéron: «Les sots connaissent la détresse et en sont affectés face aux dangers prévus; ils laissent s'affaisser leurs âmes et les contractent, contrairement à la raison. Ainsi la première définition de la détresse est une contraction de l'âme en conflit avec la raison»[13].

Panurge n'est pas le seul à être victime de la peur: celle-ci touchera également Pantagruel: «Allors feut ouye une piteuse exclamation de Pantagruel, disant à haulte voix: 'Seigneur Dieu, saulve nous. Nous perissons. Non toutesfoys adviegne scelon nos affections, mais ta saincte volunté soit faicte'» (chap. 21, p. 321)[14]. Ce recours à la prière dans le désespoir, que l'on peut évidemment ranger dans le tiroir «évangélisme rabelaisien», s'intègre bien dans le scénario de la *fortitudo* qui se déroule dans l'épisode. La force ne s'avère pas entièrement incompatible avec la peur, car c'est une peur maîtrisée, qui ne paralyse pas, à mi-chemin entre l'absence de peur et l'excessive peur, qui sont toutes deux à éviter,

---

tamen prorsus timore carere fortem virum oportere sentiendum non est: sed eo tantùm metu carere, quo vincatur, & ab officio abducatur. Pulcherrima verò fortitudinis species, quaeque propter finem etiam Bellicam laudem superat, est Martyrium pro Christi gloria & ipsius doctrina tuenda, atque propaganda susceptum» (*Ethices christianae libri tres*, 3.3, ff. 332ᵛ-333ʳ).

[13]   «Stultorum aegritudo est, eaque adficiuntur in malis opinatis animosque dimittunt et contrahunt rationi non obtemperantes. Itaque haec prima definitio est, ut aegritudo sit animi adversante ratione contractio» (*Disputations tusculanes*, 4.6.14).

[14]   Le recours à la volonté divine peut empêcher l'action, ce qui n'est pas le cas de Pantagruel, mais nous en trouvons un exemple, dans une situation semblable, dans l'*Amadis de Gaule*. Au 12e livre, chapitre 85, le roi Amadis et quelques seigneurs traversent une grosse tempête; le roi ne veut pas abandonner son bateau quoique le pilote l'en prie, et l'eau entre dans le navire. Le roi raisonne ainsi: «S'il lui [à Dieu] plaît que je meure, ayant déja parfait plus que l'entier cours de mon âge... il me sera trop plus ayse d'obeïr franchement á son vouloir, que de chercher les moyens d'alonger ma vie contre l'ordre de la nature» (Anvers: Christophe Plantin, 1561, f. 152ʳ). Ceci n'arrange pas vraiment les choses pour les autres: les matelots abandonnent tout espoir, et il faudra l'intervention des autres seigneurs pour que le bateau soit sauvé. Le roi aurait dû, malgré tout, penser au bien commun... Je remercie Winfried Schleiner de m'avoir indiqué cet épisode dans l'*Amadis* qui, bien sûr, ne fait pas l'économie des tempêtes.

comme le souligne Pantagruel lui-même, en bon aristotélicien, à la
conclusion de la tempête:

> Si (dist Pantagruel) paour il a eu durant ce Colle horrible et périlleux
> Fortunal, pourveu que au reste il se feust evertué, je ne l'en estime un
> pelet moins. Car, comme craindre en tout heurt est indice de gros et
> lasche cœur, ainsi comme faisoit Agamemnon: et pour ceste cause le
> disoit Achilles en ses reproches ignominieusement avoir œilz de chien
> et cœur de cerf: aussi ne craindre quand le cas est evidentement redou-
> table, est signe de peu ou faulte de apprehension. (chap. 22, p. 329)

Ainsi le constate le *Polyanthea*, alléguant les *Magna Moralia* d'Aristote:
«Si quelqu'un ne craint pas les choses qui sont à craindre, ou bien
quelque chose d'épouvantable au-dessus des hommes, il n'est pas courageux mais fou»[15]. Dans sa prière désespérée, Pantagruel fait la distinction entre les «affections» humaines et la disposition des événements
par la volonté de Dieu. La théorie classique de la *fortitudo*, tout en insistant moins sur la volonté divine, distingue de même l'attitude de
l'homme fort du succès de son entreprise; le péril «mortel» implique
précisément la possibilité d'une issue mortelle, et certains maux ne peuvent être ni évités ni combattus. Il y a des maux intolérables, dont aura
peur même l'homme fort: «Mais la force vraie et honnête est celle que
nos ancêtres ont appelée la connaissance des choses à tolérer et à ne pas
tolérer. Ce qui implique qu'il y en a d'intolérables, que les hommes
forts craignent d'affronter ou de subir»[16]. Une fois le péril reconnu et la
décision résolument prise, il faut céder la place aux contingences qui,
elles, sont hors du domaine de notre puissance[17].

---

[15] «Si quis non timet timenda, aut aliquid quod supra hominem terribilium est,
     non fortis est, sed insanus»(1.5.4). Aristote se réfère à l'absence de crainte des
     dieux; le texte latin ici est moins précis.

[16] «Sed ea vera & proba fortitudo est, quam maiores nostri scientiam esse dixe-
     runt, & rerum tolerandarum & non tolerandarum. Per quod apparet, esse
     quaedam intolerabilia, quibus fortes viri aut obeundis abhorreant aut susti-
     nendis», (Nanus, p. 368, citant Aulus Gellius, *Nuits attiques*, 12.5.13-14).

[17] Voir Pierre de La Primaudaye: «Ains (suyvant ceste sentence de Socrate, que
     les choses plus difficiles doyvent estre entre prises et executees avec plus
     constant et genereux cœur) apres avoir bien et prudemment fondé son entre-
     prise sur certaine science, et ferme discours de raison, ni blasmes, ni louanges,
     ni promesses, menaces, tourmens, plaisirs, ni tristesses, ne lui peuvent rompre,
     ni faire aucunement changer sa resolution, qui demeure tousjours louable, et
     jamais sujette au repentir, en quelque sorte qu'elle puisse reuscir: d'autant qu'il
     ne faut juger des entreprises par les evenemens, qui sont du tout hors de nostre
     puissance, mais par le fondement, sur lequel elles ont esté basties», *Academie
     françoise* (Genève: Jacques Chouët, 1593, 7e journée, chap. 25, f. 129ʳ).

LAURENT DE MÉDICIS CONSTANT?
(*ESSAIS*, 1.12)

Ce que Montaigne, une trentaine d'années plus tard, appelle la «constance», en suivant la mode stoïcienne, revient essentiellement à la *fortitudo*. L'essayiste, pourtant, commence par une réflexion sur la peur que même les forts peuvent ressentir dans certains des périls et sur les efforts – efficaces ou non – pour les éviter. Ce faisant, il reprend fidèlement, mais avec des nuances d'ironie, la sagesse des florilèges: «Et le jeu de la constance se joüe principalement à porter patiemment les inconveniens, où il n'y a point de remede» (1.12). Une telle définition rappelle le *Polyanthea*, qui cite la *patientia* de Cicéron, et, chez Zwinger, une section entière consacrée à la *Fortitudo tolerans mala*. La différence entre l'épisode de la tempête chez Rabelais et la constance chez Montaigne réside d'abord dans le fait que Montaigne *commence* par admettre la peur chez les forts, pourvu qu'ils s'évertuent au combat, ce qui se trouve en position de clausule chez Rabelais. Ce qui lie les hommes forts au reste de l'humanité, l'effroi devant le péril mortel, constitue le point focal de l'essai, non pas l'attitude courageuse qui les distinguerait des moins forts. Ensuite, tandis que nous avons chez Rabelais une belle démonstration de la *fortitudo propulsans*, la prise en main de la situation, Montaigne présente, après les sentences initiales, une suite d'exemples de *fortitudo declinans*, la force qui consiste à éviter les périls mortels[18]. Au cœur de l'essai, il est question des «canonades» et du défi qu'elles posent à la *fortitudo declinans* de celui qui est visé. Faut-il essayer d'éviter le coup en se jetant par terre, une fois que le canon ou le fusil ont tiré? *Non*, car «pour sa violence et vitesse nous le tenons inevitable». *Si*, puisque le Marquis de Guast et Laurent de Médicis ont tous deux échappé à la mort en se ruant par terre. Montaigne conclut:

> Pour en dire le vray, je ne croy pas que ces mouvemens se fissent avecques discours: car quel jugement pouvez vous faire de la mire haute ou basse en chose si soudaine? Et est bien plus aisé à croire, que

---

[18] Chez Zwinger, les exemples de Montaigne seraient tous du genre «moderatio, rectae rationis ductu mala declinans, mala decet declinare: declinatio honesta malorum externorum corporis, eorum quae corpus tollunt omnino. ut est mors violenta, sive illa intentetur manifeste extra iudicium». Les exemples donnés par Zwinger («Mortem extra iudicium modeste declinare») concernent surtout des personnages qui ont pris la fuite, sachant qu'ils seraient tués. Le dernier exemple est celui de Galien qui, pour éviter la peste à Rome, retourne dans sa patrie (tel le maire de Bordeaux revenant chez lui à Montaigne...). *Theatrum humanae vitae*, vol. 8, livre 3, pp. 2051-2053.

la fortune favorisa leur frayeur, et que ce seroit moyen un'autre fois
aussi bien pour se jetter dans le coup, que pour l'eviter. (1.12, p. 46)[19]

L'analyse de Montaigne échappe aux catégories de la *fortitudo* de plusieurs manières: d'abord, les contingences étant, même superficielle-
ment, impondérables, aucune réaction physique ne peut être guidée par
la *prudence*, laquelle doit impérativement se joindre à la force. Du point
de vue de leurs chances de réussite, les deux réactions, éviter le coup ou
non, sont également utiles, ou inutiles et, puisqu'il s'agit de la simple
survie de l'individu, elles sont également louables. Elles n'offrent donc
aucune emprise pour la *prudentia* guidée par la *ratio recta*. Ce que La
Primaudaye dit de la force ne peut guère s'appliquer ici: «apres avoir
bien et prudemment fondé son entreprise sur certaine science, et ferme
discours de raison» on affronte les périls d'une manière résolue, etc.[20]
Ces choses se font «sans discours», c'est-à-dire au-delà ou en deça de
toute délibération, fondement de la vertu.

L'autre manière dont l'analyse de Montaigne se soustrait au calcul
moral, c'est l'absence, dans les exemples des canonades, de toute voie
médiane. Chez Rabelais, Panurge est la figure d'un extrême, la *timiditas*, et Pantagruel serait une figure de l'*audacia* ou de la *confidentia* s'il
ne suivait le conseil de son pilote et s'il ne priait Dieu. Pour le pauvre
Laurent de Médicis, il n'y a aucun moyen terme: se jeter par terre, rester debout sont deux attitudes qui ne montrent en elles-mêmes ni peur
extrême ni confiance excessive. Chacune des actions peut être accomplie par un audacieux ou un peureux, puisqu'elles résultent d'une sorte
d'automatisme qui échappe à l'emprise du «discours». Même si les deux
réactions étaient liées naturellement à une disposition morale, pourrait-
on imaginer un moyen terme entre se jeter par terre et rester debout?

Les exemples de Montaigne visent une couche du comportement
humain qui résiste profondément au calcul moral, puisque celui-ci
dépend, malgré tout, d'une certaine pesée des événements, même si
c'est Dieu qui finit par les disposer. Frère Jan et Pantagruel sont *louables*
parce qu'ils se dépensent en efforts pour échapper à la tempête. Faire
quelque chose, c'est quand même mieux que de ne rien faire. Même si
les compagnons étaient tous noyés, faire ce qu'on peut, *facere quod in se
est* en termes théologiques, garde un mérite certain. Cependant, ce type
d'entreprise qui, dans les événements, les «contingences futures»,
manque totalement de «fondement», pour reprendre le terme de La
Primaudaye, entraîne des conséquences désastreuses pour la *fortitudo*.
Quelle que soit l'action que l'on choisit, on peut très bien perdre la vie,

---

[19]   Ed. Pierre Villey, V.-L. Saulnier (Paris: Presses univ. de France, 1965).
[20]   *L'Academie françoise, ibid.*

ou la garder; il s'agit précisément et brutalement d'échapper à la mort, et rien d'autre. Loue-t-on un soldat qui, restant debout par courage, est tué? Loue-t-on un soldat qui, restant debout par courage, reste en vie? Blâme-t-on un soldat qui se jette par terre?

Un aspect du «jeu» de la constance est, bien sûr, le geste physique: chez Montaigne, toute la discussion initiale, reprise de Platon, sur la fuite et la *firmitas* du guerrier, consiste à montrer que la force peut donner lieu à des manifestations physiques différentes[21]. En effet, les florilèges ne négligent pas l'aspect proprement physique de la *fortitudo*; le *Polyanthea* divise ainsi l'attitude corporelle:

> [fortitudo] corporalis, quae in 5. consistit, scilicet:
>   vigore complexionis
>   robore membrorum
>   abundantia cibi
>   constantia mentis
>   experientia bellicae artis (p. 362)[22]

Les florilèges ne manquent pas de passer en revue des exemples

---

[21] C'est en ceci que la thématique se trouvant au cœur de cet essai reste, au fond, dans le domaine de la *fortitudo* au sens classique, qui, elle, ne se détache jamais entièrement du geste physique. Montaigne ne se laisse donc pas absorber par la réflexion stoïcienne, malgré le titre de l'essai. Les analyses de Montaigne n'ont qu'un rapport éloigné avec l'attitude exclusivement *mentale* et rationnelle que l'on trouve chez son contemporain Juste Lipse, pour qui la constance est une sorte de stabilité d'âme qui résiste à l'*elatio* et la *depressio* produites par les événements externes ou fortuits: «CONSTANTIAM hic appello, RECTUM ET IMMOTUM ANIMI ROBUR NON ELATI EXTERNIS AUT FORTUITIS, NON DEPRESSI. Robur dixi; & intelligo firmitudinem insitam animo, non ab Opinione, sed a iudicio & recta Ratione. Exclusam enim ante omnia volo Pervicaciam (sive ea melius Pertinacia dicitur:) quae & ipsa obstinati animi robur est, sed a superbiae aut gloriae vento. Et robur duntaxat in una parte. Deprimi enim haude facile tumidi isti & pervicaces possunt, facillime attolli: non aliter quam culleus, qui vento inflatus aegre mergitur, supereminet autem & exsilit sua sponte. Talis enim istorum ventosa haec durities est: cui origo a Superbia, & nimio pretio sui. igitur ab Opinione. At Constantiae vera mater, Patientia & demissio animi est. quam definio RERUM QUAECUMQUE HOMINI ALIUNDE ACCIDUNT AUT INCIDUNT VOLUNTARIAM ET SINE QUERELA PERPESSIONEM» (*De constantia libri duo*, Antwerp, Chr. Plantin, 1585, 1.4, pp. 7-8). Les exemples de Lipse concernent surtout la différence entre la commisération et la pitié, et illustrent l'attitude que l'on doit maintenir face à la souffrance des autres et aux maux produits par la guerre dans son pays. C'est d'ailleurs l'immobilité stoïcienne que Montaigne refuse à la fin de l'essai.

[22] «La force physique, qui consiste en 5 éléments: la vigueur du tempérament, la force des membres, l'abondance d'aliments, la constance de l'esprit, l'expérience en l'art de guerre».

d'hommes forts atteints de défauts physiques, et ils insistent évidemment sur la *constantia mentis*. Dans la tradition chrétienne médiévale et chez les «modernes», la part mentale sera plus importante encore: s. Thomas d'Aquin s'efforce de concilier le constat de s. Paul, «virtus in infirmitate perficitur» (2 Cor 12:9), avec la vertu aristotélicienne de la force. Il fait une distinction entre la force de l'âme et la faiblesse physique (c'est le sens d'*infirmitas*); supporter *fortiter*, vaillamment, la faiblesse corporelle, c'est être fort[23]. Avant Juste Lipse, La Primaudaye rappelle que «l'honneste que nous cerchons, se parfaict par les forces de l'ame, dont chacun a grand besoin, non pas de celles du corps» (f. 129ᵛ-130ʳ). Mais risquer son corps (ou ne pas le risquer) dans un péril mortel reste une condition *sine qua non* de la *fortitudo*. Or, dans le cas précis de la canonade, aucun des aspects physiques énumérés ne sera même pertinent: ni la vigueur de la complexion, ni la force des membres, ni l'abondance de nourriture, ni la constance de l'esprit, ni l'expérience guerrière n'influent sur le résultat. Ni même, d'ailleurs, l'agilité, un acquis récent du soldat et du courtisan renaissants: l'acte de se jeter par terre le plus rapidement possible peut «jetter dans le coup» aussi bien que sauver.

LA *FORTITUDO* ET L'INVOLONTAIRE HUMAIN

Si Montaigne, par la voie de l'invention diabolique du canon, enlève à la *fortitudo* toute pertinence et établit une sorte de degré zéro de la survie physique face au hasard, il n'abandonne pas pour autant le jeu. Les exemples de Montaigne, les chapitres du *Quart livre*, et, curieusement, la source platonicienne de bien des sentences sur la *fortitudo* laissent sous-entendre que cette vertu morale entretient un rapport obscur avec le comique. Dès le début de son essai Montaigne passe de la «*loy* de la resolution et de la constance» au «*jeu* de la constance» – un jeu qui en effet produit le rire:

> Toutes-fois aux canonades, depuis qu'on leur est planté en bute, comme les occasions de la guerre portent souvent, il est messeant de s'esbranler pour la menasse du coup; d'autant que pour sa violence et vitesse nous le tenons inevitable. Et en y a meint un, qui pour avoir ou haussé la main, ou baissé la teste, *en a pour le moins appresté à rire à ses compagnons*. (p. 46, je souligne)

Le mouvement involontaire que provoque le coup de canon est *messeant*, au sens où il trouble le *decorum* du soldat et mine ainsi sa

---

[23] «Ad fortitudinem mentis pertinet, quod infirmitatem carnis fortiter ferat» (*Summa theologiae* II-II qu 123 art 1 ad primum).

dignité[24]. Ce même effet est souligné par Montaigne lorsqu'il décrit Laurent de Médicis se jetant par terre :

> Et de mesmes quelques années auparavant, Laurens de Médicis, Duc d'Urbin, pere de la Royne, mere du Roy, assiegeant Mondolphe, place d'Italie, aux terres qu'on nomme du Vicariat, voyant mettre le feu à une piece qui le regardoit, bien luy servit de faire la cane. Car autrement le coup, qui ne luy rasa que le dessus de la teste, luy donnoit sans doute dans l'estomach. (*ibid.*)

Ce passage étonnant situe le personnage dans le temps et dans l'espace : avant l'invasion de la Provence par Charles Quint[25], lors d'un siège, situation idéale pour tout soldat désirant s'illustrer. Montaigne fait suivre le nom de Laurent de Médicis par son titre et ses descendants glorieux, ce qui accumule, autour du sujet de l'exemple, la *dignitas* requise. Une description des circonstances précises (la perception du canon des adversaires) s'ensuit, et ce n'est qu'à la fin de la phrase que l'on retrouve l'action, retardée par ce défilé d'attributs glorieux et de précisions historiques. Ce personnage digne, qui intervient dans le déroulement de l'histoire, dont les actions pèsent lourd sur l'avenir de la France, c'est lui qui... fait la cane. Laurent de Médicis voit sa dignité ravalée, à l'imitation du plongeon d'un canard, animal certes peu apte à signifier la gloire[26]. La phrase « plonge » elle-même comme un canard : si, en 1580, Montaigne fait suivre le mot « cane » d'une virgule, il choisit, dans l'exemplaire de Bordeaux, de remplacer cette virgule par un point, mettant ainsi l'accent sur l'animal[27]. Cette modification donne également à la phrase une fin abrupte qui mime à la fois l'aspect

---

[24] Le *Polyanthea*, dans la partie consacrée à la *fortitudo*, cite Cicéron : « Magna laus & admirabilis videri solet tulisse sapienter casus adversos, non fractum esse fortuna, retinuisse in rebus asperis dignitatem » (*De oratore* [2.85.346-347], p. 367).

[25] Signalons en passant que cet épisode a lieu tout de même plus que « quelques années » avant l'invasion de la Provence par Charles Quint puisque Laurent de Médicis meurt en 1519.

[26] Chez Guichardin le récit est beaucoup plus sobre ; « faire la cane » est un ajout de Montaigne : «[Lorenzo] vidde dar fuoco à un archibuso, il colpo delquale per schifare gittandosi in terra bocconi, inanzi che arrivasse à terra, il colpo, che altrimenti gli harebbe dato nel corpo, gli percosse nella sommità del capo, toccando l'osso, et riuscendo lungo la contenna verso la nuca. Ferito Lorenzo i Capitani... cominciarono à far una mina », etc. (Francesco Guicciardini, *La Historia d'Italia*, nouv. éd. Venise, Nicolò Bevilacqua, 1565, livre 13, p. 364). Les connotations de la cane ou du canard ne sont guère héroïques : *faire la cane, boire comme une cane, caneter, baisser la teste comme un canard...*

[27] Dans l'édition de 1595 Marie de Gournay y met deux points, ce qui signifie aussi une pause majeure. Montaigne, en retravaillant son texte dans l'exemplaire de Bordeaux, a tendance à couper ses phrases.

imprévu du boulet de canon, et la dimension inattendue du choix lexical de Montaigne. Or la même expression, par le biais d'une référence littéraire, porte un autre coup à la dignité de Laurent de Médicis: «faire la cane» rappelle chez Rabelais la discussion de l'exemption de l'obligation militaire que l'on octroyait aux nouveaux mariés pendant leur première année de mariage. Panurge affirme que les nouveaux mariés s'épuisent aux ébats amoureux, de manière qu'ils ne valent plus rien quand ils arrivent au champ de bataille:

> Si que advent le jour de bataille, plus tost *se mettroient au plongeon comme canes*, avecques le baguaige, que avecques les combatans et vaillans champions on lieu on quel par Enyo est meu le hourd et sont les coups despartiz[28].

Pour éviter le combat, ils se laissent tomber par terre, près des bagages, au lieu d'affronter l'ennemi sur le champ de bataille. *Fortitudo declinans* des nouveaux mariés? Il s'agit plus vraisemblablement de *timiditas* occasionnée par leur épuisement physique. L'image de la plongée de la cane signifie donc non seulement la perte de la dignité mais aussi le défaut de la force. En même temps, l'image rabelaisienne est *comique*.

Montaigne ne nous dit pas si Laurent de Médicis se jetant par terre a fait rire les assistants, mais la construction de sa phrase mime ce choc du risible, cette nature inattendue du comique. Ce geste, pourtant, a sauvé la vie du Duc d'Urbin, et il constitue en même temps un exemple de force, au sens où il a sauvé aussi le bien commun; c'est ce que suggère la sagesse des florilèges: «Est autem fortitudo aggressio terribilium ubi mors imminet *propter bonum commune salvandum*» (*Polyanthea*, p. 363).

Le rire provoqué par la perte de la *dignitas* est d'ailleurs aussi involontaire que le geste de «faire la cane». Cicéron le remarque au début de sa longue discussion du risible dans le *De oratore*, tout en laissant la définition du rire lui-même à Démocrite: «ce qu'est la nature du rire, la manière dont il est provoqué, son siège, la manière dont il se produit, et éclate d'une façon si inattendue que, en dépit de tous nos efforts nous ne pouvons le retenir, la manière dont il prend possession à la fois de nos poumons, de notre voix, de notre pouls, de notre visage et de nos yeux: tout cela je le laisse à Démocrite»[29]. Le rire de l'assistance, et du lecteur

---

28 *Le tiers livre*, éd. Jean Céard (Paris: Librairie générale française, 1995), «Livre de poche classique», 711, Chap. 6, p. 79 (je souligne).

29 «[Q]uid sit ipse risus, quo pacto concitetur, ubi sit, quomodo exsistat, atque ita *repente erumpat*, ut eum cupientes tenere nequeamus, et quomodo simul latera, os, venas, vultum, oculos occupet, viderit Democritus...» (2.58.235, je souligne).

de Montaigne, est donc «sans discours» autant que le geste de se protéger ou de se jeter par terre. Il est fondamentalement a-moral, au sens où
la *ratio recta* n'y intervient pas. Et pourtant, le rire et le mouvement
physique dans ce jeu de la constance sont entièrement *humains*, comme
l'est notre peur de la mort, une peur qui s'explique par le fait que la mort
est la seule parmi les maux à nous priver de la condition humaine.
Comme le dit un contemporain de Montaigne, Alessandro Piccolomini :

> Diremo, che ella [la fortezza] sia intorno al timor di quella cosa, che di
> tutte l'altre horribilissima si possa dire ; laquale senza alcun dubbio
> altra esser non puo, che la morte, ultima & suprema di tutte le cose ter-
> ribili. Per laqual cosa, togliendosi per la morte all'huomo l'esser
> huomo ; non è maraviglia, se di grandissimo terror sia ripiena, poscia
> che per quella se ben ad altra miglior vita passiamo, nondimeno mentre
> che huomini siamo, piu sensatamente questa vita tra noi conosciamo,
> che quella che s'aspetta altrove[30].

L'humanité se retrouve donc dans ce lien entre le rire involontaire, le
geste involontaire, et la peur de la mort. C'est ce qui nous permet de
revenir à Rabelais et à la peur excessive que montre Panurge dans les
périls de la tempête. Car il est évident que la représentation littéraire de
la tempête tire son intérêt, sa raison d'être au cœur du livre, du personnage de Panurge, de sa logorrhée comique, de sa position recroquevillée
au milieu des compagnons qui s'affairent. Panurge est une figure risible,
par sa réaction «messéante», pour reprendre le terme de Montaigne, et
par son incapacité à assumer les gestes de la *fortitudo*. Cette incapacité
repose théoriquement sur une croyance à la prédestination («Estoit ce
icy que de perir nous estoit praedestiné?» chap. 19, p. 309), mais résulte
plus vraisemblablement de son désarroi ; c'est donc une réaction qui
s'est faite *sans discours*. Dans ce désarroi paralysant, Panurge garde toutefois ce qu'il y a de plus humain, la parole, *sermo*, et il provoque chez
le lecteur le rire, réaction éminemment humaine et *sans discours*: *homo
risibilis est...*[31] Panurge et Laurent de Médicis représenteraient-ils tous
les deux le degré zéro de l'humain ?

---

[30] «Nous dirons que la force concerne la peur de la chose qui se peut dire la plus
terrifiante de toutes ; laquelle ne peut sans aucun doute être autre que la mort,
l'ultime et la plus grande de toutes les choses à craindre. Par cela que la mort
enlève à l'homme l'être homme ; il n'est donc pas étonnant qu'elle soit pleine
de la plus grande terreur, vu que, malgré le fait que nous passons par elle à une
autre vie meilleure, néanmoins pendant que nous sommes hommes, nous
connaissons plus directement cette vie entre nous, que celle qui nous attend
ailleurs» (Alessandro Piccolomini, *Della institutione morale... libri XII*, Venise,
Giordano Ziletti, 1560, p. 236).

[31] Nous touchons ici à une pensée de l'humain qui semble contredire cette *persona communis* cicéronienne qui consiste en l'usage de la raison. Le rire doit

Le rapport curieux qu'entretient la *fortitudo* avec le comique n'est pas non plus absent du *Laches*, la source platonicienne qui alimente les florilèges et l'essai de Montaigne. Au début, ce dialogue concerne l'art de la guerre, ou plutôt des armes, *armorum tractandorum peritia*, ainsi qu'un maître nommé Stesileos, une sorte de matamore avant la lettre[32], qui faisait souvent des démonstrations de son art et avait la fâcheuse habitude de se vanter. Laches raconte comment Stesileos avait fait, un jour, une démonstration bien contre son gré (*ouk hekonta*)[33]. Ayant attaché une faux au bout de sa lance, au cours d'un combat naval, il tenait sa lance qui s'était plantée dans le bateau adverse. N'arrivant pas à la dégager, il dut courir sur son propre bateau lorsque les deux bateaux s'éloignèrent l'un de l'autre; quelqu'un lui jeta une pierre sur les pieds et il fut finalement obligé de lâcher sa lance qui resta attachée à l'autre bateau. Tout ceci causa de gros rires:

> Il y eut d'abord sur le transport force rires et applaudissements à la vue de son attitude; à la fin, une pierre qu'on lui lança étant tombée sur le pont juste à ses pieds, il dut lâcher sa lance: alors l'équipage même de sa trière ne put se contenir davantage et rit aux éclats en voyant la lance pendre avec sa faux aux flancs de l'autre navire. (Trad. Alfred Croiset, Paris, Belles Lettres, 1921)[34]

Le rire et les applaudissements des assistants sont provoqués par l'*habitus* de Stesileos, en l'occurrence son comportement physique, peu approprié au personnage *armorum peritus* qu'il s'était construit. Tout comme sa «démonstration», les rires sont involontaires: même les

---

être contrôlé, soumis au *decorum*... Sur le statut ambivalent du rire à la Renaissance, voir Daniel Ménager, *La Renaissance et le rire* (Paris: Presses universitaires de France, 1995).

[32] Faut-il rappeler qu'Aristote, et les florilèges à sa suite, excluent de la *fortitudo* ceux qui sont très expérimentés dans l'art de la guerre? Le *Polyanthea* désigne comme une des espèces de la *fortitudo assimulata & non vera* celle qui est *propter experientiam* (p. 362). Les soldats professionnels pèsent leurs chances de réussite et lorsqu'elles sont mauvaises, ils s'enfuient.

[33] «Etenim hunc Stesileus, quem vos mecum in hac tanta corona se ostentantem spectatis, & magnifica de se profitentem, alibi ego conspexi melius reuera rem gerentem, *quum tamen id minime affectaret*» (in *Platonis opera quae extant omnia. Ex nova Ioannis Serrani interpretatione... Henrici Stephani de quorundam locorum interpretatione iudicium, & multorum contextus Graeci emendatio*, s.l., Henri Estienne, 1578, Vol. 1, 183 D).

[34] «Risus itaque & applausus ab iis qui oneraria iaculabantur, excitatus est, propter huiusmodi Stesilei habitum, & quum proiecto lapide ad pedes ipsius in tabulatum, hastam dimitteret, tunc etiam ii qui in triremi erant, non poterant risum continere, quum falcatam illam hastam ex oneraria sublimem animadverterent» (éd. Henri Estienne,184A).

troupes sur la trirème *non poterant risum continere*. Le guerrier étendu, tenant le bout de sa lance, obligé de courir sur son propre bateau pour la détacher, la lance-faux suspendue dans la coque du navire opposé, tous ces gestes et images contredisent la *firmitas* physique mais en même temps la *constantia mentis* requises par la *fortitudo*. Du même coup, Stesileos redevient en quelque sorte humain, ayant perdu l'apanage de sa supériorité, cette lance-faux terrible.

Si la figure de Stesileos, dans le dialogue de Platon, est proche de celle du fanfaron dans la comédie, et en ce sens ne semble avoir aucun rapport avec le Laurent de Médicis de Guichardin et de Montaigne, ni avec le Panurge de la tempête du *Quart livre*, il est néanmoins vrai que la représentation littéraire de la *fortitudo* fait ressortir ce supplément que constitue le rire, supplément qui accompagne la force par contraste, ou qui, chez Montaigne ne s'en distingue même plus. «Se couvrir», se mettre à l'abri, peut sembler ridicule, mais dans ce jeu de la constance et de la force, le rire est aussi humain que la peur de la mort, et le geste risible peut même finir par sauver la vie. Et, après tout, la *fortitudo* demeure la vertu la plus manifestement attachée au geste *corporel*, et le corps est le lieu de l'involontaire qui gêne, mais qui apporte parfois le salut.

La distance est plutôt grande, toutefois, entre la muletière courageuse et le rire involontaire. Nous mesurons ici, me semble-t-il, la différence entre une éthique encore largement «conventionnelle» chez la Reine de Navarre (mais Oisille n'est-elle pas la plus âgée des devisants?) et l'exploitation de courants obscurs qui traversent la dimension physique des vertus, chez Rabelais et surtout Montaigne. Sans doute s'agit-il aussi de l'appréhension sourde d'un changement radical dans le statut du geste humain individuel, dont la *fortitudo* incarnait la grandeur.

UNE CRISE DE L'EXEMPLARITÉ?

Entre le récit d'Oisille et les textes de Rabelais et Montaigne, un autre changement concerne non pas la vertu même de la force, mais la représentation de son efficacité comme exemple. Chez Marguerite de Navarre, l'histoire de la muletière provoque une transformation du comportement chez les «folles et legieres» du village et chez les devisantes: «chascune pensa en elle-mesme que, si la fortune leur advenoit pareille, mectroient peine de l'ensuivre en son martire» (p. 21). Cette transformation est le résultat *réfléchi*, rationnel, de l'exemple, à deux niveaux: chez les femmes au village qui sont témoins de la mort de la martyre, et chez les devisantes qui écoutent l'histoire. L'exemple ne semble pas avoir perdu de sa force en passant de la scène réelle à la représentation dans le récit. Et c'est le cas parce que l'effet propédeutique de la mort de la muletière, que ce soit par témoignage ou par lecture/audition, engage essentiellement la faculté *rationnelle*. Les «folles» deviennent *moins folles*, c'est-à-dire plus réfléchies, et les devisantes *pensent* qu'elles suivraient l'exemple de la muletière si elles se trouvaient dans la même situation. L'exemple émeut, mais ce qui traverse les niveaux mimétiques est aussi la rationalité: la muletière a agi selon la *ratio recta*, comme elle a essayé de persuader son adversaire par son «bon conseil» (le valet, étant *furiosus*, c'est-à-dire privé de l'usage de ses facultés mentales, ne pouvait pas le recevoir). La réaction à la vertu ou à sa représentation ne doit surtout pas se limiter à la *passio*, à la réception passive d'un mouvement émotif, mais cette réaction doit provoquer l'activité de l'âme, sans laquelle une disposition vertueuse durable s'avère impossible. Les villageoises et les devisantes *choisissent* de changer leur comportement.

C'est ainsi qu'il faut comprendre les recueils de sentences et d'exemples qui foisonnent à l'époque, et dont nous avons tracé les grandes lignes, mais auxquels il faudrait revenir plus en détail. Mettons à part les grands florilèges, ceux qui rassemblent des sentences comme le *Polyanthea*, ou des exemples comme le *Theatrum humanae vitae* de Zwinger. Les recueils en petit format, par exemple le *Tresor de vertu* de l'humaniste angevin Pierre Trédéhan, plusieurs fois réimprimé en édition bilingue française-italienne, regroupent par chapitres des sentences morales, c'est-à-dire que chaque chapitre renferme quelques phrases, attribuées ou non à des philosophes; ces phrases sont parfois suivies d'un ou de plusieurs exemples[35]. Organisé de manière systématique, le recueil *Fior de virtu*, plusieurs fois réimprimé en petit format, propose dans le chapitre «De constantia» plusieurs sentences, suivies d'un exemple, à la suite duquel on trouve une nouvelle série de sentences, suivies d'un deuxième exemple. C'est cette deuxième séquence qui nous arrêtera pour le moment; en voici d'abord les sentences:

> Tulio dice, niuna cosa e tanto bella, e degna alle persone com'e haver fermeza & vera costantia. Cato dice, sia costante secondo che richiede le cose. Santo Isidoro dice, non e da laudare colui che comincia, ma colui che finisse. Santo Gregorio dice, molti correno al palio, ma solo la perseverantia lo piglia[36].

---

[35] Dans le chapitre consacré à la «force», Trédéhan cite une suite de sentences, et donne ensuite l'exemple de l'ambassadeur romain Popilius qui, par son courage, impressionna Antiochus. Voir [Pierre Trédéhan], *Tresor de vertu...* (Lyon: Jean Temporal, 1555), chap. 37, p. 198. Je me penche plus particulièrement sur ce recueil par la suite.

[36] «Cicéron dit qu'aucune chose n'est tant belle et digne pour les personnes que d'avoir la fermeté et la vraie constance. Caton dit que la constance se mesure

Ces sentences sont alors suivies d'une histoire désignée explicitement comme «Essempio». Le roi romain Constantin établit des lois que son peuple jugea trop dures, mais qu'il croyait justes. Il leur annonça son désir d'aller consulter les Dieux pour en savoir plus, mais exigea qu'en son absence, les lois soient respectées. Le peuple lui obéit. Or, le roi ne revint jamais et à sa mort, on brûla son corps et on répandit ses cendres sur la mer. Le peuple fut donc obligé de suivre les lois mises en place par le roi, sans pouvoir en aucun cas revenir sur sa promesse, puisque même le corps du roi resterait à jamais absent. L'exemple illustre plus ou moins les sentences précédentes, car le personnage de Constantin est digne de louange par cette persévérance au profit du bien commun. Le principe, la vérité morale, est transmis sous forme d'une proposition, et une histoire illustre par la suite la vérité proposée. L'exemple doit-il être *émouvant*? Il peut l'être, mais cela n'est pas absolument nécessaire car l'exemple peut aussi bien fonctionner comme aide-mémoire et comme lien entre la vérité générale et le comportement particulier. Ce comportement n'est pas forcément celui que l'on imiterait personnellement; les exemples peuvent très bien être «inimitables», au sens où les circonstances particulières ou historiques dans lesquelles ils s'inscrivent les éloignent de la vie des lecteurs possibles au XVIe siècle. Ce qui compte, c'est que le cas particulier soit trouvé digne de louange ou de blâme («bella, e degna», «da laudare»): ce jugement est en même temps un indice essentiel de la vertu illustrée par l'exemple. «La constance est belle, je te donne un exemple de ce qu'est la constance, tu vois que cet exemple est beau, donc la constance est belle»: le va-et-vient entre sen-

---

par les exigences des choses. Saint Isidore dit que ce n'est pas celui qui commence qui est à louer, mais celui qui finit. Saint Grégoire dit que beaucoup font la course mais que seulement la persévérance la gagne»(*Fior de virtu. Historiato utilissimo a ciaschadun fidel Christiano, & con summa diligentia revisto, & corretto, Novamente ristampato*, Venise, Agustin Bindone, 1556, Ci[v]). Lodovico Guicciardini, dans ses *Detti et fatti piacevoli et gravi di diversi principi filosofi, et cortigiani raccolti... et ridotti a moralita* (Venise: Domenico Nicolini, 1565) propose un thème et le fait suivre d'un exemple. Sur la justice des princes: «De Principi essere, il fare osservar buona giustitia. Cambise severissimo Re fece scorticare, ancor che suo amicissimo, un giudice che giudicava secondo i premii; & non secondo la ragione; et fatto coprir della sua pelle la sedia giudiciale, vi faceva poi su sedere il figliuolo del defunto a giudicare. Questo medesimo Principe, sovra del proprio seggio reale, haveva a gran lettere d'oro, scritti questi versi.

Il Re con gran rigor dee osservare,
Perche non vadia mai zoppa la legge:
Che come elle s'inchina, o torce un poco,
Honestà, nè ragion non han piu loco» (f. 9[r]).

tence et exemple enseigne ce qu'est la vertu et sert en même temps à lui
donner du lustre, ce qui est une façon de la connaître. Ainsi, la propédeutique est également une herméneutique et une heuristique, par
l'acte de louange même. Cette louange est évidemment une réponse
«personnelle» à l'exemple, mais elle traduit l'émotion *et* le raisonnement, et relie la réponse individuelle à la rhétorique de la communauté,
que représente aussi le recueil de sentences vertueuses.

C'est ce que nous pouvons illustrer en revenant à l'effet produit par
l'exemple de la femme du muletier dans l'*Heptaméron*. D'une part, «les
folles et legieres, voyans l'honneur que lon faisoit à ce corps, se delibererent de changer leur vye en mieulx» (p. 21), d'autre part, les devisantes s'émeuvent, tout en réfléchissant sur leur propre comportement[37]:

> Il n'y eut dame en la compaignye, qui n'eut la larme à l'œil pour la
> compassion de la piteuse et glorieuse mort de cette mulletiere. Chas-
> cune pensoit en elle-mesme que, si la fortune leur advenoit pareille,
> mectroient peyne de l'ensuivre en son martire. Et, voiant ma dame
> Oisille que le temps se perdoit parmy les louanges de cette trespassée,
> dist à Saffredent: «Si vous ne dictes quelque chose pour faire rire la
> compaignye, je ne sçay nulle d'entre vous qui peust rabiller à la faulte
> que j'ay faicte de la faire pleurer...» (pp. 21-22)

L'effet propédeutique du corps exposé et du récit passent essentiellement par les mêmes voies: la «compassion», mais aussi, dans les deux
cas, la délibération rationnelle, et l'*éloge*. «L'honneur» que les villageois
font à la défunte persuade autant que la vue du corps. De même, chez
les devisants, «le temps se perdoit parmy les louanges de ceste trespas-
sée»: la réponse à l'exemple est à la fois un engagement personnel, par
l'émotion et la pensée «en soi-même», *et* une affirmation collective,
formulée par la rhétorique épidictique. En ce sens aussi l'émotion, les
larmes, est la réponse des *dames*, qui «compatissent», et les louanges
sont proférées par *tous* (aucun sexe n'est indiqué). Malgré l'insistance
tout évangélique sur le discours du cœur que nous trouvons chez la
Reine de Navarre, celle-ci n'oublie pas l'insertion dans les *vincula* du
bien commun que représentent l'exemple et le discours qu'il provoque.

Cette «pragmatique» de l'exemple fonctionne toujours chez Rabelais, de la façon la plus directe. Le comportement «fort» de Pantagruel,
au début et au cours de la tempête, est exemplaire, puisque ses compa-

---

[37] Voir, sur la réception féminine mi-émotionnelle mi-rationnelle de cette nouvelle, la belle étude de Cathleen Bauschatz, «'Voylà, mes dames...': Inscribed
Women Listeners and Readers in the *Heptaméron*», in *Critical Tales: New Studies of the 'Heptaméron' and Early Modern Culture*, eds. John D. Lyons, Mary
B. McKinley (Philadelphia: University of Pennsylvania Press, 1993), pp. 104-
122, et surtout pp. 108-109.

gnons, à l'exception évidemment de Panurge, s'efforcent de maîtriser le bateau soumis aux assauts des vagues. Frère Jan, exhortant et avertissant ses amis, représente le chaînon qui lie, au reste de l'équipe, son chef très occupé par les devoirs émanant de sa vertu de *pietas*. La conduite exemplaire de Pantagruel n'a bien sûr aucun effet sur Panurge qui, d'ailleurs, ne répond guère aux conseils ou exemples, que ce soit dans ce livre ou au cours des consultations du *Tiers livre*.

Chez Montaigne, la situation, apparemment, se complique. On ne peut plus désormais se fier aux effets salutaires de l'exemple, puisque *tout exemple cloche*... La critique récente n'a guère cessé de prononcer la mort de l'exemple chez Montaigne[38]. Cependant, les exemples donnés par Montaigne – les Scythes, le Marquis de Guast, Laurent de Médicis, etc. – tendent à illustrer la sentence initiale, « la loi de la constance [c'est-à-dire, *fortitudo declinans*] n'exclut pas que l'on essaie de se protéger des coups». Même si ces mouvements d'auto-protection se font «sans discours», et même s'ils provoquent le rire des lecteurs ou de l'assistance, ils ne constituent pas vraiment une violation de cette «loi». En fait, le problème ne réside pas dans le lien qui rattache l'exemple à la sentence, il est plutôt dans ce *sans discours*, qui exclut le processus d'application rationnelle dont la deuxième nouvelle de Marguerite de Navarre constitue la démonstration. Peut-on vraiment «penser» à ce qu'on ferait dans une situation pareille, puisque ces mouvements sont pour la plus grande part involontaires, et que leurs conséquences sont imprévisibles? Tout au plus peut-on modérer la perturbation que provoquent ces incidents, comme semble l'affirmer Montaigne en conclusion de son essai (qui, toutefois, hésite à passer au-delà de la répétition de la position péripatéticienne): «Le sage Peripateticien ne s'exempte pas des perturbations, mais il les modere».

L'exemple véhicule donc une sorte de réalité brute du particulier humain; logiquement il peut continuer à illustrer une sentence, dans la mesure où il ajoute à l'effet probant de celle-ci, mais il se refuse, tantôt par son contenu, tantôt par sa juxtaposition à des exemples contraires,

[38] Voir John D. Lyons: «Montaigne is much more concerned with example's power to interest us, even to fascinate and astonish us, than in a purely ethical or even demonstrative value» (*Exemplum: The Rhetoric of Example in Early Modern France and Italy*, Princeton, Princeton University Press, 1989, p. 119). S'il est vrai que Montaigne s'attache aux exemples les plus contradictoires ou étonnants, il faut rappeler que dans la rhétorique de la vertu la valeur esthétique de l'exemple, sa splendeur, confirme largement sa valeur éthique (et vice-versa). Timothy Hampton voit chez Montaigne une subversion de l'exemplarité humaniste, qui va de pair avec une écriture du moi qui, cependant, ne peut se passer de l'histoire (*Writing from History: The Rhetoric of Exemplarity in Renaissance Literature*, Ithaca, Cornell University Press, 1990, pp. 134-197).

à inspirer une imitation précise comme le fait le récit de la résistance de la chaste muletière. L'exemple *meut*, mais dans quel sens? Est-il devenu pour cette raison moralement *inutile*?

L'embarrassant, c'est que la littérature morale, contrairement à ce qu'on peut croire, est elle aussi très complexe. Si la somme de philosophie morale que constitue le *Theatrum humanae vitae* de Theodor Zwinger s'efforce de présenter les connaissances morales d'une manière systématique, rangeant dans chaque catégorie des exemples de même type et empêchant ainsi la juxtaposition d'exemples incompatibles, la vaste littérature de sentences et d'exemples, ne partage guère les mêmes scrupules[39]. A ce propos nous pouvons revenir à ce manuel de sentences morales assez répandu au XVIᵉ siècle, le *Tresor de vertu* de Pierre Trédéhan[40]. Le petit volume (in-16°) comporte d'abord une section consacrée à des sentences d'Isocrate, et est divisé ensuite en 46 chapitres, auxquels s'ajoutent dans certaines éditions «plusieurs autres belles sentences». La traduction italienne imprimée en face de la version française a le mérite d'indiquer fréquemment les auteurs des sentences choisies par Trédéhan qui, lui, s'en dispense dans la plupart des cas. Le traducteur italien Bartolomeo Marraffi aussi bien que Jean Temporal, qui se présente comme l'auteur du *Tresor*, insistent sur la valeur morale du recueil:

> [Questo libro] non contiene arte di giuochi, non vane poesie, non battaglie tra gente, & gente, non altre simil cose curiose, & senza frutto: ma commendevoli, aurei, santi, & gloriosi documenti à'l prudente, & honesto vivere utilissimi. (p. 4)

---

[39] Cela s'explique sans doute par le fait que la philosophie morale, se transmettant sous la forme de «lieux communs», absorbe la disparité de la topique. Voir Francis Goyet, *Le sublime du «lieu commun»: l'invention rhétorique dans l'Antiquité et à la Renaissance* (Paris: Champion, 1996), p. 22: «L'abondance et le sérieux des références ne doivent pas masquer leur étonnante disparité. Curtius a affronté pour le Moyen Age le problème que j'ai retrouvé pour le XVIe siècle: la tradition topique n'est pas unifiée. On peut donc y trouver ce que l'on veut».

[40] L'attribution de ce texte à Trédéhan ne paraît fondée que sur un poème en acrostiche que nous trouvons à la fin de l'édition de 1576. Le recueil fut attribué à Gilles Corrozet, puisqu'il apparaît dans ses *Divers propos* publiés en 1560 (et republiés au cours de la deuxième moitié du siècle), et à Jean Temporal, qui s'en proclame l'auteur dans l'édition de 1555. Dans un survol rapide, j'ai repéré des éditions françaises du *Tresor* en 1553, 1555, 1560, 1576, 1581, et 1583, et une édition florentine en 1592. J'utilise [Pierre Trédéhan], *Tresor de vertu, ou sont contenues toutes les plus nobles, & excellentes Sentences, & enseignements de tous les premiers Auteurs, Hebreux, Grecz, & Latins, pour induire un chacun à bien & honnestement vivre...* (Lyon: Jean Temporal, imprimé par Jacques Faure, 1555).

> Or puis que de tous les principaux livres sont ici dedans recueillies les plus belles sentences, comme tresdignes pierres precieuses, de tous les bons & saints enseignemens, à ceste raison & à bon droit nous a semblé bon le nommer, le tresor de vertu: puis que toutes ces spirituelles instructions tendent ou à acquerir la vertu, ou à la conserver. (p. 7)

La plupart des chapitres de la partie centrale contiennent des sentences incontestablement morales, regroupées sous un titre commun, par exemple « De la puissance de Dieu » ou « D'amour ». D'autres chapitres, cependant, présentent une variété étonnante de sentences et d'exemples. C'est le cas, semble-t-il, du chapitre XXIIII, « Des Loix, & Coustumes » qui regroupe dix-neuf « sentences » telles que:

> « 11. Dieu est la loy à l'homme sage, & au fol c'est son appetit ». (p. 156)

Cette sentence platonicienne toute conventionnelle permet une « application » à la conduite morale: comme l'homme sage est soumis à Dieu et le fou à ses propres désirs, afin d'acquérir la sagesse, il faudrait donc freiner le désir (c'est-à-dire pratiquer la tempérance).

A côté de cette sentence entièrement attendue, le lecteur trouve d'autres qui, quelquefois, s'opposent les unes aux autres. Dans le même chapitre une sentence de Pindare, « 10. La loy est la royne des mortelz, & immortelz » (*ibid.*), semble contredire un apophtegme de Solon:

> « 19. Solon disoit que les loix estoient semblables aux toiles des Araignes, pource qu'en icelles loix les pouvres & debiles personnes sont prinses, mais les riches & puissans les rompent ». (p. 158)

Pour concilier ces deux sentences, nous pourrions distinguer la loi juste de celle qui ne l'est pas, ou distinguer la loi comme incarnation de la justice et les lois humaines. Mais Trédéhan ne les concilie pas; c'est apparemment au lecteur d'exercer son choix prudent.

Le chapitre contient aussi des « sentences » qui se rapprochent plutôt des exemples, et qu'il est encore plus difficile d'intégrer dans un tout cohérent:

> « 1. Les peuples de Tartarie, mangent par trois iours continuelz, & en toutes choses obeissent à leurs femmes, & n'y a aucune fille mariée, si premierement elle n'a occis de sa propre main, un de leurs ennemis ». (p. 152)

Les six premières « sentences » du chapitres sur les lois et les coutumes sont en effet des exemples d'usages étranges, provenant du *De moribus gentium* de Nicolas Damascène[41]. Mais elles ne semblent per-

---

[41] « Sauromatae (vel Sarmatae) tribus diebus cibo se ita ingurgitant, ut repleantur. Uxoribus in omnibus obtemperant tamquam dominabus. Virgini non prius nuptias concedunt, quam hostem aliquem interfecerit » (*Nicolai Damasceni de*

mettre aucune application à la conduite morale, démontrant tout au
plus la variété des coutumes (que Montaigne utilisera dans sa célèbre
énumération d'usages étranges dans «De la coutume»), ainsi que la
force de la coutume, que Trédéhan constate en citant une sentence
d'Aristote: « 8. Les Loix qui naissent des coustumes sont plus fortes que
celles qui viennent des lettres» (p. 154).

Ces exemples ne sont pas reliés à une vérité générale; ils ne démontrent explicitement aucun argument et ne prouvent apparemment rien.
Pourtant ils transmettent quelque chose: le particulier humain, un
particulier qui contient une sorte d'appel à la prudence. Ces exemples
côtoient des sentences d'une transparence rationnelle sans faille; la
juxtaposition entre le cas particulier et la sentence suggère au moins que
toute conduite particulière peut être pesée moralement, rationnelle-
ment, mais c'est au lecteur de le faire[42]. Plus on aura l'expérience du
particulier, plus on sera prudent, plus on pourra poursuivre «il
prudente, & honesto vivere». L'intégration de l'exemple dans une
vérité qui le transcenderait n'est pas nécessaire; il y a une sorte de jouissance du particulier se heurtant à un autre particulier, qui contredit et
qui infléchit une réflexion trop rigide.

Par ailleurs, les sentences rassemblées dans le recueil de Trédéhan
constituent sans doute un trésor rhétorique, c'est-à-dire une compilation à l'intention du magistrat qui, préparant son discours «d'apparat»,
y puisera des joyaux afin de rendre son *laius* plus agréable et érudit.
Cela explique peut-être une certaine incohérence, et même des contra-
dictions entre les différentes sentences; par exemple, dans le *Tresor de
vertu*, un chapitre est consacré à la louange des richesses, le suivant à
leur blâme. Les sentences seront choisies selon les circonstances, car
l'occasion et la *quaestio* exigent un matériau parfois fort différent. Toutefois, en un sens le problème reste le même, le discours étant perçu
comme une sorte de conduite morale. Dans le glissement qui s'effectue
à l'intérieur de ces recueils, d'un livre de conduite à un livre de lieux
communs à l'usage du rhéteur, doit-on reconnaître le passage de la
morale au cynisme de l'avocat prêt à défendre n'importe quelle cause?
La même prudence qui permet de naviguer dans la variété du particulier permet aussi d'adapter le matériau thématique à une question, et

---

*moribus graecorum aliarumque gentium cum interpretatione latina Nicolai Cra-
gii*, éd. Nicolaus Kriegk, Nordhusa, Chr. Coelerus, 1723, p. 15).

[42] Je rejoins ici les analyses de Victoria Kahn, sur la lecture comme un exercice
de la prudence; voir *Rhetoric, Prudence and Skepticism in the Renaissance*
(Ithaca, NY: Cornell University Press, 1985).

c'est le même va-et-vient entre le particulier et le général qui construit une conduite autant qu'un discours[43].

La philosophie morale à la Renaissance, dans cette version très abrégée et fragmentaire qu'est le recueil de sentences et d'exemples, ne prétend donc pas à l'univocité, à la simple transmission d'une vérité par l'autorité et l'exemple probants. Pourtant, la valeur de l'exemple ne semble pas mise en doute: le particulier reste essentiel à toute pragmatique, qu'elle soit directe ou qu'elle passe par le biais de la rhétorique. C'est en ce sens que le vertige de l'exemple chez Montaigne et les désaccords que nous observons chez les devisants de l'*Heptaméron* ne se détachent pas radicalement de l'usage de l'exemple dans cette littérature morale si hétéroclite de l'époque.

Chez Montaigne, toutefois, le geste individuel devient moins orienté par une vertu codifiée ou repérable; l'exemplarité morale fait parfois place à une jouissance que, dans un contexte ultérieur, on qualifierait d'esthétique, même si elle reste attachée à ce qui est ressenti comme profondément humain et naturel. Que reste-t-il de la force lorsque la poudre à canon anéantit tout calcul, toute rationalité dans le comportement du guerrier? Il reste sans doute l'Etat, c'est-à-dire le passage de la vertu individuelle aux statistiques, à la logistique, à la moyenne des survivants que les stratèges tentent de réduire ou d'augmenter selon qu'elle se compose des forces ennemies ou alliées.

---

[43] Dans l'exemplaire que j'ai consulté à la Herzog August Bibliothek à Wolfenbüttel (153.1 Ethica) de François Le Tort, *Sententiarum opus absolutissimum...* (Paris: Jean Poupy, 1580), on trouve les phrases suivantes écrites à la main sur une page blanche liminaire, reliée avec les pages imprimées: «Ad quid conducant sententiae: I. *Vitam & mores ornant ac excolunt.* II. Ad persuadendum mentes hominum conducunt. III. *Decus et gratiam orationi addunt.* IV. Argumentum quoque suppeditant cogitandi et dicendi, de quacunque et materia orationem quis instituat» (je souligne). Il s'agit sans doute de la main de Johannis Maior d'Augsbourg, le premier propriétaire du livre (je remercie Ulrich Kopp de ce renseignement). Les sentences ornent la vie comme elles ornent le discours...

LA JUSTICE, L'ÉCHANGE, ET LA NOUVELLE

Dans les gestes pleins d'éclat par lesquels elle se manifeste, la vertu de la force attire surtout l'attention sur ses représentations et concerne donc principalement le niveau mimétique de l'œuvre littéraire. Une autre vertu, la justice, nous permettra d'aborder avec plus de subtilité l'épaisseur du tissu narratif. La justice elle non plus ne se prive pas de gestes dramatiques, mais ceux-ci ne constituent qu'une partie de son travail dans le monde possible qu'est la littérature. Et, de ce point de vue, c'est surtout dans le genre de la nouvelle que la justice trouve une alliée, par la précision même avec laquelle cette vertu envisage les rapports humains. Il nous faut ainsi bien la définir.

DÉFINITION DE LA JUSTICE

Qu'est-ce que la justice? Ou, plutôt, comment la Renaissance la définit-elle? Excluons pour le moment la *représentation* de la justice: mythes, allégories, prosopopées... Il ne sera donc pas question de revenir sur les différents avatars du mythe de l'Age d'Or, bien que ces représentations apportent parfois des nuances au concept même de la justice, et qu'elles expriment la pulsion utopique ou nostalgique d'une culture imaginant une justice naturelle, au-delà du juridique. Nous laisserons aussi de côté la notion du jugement et sa représentation, surtout dans sa portée biblique, c'est-à-dire comme expression de la justice divine. Il est également nécessaire d'établir une distinction entre le concept de la justice et la loi. La représentation de la loi, des hommes de loi et de la tradition légale, se distingue du concept même de la justice, comme toute loi particulière peut se détacher théoriquement du concept de justice. La loi est censée exprimer la justice; en fait, une définition importante de la justice se trouve dans cet énoncé apparemment banal: «est juste tout ce qui est selon la loi». Mais le piquant, pour le monde littéraire, c'est lorsque justice et loi ne sont pas identiques. La justice précède la loi, elle la fonde et la corrige.

Une fois ces exclusions et distinctions faites, il importe de repérer les sources, les définitions les plus communes. Les textes classiques ne sont guère nombreux: on peut se limiter à Aristote (l'*Ethique à Nicomaque*, 5ᵉ livre), à Cicéron (*De officiis*, 1ᵉʳ livre, sections 20-41, et le résumé

pertinent de la justice dans son *De inventione*, 2ᵉ livre, sections 160-161),
et à la toute première phrase des *Institutiones* commandées par Justinien
(I.1.1). L'essentiel y est dit, même si à la Renaissance certains auteurs
chrétiens peuvent s'ajouter à la panoplie des définitions lapidaires.
Dans la littérature morale nous pouvons nous limiter à quatre sources
assez évidentes: la synthèse de l'*Ethique à Nicomaque* réalisée par
Jacques Lefèvre d'Etaples et commentée par son disciple Josse Clichtove (*Moralis... in Ethicen introductio*, Paris, Simon de Colines, 1535),
une des nombreuses éditions des *Flores celebriorum sententiarum graecarum ac latinarum...* par Bartholomaeus Amantius (Dilingen: Sebaldus
Mayer, 1556), une édition augmentée du *Theatrum humanae vitae* de
Theodor Zwinger, compilée par Laurent Beyerlinck (*Magnum theatrum vitae humanae: hoc est, rerum divinarum, humanarumque syn-
tagma catholicum, philosophicum, historicum, et dogmaticum*, Loudun,
Jean-Antoine Huguetan et Marc-Antoine Ravaud, 1656), et l'*Academie
françoise* de Pierre de La Primaudaye (Paris: Guillaume Chaudière,
1581). Les lignes essentielles sont les mêmes:

a. Tout en étant simplement une des vertus «cardinales»(Prudence
ou Sagesse, Force, Justice, Tempérance), c'est-à-dire, une des quatre
sources de la bonté morale, *honestum*[1], la justice englobe toutes les
autres vertus[2], possède la plus grande «splendeur»[3], et assure le bon
fonctionnement de la société humaine[4]. La justice, somme toute, est la

---

[1]   Voir le *De officiis*, 1.4.15. Dans le *De inventione* Cicéron divise la justice en
deux aspects: elle procède d'abord de la loi naturelle mais il s'y ajoute la loi
coutumière. La justice dans son aspect «naturel» comprend *religio, pietas, gratia, vindicatio, observantia, veritas* (religion, piété ou pieuse affection, grati-
tude, vengeance, déférence et franchise) (2.53.160-161). Le florilège d'Amantius ajoute à ces vertus de la *iustitia naturalis: charitas* et *fides* (p. 218), termes
eux-mêmes utilisés par Cicéron dans d'autres de ses œuvre (*caritas*, au sens de
l'affection des hommes, dans le *De oratore* 2.58.237 et le *De amicitia* 6.20; *fides*
dans le *De officiis* 1.7.23). La *iustitia consuetudinaria*, ou *consuetudine ius*, est ce
qui procède de la nature et est renforcé par la coutume, en d'autres mots, les
principes que les usages de la communauté ont établis, comme la convention,
l'égal ou l'équitable, et les décisions (*pactum, par, iudicatum*) (2.54.162).

[2]   Voir l'*Ethique à Nicomaque*, 5.15 (1129b26-35).

[3]   *De officiis* 1.7.20: «splendor maximus.»

[4]   Voir le *De officiis*, 1.7.20: «ea ratio, qua societas hominum inter ipsos et vitae
quasi communitas continetur» (cette *ratio* comprend la justice et la *beneficen-
tia*, donner un bien ou faire du bien). Voir aussi Amantius, *Flores*, p. 220: «Ius-
ticia omnium virtutum princeps, tuta & fida comes humanae vitae: Ea enim
imperia, regna, populi, civitates reguntur: quae si è medio tollatur, nec
constare posset hominum societas»; et Beyerlinck, citant Macrobe, *Magnum
theatrum*, vol. 4, p. 486: «De iustitia veniunt, innocentia, amicitia, concordia,

vertu *sans laquelle rien n'est digne de louange*[5]. Elle est aussi la vertu indispensable au bon prince[6].

    b. Les compilateurs de la Renaissance répètent la définition « juridique » de la justice que donne la première phrase des *Institutiones* de Justinien : « Iustitia est constans et perpetua voluntas ius suum cuique tribuens » (« La justice est la volonté constante et perpétuelle d'attribuer à chacun son propre droit », I.1.1). Une phrase du *De inventione* de Cicéron constitue sans doute une source importante de cette définition de Justinien. L'importance de la terminologie cicéronienne se mesure par le fait que les mots et les phrases du rhéteur se sont insinués dans les traductions et commentaires de l'*Ethique à Nicomaque* : « Iustitia est habitus animi communi utilitate conservata suam cuique tribuens dignitatem » (« La justice est une disposition de l'âme qui donne à chacun son mérite [dignitas][7], ayant préservé l'avantage commun », 2.53.160). Nous trouvons ainsi chez Cicéron une différence fondamentale par rapport à l'insistance moderne sur la priorité absolue du droit de l'individu : la préservation du bien commun précède toute reconnaissance et récompense du mérite individuel. Le bien commun exerce une contrainte sur le mérite mais il en est aussi la conséquence : la récompense du mérite et la punition du vice fondent la vie en société. Les termes *habitus* et *dignitas* reviennent souvent dans la philosophie morale de la Renaissance ; considérés dans le cadre du récit littéraire, ils permettent de comprendre la constitution d'un *personnage*.

---

    pietas, religio, affectus, humanitas : his virtutibus vir bonus primum sui, atque deinde Reipublicae rector efficitur ».

[5]   Voir La Primaudaye, *Academie*, 1.10.37, f. 118ʳ : « [La justice] est le fondement d'une perpetuelle gloire & renommee, sans laquelle rien ne peult estre de louable ».

[6]   Voir Quentin Skinner, « Political Philosophy », in *The Cambridge History of Renaissance Philosophy*, éds. Charles B. Schmitt, Quentin Skinner, Eckhard Kessler (Cambridge : Cambridge University Press, 1988), pp. 389-452, et surtout 415-416 et 425-426. La justice du prince s'associe immédiatement avec les vertus de *benevolentia*, *liberalitas*, et *clementia*.

[7]   Le terme *dignitas* désigne à la fois le mérite de la personne et l'office ou la charge qui constituent ce mérite et obligent le respect de la communauté. Ce n'est donc pas une qualité « personnelle », mais elle se trouve à mi-chemin entre l'individu et la société : elle est le bon fonctionnement de l'être humain par rapport à la communauté. Voir Cicéron, *De inventione*, 2.54.166 : « dignitas est alicuius honesta et cultu et honore et verecundia digna auctoritas » (« *Dignitas* est l'importance honorable de quelqu'un, méritant respect, honneur, et révérence »).

A la suite de la définition de la justice, les *Institutiones* énumèrent les préceptes fondamentaux de la loi: «honeste vivere, alterum non laedere, suum cuique tribuere» («vivre honnêtement, ne nuire à personne, donner à chacun le sien», I.1.3). Le précepte qui nous enjoint de ne pas nuire aux autres viendrait, selon Amantius dans sa compilation, de la *République* de Platon (1.335e). Ces préceptes rappellent Cicéron qui, toutefois, distingue l'usage de biens communs de celui de biens privés: «Le premier devoir de la justice est d'empêcher qu'un homme nuise à l'autre, à moins d'être provoqué par un tort; et le devoir suivant est d'assurer que l'homme utilise les biens communs pour des intérêts communs, et les biens privés pour les siens propres»[8].

c. Dans la discussion de la justice qui constitue l'essentiel du 5e livre de l'*Ethique à Nicomaque*, Aristote constate deux manières dont on parle de la justice: elle est conçue d'une part simplement comme ce qui est selon la loi, ou selon les lois établies par une communauté politique afin de promouvoir le bonheur individuel et le bien commun. D'autre part, la justice peut être vue comme une sorte d'égalité, comme le sentiment que les échanges et les rapports entre les membres d'une communauté politique sont équitables. Le Péripatéticien établit ainsi une différence entre ce qui est légal (*to nomimon*) et ce qui est égal ou équitable (*to ison*). A la Renaissance, on retrouve les termes latins *iustitia legitima* et *aequitas*, ou *iustitia legalis* et *iustitia particularis*[9]. La justice, au sens de ce qui est selon la loi, est considérée comme la justice «totale», tandis que l'égalité des rapports entre individus est nommée justice «particulière»[10]. Le récit littéraire, envisagé à travers les catégories morales de la culture ambiante, met surtout en scène la justice particulière, c'est-à-dire l'égalité ou l'équité, dans les rapports qu'entretiennent les personnages. La justice totale ou légale concerne

---

[8] «Sed iustitiae primum munus est, ut ne cui quis noceat nisi lacessitus iniuria, deinde ut communibus pro communibus utatur, privatis ut suis» (*De officiis*, 1.7.20).

[9] Voir Lefèvre d'Etaples, *Introductio*, f. 25ᵛ: «Iustitiarum haec legitima est, qua quis leges condit, conditas discernit, condita autem & decreta exequi curat, & qua eius studium in beatam vitam & commune bonum dirigit: & haec iustitia tota dicitur. Haec vero aequitas, qua quis neque plus neque minus aut accipit, aut tribuit: sed ut unusquisque dignus sit, ac mereatur: & haec iustitia quae pars est nominatur».

[10] Ce sont les termes choisis par J. Tricot dans sa traduction éclairante de l'*Ethique à Nicomaque* (Paris: Vrin, 4e éd. 1979). Philippe Le Plessis, dans sa traduction des cinq premiers livres de l'*Ethique*, utilisera aussi le terme *justice particuliere* (*Les Ethiques d'Aristote Stagirite a son filz Nicomache...*, Paris, Michel de Vascosan, 1553, f. 76ᵛ).

évidemment la représentation explicite de la loi ou des officiers de la loi : elle intervient en surface, comme thème ou épiphénomène dans le récit où l'intrigue de base précède l'application de la loi et en quelque sorte le sentiment de justice accomplie ne dépend pas de cette application.

   d. La justice particulière, l'égalité ou l'équité[11], est divisée, suivant Aristote, en deux branches : la justice distributive (la distribution des honneurs, richesses et autres biens aux membres de la communauté conformément à leur mérite) et la justice corrective ou commutative (l'assurance de l'égalité dans les échanges de biens – ou de maux – entre les membres d'une communauté)[12]. Les auteurs confondent parfois la justice particulière avec la justice au sens général du terme et présentent *iustitia distributiva* et *iustitia commutativa* comme les deux espèces constitutives de la justice[13]. Lorsque Cicéron parle du «fondement» de

---

[11]   Les termes *équité* et *aequitas* sont utilisés pour traduire «justice particulière» (*he kata meros dikaiosyne*), par Le Plessis dans sa traduction française de 1553 (f. 76ʳ), et Lefèvre dans sa version latine (*Introductio*, f. 25ᵛ). Le choix du terme latin *aequitas* provient sans doute de son utilisation chez Cicéron (p.e. *De officiis* 1.19.64: «aequita[s], quae est iustitiae maxime propria»). Ceci prête à confusion, puisqu'Aristote choisit un autre terme (*epieikeia*) pour parler de l'équité dans son sens plus technique, la correction de la loi dans un cas particulier, ou l'application flexible, contingente, de la loi générale à un cas particulier (voir surtout l'*Ethique à Nicomaque* 5.10, 1137a31-1138a3). A cet endroit Lefèvre se sert d'*aequitas & bonitas*: «Est praeterea aequitas & bonitas, virtus qua quis recte legem ea ex parte qua ob universale deficit, emendat. qui autem emendat, aequus & bonus dicitur» (*Introductio*, f. 29ʳ). S. Thomas d'Aquin se contente de la forme latinisée du grec (*epiichia*), suivant en ceci la traduction de l'*Ethique* par Robert Grosseteste (*In decem libros ethicorum Aristotelis ad Nicomachum expositio*, éd. Raymundo M. Spiazzi, Turin, Marietti, 1964, 3e éd., Liber V, lectio 16). Sur les définitions renaissantes et médiévales de l'équité (au sens d'*epieikeia* seulement), voir Ian Maclean, *Interpretation and Meaning in the Renaissance: The Case of the Law* (Cambridge: Cambridge University Press, 1992), pp. 175-177.

[12]   Voir Aristote, *Ethique à Nicomaque*, 5.2.12-13, 1130b30-1131a9, et Lefèvre, *Introductio*, f. 25ᵛ: «Aequitatum quaedam est communium distributiva: qua ex communibus bonis unicuique ut dignus sit ac mereatur, distribuitur. Illa vero commerciorum commutativa, quae est eorum quae ab uno in alterum commutantur, aequitas». Chez Cicéron la justice distributive d'Aristote trouve son écho dans la discussion de la générosité (*liberalitas*): il faut distribuer les bienfaits selon le mérite de la personne («Videndum est... ut pro dignitate [benignitas] cuique tribuatur; id enim est iustitiae fundamentum, ad quam haec referenda sunt omnia», *De officiis* 1.14.42).

[13]   Par exemple Amantius, *Flores*, p. 218: «Species Commutativa & Distributiva: Dupliciter enim communicamus cum civibus: aut fortunis commutandis, aut humana civilique consuetudine».

la justice, il choisit des termes qui seront associés par la suite avec le concept aristotélicien de la justice commutative: «Fundamentum autem est iustitiae fides, id est dictorum conventorumque constantia et veritas» («Mais en outre le fondement de la justice est la bonne foi, c'est-à-dire la vérité et la fidélité aux promesses et accords», *De officiis* 1.7.23). Ainsi, La Primaudaye explique: «Aristote et Ciceron divisent la Justice en ces deux parties, la Distributive, et la Commutative. La Distributive, consiste à bailler à chacun ce qu'il merite, soit honneur et dignité, ou punition: la Commutative, à garder, et faire garder la foy és choses promises et contractees, et ne faire à autruy, que comme nous vouldrions nous estre faict» (*Academie*, f. 119ʳ)[14]. La justice distributive est une égalité de proportion entre les biens et le mérite des personnes qui les reçoivent; le rapport entre mérite individuel et récompense doit être constant parmi les membres de la communauté. La justice commutative assure que ce qui est échangé dans les échanges privés reste de valeur égale, qu'il s'agisse d'un échange volontaire, tel un contrat, ou d'un échange involontaire, par exemple un vol ou un tort[15]. La valeur des biens échangés est déterminée en termes d'argent, et le mérite individuel des personnes accomplissant l'échange ne modifie pas la justice de l'échange. La justice commutative, qui règle les échanges entre êtres humains, est une conséquence du fait que tous ont des besoins (*indigentia*) et que certains d'entre eux possèdent les moyens grâce auxquels ces besoins peuvent être satisfaits.

e. La justice commutative inclut, bien qu'elle le dépasse, le principe de vengeance, ou de simple *réciprocité* (*contrapassum* dans la tradition latine), dans lequel les biens ou torts échangés sont non seulement de valeur égale mais identiques («œil pour œil»). La réciprocité peut être juste, dans certaines conditions, mais on trouve, selon Aristote, de nombreuses situations dans lesquelles la pure vengeance serait peu appropriée, plus précisément lorsque les circonstances divergentes de la

---

[14] La dernière clause rappelle vraisemblablement Sénèque: «Ab alio exspectes, alteri quod feceris» (*Épîtres à Lucilius*, 94.43; Sénèque rapporte cette sentence qui est souvent attribuée à Publilius Syrus).

[15] Le terme «justice commutative» (*to diorthotikon*) est le plus souvent traduit par «justice corrective» (voir la traduction J. Tricot, p. 231 et la note 4); cela donne lieu (abusivement) à une limitation du sens aux punitions et amendes (voir par exemple Alisdair MacIntyre, *Whose Justice? Which Rationality?*, Notre Dame, Notre Dame University Press, 1988, pp. 103-104). On constate cette restriction du sens parfois à la Renaissance: voir Christofle de Savigny, *Tableaux accomplis de tous les arts liberaux...* (Paris: Jean & François de Gourmont, 1587), qui divise la «justice particuliere» en «distributive» et «corrective, à laquelle appartiennent les punitions et supplices».

réception du bien ou du tort et la différence entre les personnes concernées pourraient rendre l'échange injuste (voir l'*Ethique à Nicomaque*, 5.5.1-7, 1132b21-1133a5).

Nous retiendrons donc les distinctions suivantes: d'abord, la justice totale ou légale (tout ce qui est conforme à la loi) se différencie de la justice particulière ou égalité (ce qui est égal ou équitable); ensuite, à l'intérieur même de la justice particulière, on peut distinguer la justice distributive, la commutative, et une forme plus primitive de cette dernière, la réciprocité. La Renaissance manifeste un intérêt considérable pour la justice particulière, ce qui nous conduit à la mettre au centre de notre analyse du récit bref.

LA NOUVELLE: JUSTICE ET FINALITÉ DE L'INTRIGUE

Par la clôture de son intrigue le récit bref de la Renaissance offre des mises-en-scène de la justice particulière. Le moment où l'intrigue se résoud, l'aboutissement de la logique des échanges entre les personnages, et le plaisir ou la satisfaction que transmet l'instant de conclusion dépendent d'une manière précise des concepts et distinctions que nous venons de passer en revue. La récompense du mérite, de la *dignitas* des personnages, proportionnellement égale, l'égalité des biens échangés, et la réciprocité, sous-tendent de nombreuses intrigues du récit bref et surtout de la nouvelle (s'il y a lieu de les distinguer). Ces aspects de la justice particulière fondent en effet la motivation de la narration et expliquent le plaisir que produit la conclusion. Ce plaisir de la fin est celui qu'on retire de la conclusion qui termine un cycle de vengeance, de la satisfaction de besoins, de la reconnaissance de mérites et démérites et de leur récompense ou punition. Le monde éthique de la nouvelle se définit par le fait que chaque personnage se mesure par rapport à un autre; la solitude ou la contemplation de soi-même en l'absence du lien social sont proprement impossibles, peut-être tout simplement parce qu'une telle visée empêcherait toute conclusion de l'intrigue.

Au niveau formel de l'analyse, la justice et la conclusion du récit possèdent une affinité évidente: toutes deux manifestent la nécessité de *bien finir*. La seule trace de l'exercice de la justice est l'échange consommé, ou la distribution égale, elle aussi achevée. Cette nature téléologique de la justice est d'autant plus évidente lorsqu'on la compare avec ses sœurs, la prudence, qui est l'art de la négociation du contingent, de l'avenir plus ou moins imprévisible, ou la tempérance et la force, dont l'exercice est plus continu, puisqu'elles sont l'émanation de dispositions. La justice, elle aussi, est un *habitus*, mais c'est la fin qu'elle amène qui prouve sa présence. La justice se fonde sur la relation, elle dépend de la valeur relative des biens échangés et du mérite relatif des personnes impliquées.

La finalité juste de la nouvelle, la proportionnalité de l'échange, et la relativité de la *dignitas* des personnages fournissent sans doute les raisons de la prédilection que la narratologie a manifestée à l'égard de la nouvelle «fermée»[16] ou «classique»[17], de Tzvetan Todorov à Roland Barthes. L'insistance des narratologues sur la structure, la fonction, ou l'action par opposition à la psychologie, à la rhétorique (surtout à l'*elocutio*) et au contexte socio-historique, les porte naturellement vers les champs fertiles de la nouvelle. Malgré les revendications de scientificité et le rejet, plus ou moins partagé parmi les narratologues, de l'humanisme bourgeois-libéral, la narratologie, par le choix même de sa méthode et de ses champs de recherche, se situe pleinement à l'intérieur d'un cadre éthique traditionnel.

JUSTICE ET BANALITÉ DE L'ORDRE

La nouvelle nous offre un monde qui n'étaye pas nécessairement la justice «totale» ou légale même si la loi y est représentée. Elle est souvent le véhicule d'une critique acerbe de la loi et surtout des juges, avocats, et autres représentants de la justice légale[18]. Cette critique provient de la justice particulière, de l'équité, ou de la loi naturelle[19]. En d'autres

---

[16] Voir, sur la *nouvelle fermée* par opposition à la *nouvelle ouverte*, Pierre Tibi, «La Nouvelle: Essai de compréhension d'un genre», in éd. Paul Carmignani, *Aspects de la nouvelle (II), Cahiers de l'université de Perpignan: Lettres, Sciences humaines, juridiques, économiques et sociales*, 18 (1995): 9-76, et surtout 23-33.

[17] Voir Florence Goyet, *La nouvelle: 1870-1925* (Paris: Presses universitaires de France, 1993), particulièrement pp. 84-88, pour un exposé lucide sur l'affinité entre la nouvelle et la narratologie.

[18] Sur les rapports que peut entretenir la nouvelle avec l'écriture juridique, voir Natalie Zemon Davis, sur les lettres de rémission (*Fiction in the Archives: Pardon Tales and Their Tellers in Sixteenth-Century France*, Stanford, Stanford University Press, 1975). Sur la présence de juges et avocats, et sur les thèmes de la justice légale dans les recueils de nouvelles, voir le chapitre légèrement superficiel qui y est consacré dans Robert J. Clements, Joseph Gibaldi, *Anatomy of the Novella: The European Tale Collection from Boccaccio and Chaucer to Cervantes* (New York: New York University Press, 1977), pp. 145-164. Sur les distinctions sociales associées aux juges et avocats dans le récit bref, voir Gabriel-A. Pérouse, *Nouvelles françaises du XVIe siècle: Images de la vie du temps* (Geneva: Droz, 1977), pp. 351-353, et *passim*.

[19] Voir Giuseppe Mazzotta, *The World at Play in Boccaccio's* Decameron (Princeton: Princeton University Press, 1986), en particulier «The Law and Its Transgressions», pp. 213-240.

mots, la justice particulière constitue l'arrière-fond de la représentation, souvent subversive, de la justice légale, et elle assure en même temps le retour de ce qui est subversif dans l'ordre. La clôture de l'intrigue n'équivaut pas à une ouverture sur le désordre ou la liberté, elle est l'affirmation de proportions et d'égalités. Le récit est clos parce qu'un certain type de justice particulière a été rendu, parfois au préjudice d'un autre type de justice. Même la *facétie*, la *burla*, le *Schwank*, à quelques exceptions près, participent de cette structure fondamentale.

C'est sans doute pour cela que la justice est la vertu la plus *banale*; elle est le fondement même de ce qui fonctionne bien, de ce qui assure la continuation normale du train-train de la vie; c'est sans doute pour cela aussi que la nouvelle, dans cette première étape que constitue sa floraison à la fin du moyen âge et à la Renaissance, est un genre modeste et «véritable». Elle dit le vrai et le vrai de la sociabilité. Même si la nouvelle nous apporte quelque chose de «nouveau», ce ne sera que du sel, du piquant dans la circulation ordonnée de l'énergie sociale, et ce «nouveau» ne se détachera pas du fond des évidences[20]. Pourtant la banalité et l'évidence de la justice sont *urgentes*: si la justice n'était banale et évidente, quelles conséquences désastreuses pour le corps social! La nouvelle met aussi en scène la justice à tous les niveaux de la société, dans tous les états: elle se définit ainsi comme genre humble mais qui est écouté de tous.

JUSTICE ET EXEMPLARITÉ

L'analyse de la justice dans la nouvelle, et de la nouvelle comme une sorte de justice, se heurte apparemment à un autre problème, celui qui provient de sa proximité avec l'*exemple*, auquel force nous est de revenir. L'époque de la Renaissance représenterait, dans la pensée de nombreux critiques, une crise de l'exemplarité: d'une part, la Renaissance serait de plus en plus consciente de l'ancrage de l'exemple dans l'histoire, et d'autre part, elle serait de plus en plus consciente de la multiplicité et de l'ouverture de l'interprétation. Cette conscience accrue des velléités de l'interprétation et de la situation historique des textes mettrait en question le rôle de l'exemple dans la transmission de la vérité morale, puisque l'application de l'exemple à des situations dont on ne peut mesurer les différences devient une entreprise essentiellement

---

[20] Voir la remarque de Thierry Ozwald: «le lecteur de la nouvelle se lance dans la quête d'un royaume parfaitement balisé et connu de lui» (*La nouvelle*, Paris: Hachette, 1996, p. 27).

incertaine[21]. Ainsi la nouvelle, formellement construite comme *exemplum*, c'est-à-dire un récit d'actions particulières illustrant une *sententia*, commence à démontrer, à l'encontre de sa construction, un décalage entre le comportement individuel et les catégories morales universelles[22]. Il est vrai que certaines nouvelles semblent composées comme des exemples de comportement à imiter ou à éviter; tout au moins le narrateur semble avoir eu l'intention d'inspirer un comportement meilleur chez ses auditeurs ou ses lecteurs (c'est le cas, nous l'avons vu, de la 2e nouvelle de l'*Heptaméron*, et de certaines nouvelles de la 10e journée du *Décaméron*). Mais l'écrasante majorité des nouvelles ne met en scène aucun personnage illustrant une vertu traditionnellement admirable. En fait, l'attribut personnel le plus fréquent est l'habileté ou la finesse; en l'absence d'une perception du bien, cet attribut devient ce qu'Aristote appellerait *deinotes*, l'habileté, la capacité à manipuler les choses contingentes à son propre avantage, ce qui est une capacité moralement indifférente[23]. Toutefois, par rapport à la justice, le problème posé n'existe qu'en apparence. Le récit peut véhiculer une connaissance ou une attitude morales sans offrir le spectacle d'un comportement individuel admirable, précisément parce que la justice, lorsqu'elle constitue la logique fondamentale de l'intrigue, est indifférente au mérite du personnage isolé. Ce qui importe, c'est la distribution proportionnelle ou la justice de l'échange; le plaisir de la résolution juste peut être moral sans que le récit encourage une vertu spécifique chez les auditeurs ou les lecteurs.

LE *DÉCAMÉRON*: TROIS MODÈLES DE JUSTICE

Le récit bref à la fin du moyen âge et au début des temps modernes, que ce soit la tradition du fabliau, du *Volksbuch* allemand, ou la nouvelle italienne, montre un penchant pour l'intrigue organisée autour de la *tromperie*, de la *beffa*. Un premier personnage en trompe un deuxième

---

[21] Voir en particulier Timothy Hampton, *Writing from History: The Rhetoric of Exemplarity in Renaissance Literature* (Ithaca: Cornell University Press, 1990).

[22] Voir Karlheinz Stierle, «L'histoire comme exemple, l'exemple comme histoire», *Poétique* 10 (1972): 176-198.

[23] Lorsque la *deinotes* est au service de la prudence, c'est une capacité moralement positive, c'est-à-dire digne de louange (*laudabilis*). S. Thomas d'Aquin traduit *deinotes* comme *potentia dinotica*, et plus loin *ingeniositas sive industria*. Lorsque l'habileté est utilisée à une fin mauvaise, elle devient «rouerie» (*panourgia*, ou *astutia* dans la tradition latine). Voir s. Thomas, *Expositio*, Liber VI, lectio X.

et souvent le trompeur est trompé à son tour ; il s'agit du *contrapasso*, dont le concept ne se limite d'ailleurs pas à la nouvelle. Le *Décaméron* consacre toute une journée à ce scénario : pendant la huitième journée « si ragiona di quelle beffe che tutto il giorno o donna ad uomo o uomo a donna o l'uno uomo all'altro si fanno » (« on parle des tromperies que tous les jours la femme fait à l'égard de l'homme, ou l'homme à l'égard de la femme ou un homme à l'égard d'un autre »). L'*Heptaméron* de la Reine de Navarre ne manquera pas d'imiter cette thématique à sa manière légèrement féministe : « on devise des tromperyes qui se sont faites d'homme à femme, de femme à homme, ou de femme à femme, par avarice, vengeance et malice »[24]. En termes aristotéliciens, toutes ces intrigues mettent en scène la justice particulière, et plus précisément celle qui porte sur l'échange non des biens mais des torts, c'est-à-dire sur les transactions « involontaires ». Ces intrigues comprennent des éléments distributifs et commutatifs, et sont parfois constituées par la simple réciprocité[25]. La nature particulière de l'échange entraînera le développement de différents aspects de l'histoire.

---

[24] Toutes les citations proviennent de Giovanni Boccaccio, *Il Decameron*, éd. Charles S. Singleton (Bari: Laterza, 1966), et Marguerite de Navarre, *L'Heptaméron*, éd. Michel François (Paris: Garnier, 1967).

[25] D'autres critiques ont vu le rapport entre la justice et la huitième journée du *Décaméron*; je pense surtout aux études fouillées et systématiques de Victoria Kirkham, qui voit dans le recueil une allégorisation des vertus. Dans l'interprétation de Kirkham la journée entière serait consacrée à la Justice, et Lauretta, sa « reine », représenterait la Justice; les autres nouvelles racontées par Lauretta au cours des journées incarneraient la justice distributive ou commutative. La démonstration de Kirkham me semble entièrement probante, mais je pense que le genre de la nouvelle lui-même est profondément concerné par la justice, et que ceci peut s'illustrer dans de nombreuses nouvelles qui ne se trouvent pas dans la huitième journée et qui ne sont pas narrées par Lauretta. Voir *The Sign of Reason in Boccaccio's Fiction* (Florence: Leo S. Olschki, 1993), pp. 159-160. Kirkham affirme aussi que la huitième journée est une « parodistic version of the Last Judgment » (pp. 215-235). Mazzotta, lui aussi, est à l'écoute de la justice aristotélicienne, cette fois dans la septième nouvelle de la sixième journée (in *The World at Play*, pp. 230-231 et la note 31 p. 230, qui prête pourtant à confusion). Sur la satisfaction que procure la belle *dispositio* des nouvelles, et la conclusion esthétique d'un ensemble de nouvelles, voir Pier Massimo Forni, *Rhetoric and Narration in Boccaccio's* Decameron (Philadelphia: University of Pennsylvania Press, 1996), pp. 29-39. Je me suis penché par contre uniquement sur l'intrigue de la nouvelle.

LA JUSTICE DISTRIBUTIVE: *DÉCAMÉRON* VIII, 7

Le *scolare* Rinieri tombe amoureux de la jeune veuve Elena qui, un peu à la légère, décide de lui faire croire qu'elle n'est pas insensible à ses charmes, bien qu'elle soit amoureuse d'un autre homme. Par l'intermédiaire d'une servante, elle répond donc favorablement à ses avances, mais remet constamment leur rendez-vous avant de le fixer, du moins en apparence, chez elle, par une nuit d'hiver. Rinieri arrive et on le fait entrer dans la cour où il doit attendre jusqu'à ce qu'elle soit prête et que son frère, en visite, soit parti. En réalité Elena est dans la maison avec son amant en compagnie de qui elle vient de dîner; ils sont là ensemble pour se moquer de l'érudit. Rinieri finit par passer la nuit entière dans la cour enneigée et il tombe sérieusement malade. L'amour de l'érudit se transforme en haine et, après sa convalescence, il a l'occasion de prendre sa revanche, puisque la jeune femme étourdie vient le consulter sur un moyen de faire revenir son amant infidèle, ayant entendu que Rinieri était versé dans l'art de la magie. Celui-ci lui dit de venir s'installer nue en haut d'une tour pendant la nuit, et de prononcer des formules magiques. Elle choisit une tour dans sa propriété et suit ses instructions. L'érudit l'attend à son insu et retire l'échelle, l'obligeant à passer la journée suivante toute nue sous le soleil d'été brûlant. La jeune femme essaie de négocier avec Rinieri, mais celui-ci reste inflexible, et lorsqu'Elena est finalement sauvée, sa peau est entièrement brûlée par le soleil et elle est prise d'une fièvre grave. Sa servante, elle non plus, n'est pas épargnée puisqu'elle se casse la jambe en descendant l'échelle.

La vengeance symétrique détermine donc cette histoire, apparemment étoffée par les métaphores de l'amour érotique: l'érudit qui brûle de désir est obligé de passer une nuit entière dans le froid de la neige; la jeune veuve, froide vis-à-vis de l'érudit, est obligée de passer une journée brûlant au soleil. Le froid que Rinieri est forcé de supporter échauffe l'amant d'Elena qui embrasse sa maîtresse de manière plus ardente[26]. Rinieri s'imagine que, s'il la tenait dans ses bras il ressentirait la béatitude; mais après que les deux amants se sont moqués de lui, il devient presque diabolique dans son désir de vengeance. Cette composition symétrique déterminée par les antinomies froid-chaud, littéral-figuré, et peut-être, folie-sagesse, n'est pourtant qu'un épiphénomène par rapport à la question éthique fondamentale, qui concerne la proportion de la réponse de l'érudit. Vu la nature du tort et celle des personnes concernées, cette réponse est-elle proportionnellement exacte?

---

[26] Sur ces symétries métaphoriques, voir Guido Almansi, *The Writer As Liar: Narrative Technique in the* Decameron (London: Routledge & Kegan Paul, 1975), pp. 92-99.

En effet, si les métaphores érotiques sont à la fois évidentes et pertinentes, le texte accorde une plus grande place aux réflexions sur la
nature du tort et aux négociations méticuleuses entre Elena et Rinieri
quant à la nature de la vengeance et à son caractère approprié. Par
exemple, lorsque la jeune femme nue s'approche de la tour, elle passe
devant l'érudit caché qui ne peut s'empêcher de ressentir à la fois compassion et désir à la vue de son corps. Mais le calcul éthique étouffe ces
sentiments: «Ma nella memoria tornandosi chi egli era e qual fosse la
'ngiuria ricevuta e perché e da cui, e per ciò nello sdegno raccesosi, e la
compassione ed il carnale appetito cacciati, stette nel suo proponimento
fermo e lasciolla andare»[27]. De même, la jeune femme essaie de le
convaincre du fait qu'elle a reçu un tort proportionnellement égal au
sien en passant la nuit nue sur la tour, puisque Rinieri lui a fait comprendre sa stupidité et sa cruauté (p. 143); bien que le tort ne fût pas
aussi important qu'une nuit dans la neige, le fait qu'elle a tiré une leçon
de son expérience devrait rendre sa nuit égale à celle de l'érudit. En
d'autres mots, il ne s'agit pas ici d'un simple cas de réciprocité, œil pour
œil, mais il faut tenir compte du rapport entre la nature objective du
tort et le caractère de la personne affectée, sa *dignitas*[28]. La raison d'être
de la nouvelle semble être la détermination, la négociation, de la justice
distributive: le commentaire de la narratrice Pampinea semble souligner le fait qu'il est moins question d'une séquence d'événements sur-
prenants que de l'évaluation de la proportion égale des torts. La vengeance du *scolare* paraît «cruelle» et «diabolique» à la narratrice qui
insère ses remarques au cours du récit, et aux auditeurs commentant
l'histoire après sa conclusion: «Gravi e noiosi erano stati i casi d'Elena
ad ascoltare alle donne, ma per ciò che in parte giustamente avvenuti gli
estimavano, con piú moderata compassione gli avean trapassati,
quantunque rigido e costante fieramente, anzi crudele, reputassero lo

---

[27] «Mais, se rappelant qui il était et quelle était l'injure reçue et pourquoi et de la
part de qui, et revenu pour cela à son mépris, et la pitié et l'appétit charnel
chassés, il demeura avec sa résolution ferme et la laissa poursuivre son chemin» (vol. 2, p. 142).

[28] Autre exemple de cette négociation éthique: L'érudit répond à la demande de
compassion d'Elena, et au fait qu'elle le nomme «gentile uomo» en distinguant la punition («gastigamento») de la vengeance («vendetta»): la vengeance
doit surpasser l'offense («la vendetta dée trapassar l'offesa»), et si Elena devait
mourir et des centaines d'autres comme elle, ce ne serait pas une vengeance
suffisante, puisqu'il tuerait une vilaine et méchante petite femme («una vile e
cattiva e rea feminetta», p. 145). Le rapport de proportion entre la mort et la
dignité (*dignitas*) d'une «rea feminetta» n'égale pas celui qui existe entre une
nuit dehors dans un froid dangereux et la dignité d'un érudit.

scolare »[29]. A travers le commentaire de la narratrice et des auditeurs, nous comprenons que l'échange des torts était peu satisfaisant en termes de justice distributive parce que la réponse de l'érudit, bien que satisfaisante pour lui, excédait l'offense initiale. Par ailleurs, l'interprétation explicite de la nouvelle par les devisants est peut-être infléchie par le fait que tous les commentateurs sont féminins.

L'intérêt accordé par les devisants aux questions éthiques qui traversent cette nouvelle indique l'importance, pour le monde moral médiéval et renaissant, de la distribution de biens (ou de torts) non simplement à tous les individus indifféremment, mais à ceux dont la *dignitas* peut varier. Celle-ci n'est qu'en partie le produit d'une hiérarchie sociale préétablie, elle dépend aussi de la perception et de la détermination commune. Il est vrai qu'un *scolare* représente un certain nombre de qualités et de fonctions, mais il peut également être cruel, ou céder à la compassion ou au désir, et sa *dignitas* peut être modifiée par ceux qui la perçoivent. Son « mérite » appartient à la communauté aussi bien qu'à lui-même, la *dignitas* n'est pas fixée, mais ressort de la dialectique entre les *habitus* du personnage et l'effet de ses dispositions actives sur la société qui l'entoure, qui dépend de lui et dont il dépend. En d'autres termes, dans l'histoire de Rinieri et Elena il n'est pas simplement question de distribuer des torts égaux, mais aussi de peser la gravité du tort en fonction de la *dignitas* du personnage qui le subira, et de rapporter les erreurs et les négociations portant sur le tort *et* sur la *dignitas* des personnages. En ce sens, ce qui importe dans l'histoire, aux yeux des auditeurs et de la narratrice, et sans doute de Boccace, n'est pas une séquence de fonctions mais une dialectique d'intentions, qui se joue entre les personnages de l'histoire et qui concerne en même temps les devisants. Cette importance de l'*intention* dans la détermination de la *dignitas* et des récompenses pertinentes distingue l'analyse éthique de l'analyse narratologique.

Le moment de la conclusion du récit correspond au moment où l'échange de torts est terminé, et à l'assurance que l'échange est *complet*: Elena oublie son amant infidèle et se garde de tomber amoureuse ; l'érudit est satisfait de sa vengeance: « parendogli avere assai intera vendetta, lieto, *senza altro dirne* se ne passò » (p. 154). Rinieri n'a plus rien à dire

---

[29] « Le récit des malheurs d'Elena était difficile et troublant à entendre pour les femmes, mais leur compassion était moindre parce qu'elles estimaient que les malheurs lui arrivaient avec justice, quoiqu'elles jugeassent l'érudit sévère, voire cruel » (p. 154). Pampinea évoque d'une manière insistante les risques qu'encourent ceux qui offensent un *scolare*: « Ahi cattivella cattivella! ella non sapeva ben, donne mie, che cosa è il mettere in aia con gli scolari » (p. 134) ; « E per ciò guardatevi, donne, dal beffare, e gli scolari spezialmente » (p. 154).

et, au niveau du récit, il n'y a plus rien à dire puisque la justice s'est accomplie. Il est évident que la fin du récit ne correspond pas avec la fin du récit encadrant, et que tout n'y est pas dit: les dames sont gênées par l'excessive cruauté de Rinieri. Mais ce besoin supplémentaire de commentaire n'est pas nécessairement un signe «d'ouverture»; le blâme des dames signale le fondement social de toute connaissance éthique: les scénarios de la justice particulière sont produits et constamment modifiés par le discours épidictique de la communauté.

LA RÉCIPROCITÉ: *DÉCAMÉRON* VIII, 8

Tandis que l'histoire de Rinieri et Elena illustre la justice distributive, la nouvelle qui la suit dans le recueil de Boccace souligne non pas la proportion de l'échange, mais l'égalité des biens échangés et des personnes concernées. Fiammetta raconte l'histoire de Spinelloccio et Zeppa et de leurs deux femmes. L'amitié des deux hommes est telle qu'ils se considèrent presque comme frères. Toutefois, Spinelloccio commence une liaison avec l'épouse de son ami Zeppa; ce dernier le découvre lorsqu'il est témoin de leurs ébats. La femme de Zeppa, honteuse, est prête à aider son mari à se venger: elle prend rendez-vous avec Spinelloccio au petit déjeuner. Pendant que Spinelloccio est chez Zeppa, celui-ci va chercher la femme de son ami pour l'inviter au petit déjeuner. Lorsque Zeppa rentre chez lui, sa femme enferme Spinelloccio dans un coffre; l'épouse de Spinelloccio, venue pour le petit déjeuner, et Zeppa font l'amour sur le coffre. Spinelloccio, libéré du coffre, se déclare coupable. Les quatre personnages continuent cependant à être amis et à vivre dans la plus grande harmonie, chacune des femmes ayant deux maris, et chacun des maris ayant deux femmes.

L'amitié des deux maris, comme c'est le cas de Tito et Gisippo dans la dixième journée, a pour conséquence un échange de femmes: Zeppa est obligé d'écouter sa propre femme et Spinelloccio faire l'amour, Spinelloccio subit la même épreuve. Les deux femmes sont plus ou moins d'accord avec l'échange, bien que Zeppa utilise une combinaison de menaces et de cadeaux pour vaincre la résistance de l'épouse de Spinelloccio. Une fois qu'ils sont passés à l'acte, toutefois, leur plaisir est mutuel[30]. L'échange est perçu comme égal: «voi m'avete renduto pan per focaccia», «noi siam pari pari» (p. 158). L'égalité, sinon l'identité, des torts correspond à l'égalité des personnages: ils sont pratiquement frères, et semblent interchangeables: nous importe-t-il que ce soit

---

[30] Le chiasme signifiant la mutualité: «con lei si sollazzò, ed ella con lui» (p. 157).

Spinelloccio plutôt que Zeppa qui couche le premier avec la femme de
l'autre? La phrase finale – «da indi innanzi ciascuna di quelle donne
ebbe due mariti e ciascun di loro ebbe due mogli»[31]– abandonne les
noms propres pour présenter, dans cette absence d'individualité, une
image linguistique de l'harmonie. Il s'agit de la simple *réciprocité*,
puisque non seulement les biens sont de valeur égale, mais ce sont les
mêmes biens, c'est-à-dire faire l'amour à la femme de l'autre en présence
de l'autre. Il n'y a pas de troisième terme: l'argent n'est pas pris en
considération pour évaluer les biens. On peut éviter le détour par l'argent à cause de l'extrême similarité entre les personnages; ceux-ci manquent d'attributs qui définiraient et distingueraient leur *dignitas* respective. Puisqu'ils sont à ce point similaires, des biens similaires peuvent
être échangés[32].

Les deux nouvelles s'achèvent lorsque le personnage offensé est
content (Rinieri est «lieto», Zeppa est «contento»). Pourtant, dans
notre deuxième exemple, *tout le monde* est content: ils déjeunent tous
ensemble et vivent dans la plus complète harmonie. La vengeance
prend ici l'aspect d'une transaction commerciale de laquelle chacun sort
gagnant. Nous voilà devant une version euphorique de la justice, version qui se réalise sans doute seulement parce que les personnages possèdent si peu de différences[33].

La réciprocité est pourtant aussi la conséquence d'une *intention*.
Fiammetta suggère aussi que Zeppa prenait toute précaution pour ne
pas excéder l'offense qu'il avait lui-même reçue, et que ceci était un
signe de son «mansueto animo», de sa modération et douceur (p. 154).
Spinelloccio lui-même ne manque pas de reconnaître la justice de la
réponse de son ami[34]: La petite société des deux couples évite un cycle

---

[31] «Désormais chacune des femmes avait deux maris et chacun des maris avait
      deux femmes» (p. 158).

[32] Dans la mesure où elles jouent un rôle, les femmes sont également belles
      («ciascun di loro avea per moglie una donna assai bella», p. 155); et elles finis-
      sent par se plaire également dans le partage des maris.

[33] Le manque de différences est, bien sûr, une des conditions de l'amitié ver-
      tueuse, mais même dans ce cas, il serait difficile de qualifier Zeppa et Spinel-
      loccio de *vertueux*, vu leur disposition à rompre la *fides* de l'amitié et du
      mariage.

[34] «Poi, pur ripensandosi che da lui era la villania incominciata e che il Zeppa
      aveva ragione di far ciò che egli faceva, e che verso di lui umanamente e come
      compagno s'era portato, seco stesso disse di volere esser più che mai amico del
      Zeppa, quando volesse» («Puis, se rappelant que c'est lui-même qui avait com-
      mencé la méchanceté, et que Zeppa avait raison de faire ce qu'il faisait, et qu'il
      s'était comporté envers lui humainement et comme un ami, il se dit qu'il vou-
      lait être plus que jamais ami avec Zeppa, si ce dernier le voulait», pp. 157-158).

continu de vengeance grâce à la tempérance et à l'humanité de Zeppa, qualités qui renforcent les liens entre les deux hommes. Cet esprit doux, *mansuetudo* et *humanitas*, n'implique ni charité ni pitié, mais il est compatible avec la vengeance, dans la mesure où celle-ci est un échange précisément égal, c'est-à-dire qu'elle est de l'ordre de la justice réciproque. C'est à ce moment-là que la conclusion se fait, que les parties offensées non seulement rengainent le poignard mais commencent une vie de la plus grande intimité.

LA JUSTICE COMMUTATIVE: *DÉCAMÉRON* II, 5

Dans la 5e nouvelle de la 2e journée, Andreuccio, un marchand de chevaux de Pérouse, arrive à Naples avec 500 florins d'or pour acheter des chevaux. Au cours d'une série de mésaventures rocambolesques, il se voit d'abord privé de son argent par une jeune femme qui se dit sa sœur; il accompagne ensuite des voleurs qui pillent le tombeau de l'archevêque de Naples. Enfin, il revient chez lui à Pérouse sans les chevaux qu'il était parti chercher, mais avec un anneau de rubis dont il s'est emparé lors du pillage. La narratrice Fiammetta précise que l'anneau vaut plus de 500 florins (vol. 1, p. 106). Les différents malheurs d'Andreuccio composent ensemble un échange total, celui de l'argent contre un anneau d'au moins la même valeur. L'argument de la nouvelle et sa phrase finale soulignent le fait que, ayant cherché à acquérir l'objet A, il revient avec l'objet B, mais qu'il n'a rien perdu au total, puisque l'objet B vaut au moins autant d'argent que l'objet A. Le résultat final est obtenu par une série de «transactions involontaires», selon la terminologie aristotélicienne[35], en l'occurrence par le vol, *furtum*. Mais ces transactions peuvent être soumises au calcul de la justice commutative au même titre que les transactions «volontaires», celles qu'aurait constituées l'achat des chevaux. Ce qui compte, c'est l'égalité «arithmétique», c'est-à-dire l'égalité en valeur monétaire entre le bien offert et le bien acquis. Il importe peu qu'Andreuccio soit un peu trop crédule, qu'il finisse par devenir voleur, ou, *a fortiori*, que les personnes auxquelles il a eu affaire, une courtisane, des voleurs, un archevêque mort, aient toutes des *dignitates* largement différentes, et ainsi mériteraient des biens différents. La conclusion est satisfaisante parce que la transaction essentielle, 500 florins pour un rubis, était équitable. Une des raisons

---

[35] «[Commerciorum] quaedam vero sunt quae invitis fiunt, quae non utraque partium volente fiunt», Lefèvre, *Introductio*, f. 25ᵛ («Parmi les transactions il y a celles qui se font par des partenaires involontaires, qui sont faites sans le consentement des deux partenaires»).

pour lesquelles la justice commutative de la nouvelle nous paraît accep-
table est le fait qu'aucune personne vivante n'a été lésée pendant la série
d'échanges, ce qui remplit une condition essentielle de la transaction,
alterum non laedere.

L'intrigue de la nouvelle est évidemment bien plus riche que le récit
de l'achat indirect d'un rubis, et ce sont les différentes mésaventures du
protagoniste qui en constituent l'étoffe. Toutefois l'intrigue n'arrive à
sa conclusion qu'au moment où la justice commutative est accomplie.
Il est entièrement possible qu'Andreuccio perde son rubis par la suite,
le vende et perde l'argent dans une autre transaction; mais on a l'impression que ce serait une information superflue, au-delà de ce qui
constitue l'histoire, une histoire dont la fin est le produit de l'initiation
d'un échange, l'achat de chevaux pour 500 florins.

L'INTERVENTION DE LA LOI:
LE *CAS* DANS L'*HEPTAMÉRON*

Parmi les variantes des scénarios de justice distributive, commutative, et réciproque nous trouvons celles où l'autorité légale figure dans
le récit même. La justice ainsi thématisée risque d'enlever à l'intrigue sa
force de propédeutique éthique; elle résidera non pas dans l'échange
effectué entre personnages, mais dans la volonté ou le jugement d'une
autorité peu concernée en elle-même par le comportement des personnages. Le premier exemple de ce type de récit est le *cas*, au sens de « cas
juridique », suivant la définition d'André Jolles; il s'agit d'un cas particulier jugé à l'intérieur du récit par une autorité qui intervient au
moment de la conclusion[36]. Parfois, la fin de la nouvelle coïncide avec

---

[36] Sur la distinction entre « exemple » et « cas », voir Michel Bideaux, *Marguerite
de Navarre, «l'Heptaméron»: de l'enquête au débat* (Mont-de-Marsan: Éditions
interuniversitaires, 1992), pp. 37-52 et surtout p. 48; voir aussi John D. Lyons,
Exemplum: The Rhetoric of Example in Early Modern France and Italy (Princeton: Princeton University Press, 1989), pp. 88-89 et p. 266 n. 24. La distinction
fut proposée d'abord par André Jolles (*Einfache Formen*, 1930). L'exemple suppose une loi ou une valeur générales qui ne sont pas contestées par le récit; le
cas présente une histoire qui doit être jugée, c'est-à-dire qu'il n'est pas évident
sous quelle loi ou valeur l'histoire doit être comprise. La distinction est parfois
moins nette qu'on ne voudrait: les cas servent aussi d'exemples (de la prudence
du juge, de ses capacités de découverte); toutefois une instance judicatoire est
nécessaire. Voir, pour un bon exposé des différents types de récit bref (exemplum, cas, chronique, etc.) à la fin du Moyen Age et au XVIᵉ siècle, Winfried
Wehle, *Novellenerzählen: Französische Renaissancenovellistik als Diskurs*
(Munich, 1981), pp. 52-76. Wehle souligne d'ailleurs à juste titre le rapport
intime existant entre le fait de raconter et le domaine moral.

le jugement légal prononcé sur les protagonistes: le monde éthique de ces nouvelles suppose la légitimité d'un système judiciaire. La justice n'est pas simplement un échange égal entre individus, mais s'accomplit en déléguant aux représentants d'une institution la charge de résoudre des disputes. La conclusion est satisfaisante en partie parce qu'il y a coïncidence entre la justice et la loi, ou parce que le représentant du pouvoir du prince a encouragé une solution juste du conflit. L'*Hepta-méron* contient de nombreuses nouvelles qui commencent par la mention d'un duc ou d'un comte dans l'entourage ou dans le domaine duquel les événements de l'histoire ont eu lieu. Marguerite de Navarre elle-même, sa mère, et son frère François Ier (lui-même parfois personnage) interviennent à l'occasion dans les histoires et déclenchent leur conclusion.

Dans la vingt-deuxième nouvelle, le devisant Geburon raconte l'histoire de Marie Héroët, sœur du poète Antoine Héroët et religieuse, qui résiste aux avances insistantes du vieux prieur de Saint-Martin-des-Champs à Paris. Jusqu'à l'âge de cinquante ans, ce prieur mène une vie à tous égards austère, acquérant la réputation d'un *pere de vraye religion*. Il est nommé *visiteur* de l'abbaye de Fontevrault et administre les sacrements aux religieuses des différents couvents de l'ordre. Il est si sévère que les religieuses commencent à le traiter comme s'il était la personne même du roi. A l'âge de cinquante-cinq ans, il commence à trouver agréable le traitement qu'il reçoit des nonnes, grossit et ne se prive pas de plaisirs lubriques, jouant sur l'ignorance des jeunes religieuses. Pendant ses visites, il découvre la jeune et belle Marie Héroët et lui fait des avances obscènes. Elle résiste, mais sa résistance provoque une persécution obsessionnelle et cruelle de la part du prieur qui lui impose un régime stricte de pénitence. La famille de Marie Héroët, ne recevant d'elle aucune nouvelle, envoie au couvent son frère, qui réussit à la voir. La religieuse lui transmet un récit de ses peines et sa mère proteste auprès de la reine de Navarre qui, malgré la confiance que le prieur lui avait toujours inspirée, livre celui-ci aux autorités ecclésiastiques. Le prieur demande à la reine en personne de terminer le procès, déclarant que Marie Héroët est «une perle d'honneur et de virginité» (p. 185). La reine, bouleversée, le quitte et il meurt dans sa retraite solitaire un an après. Marie Héroët, en revanche, est nommée abbesse de Gy (-les-Nonains) par le roi François Ier, et elle loue Dieu qui lui a rendu son honneur et son «repos».

Le narrateur souligne la construction symétrique de la nouvelle – les «glorieux» sont humiliés, les humbles sont exaltés (p. 185). Les autres antinomies (le couvent décrit comme un endroit infernal au lieu d'une voie vers le paradis, les vêtements et honneurs ecclésiastiques qui recouvrent un intérieur abandonné au péché) relèvent de la logique et de la théologie de la Préréforme en France et de l'anticléricalisme ambiant. En effet, Dieu se trouve invoqué comme celui qui manipule l'intrigue (pp. 177 et 185) et c'est la foi profonde de Marie Héroët qui lui permet de supporter les persécutions du prieur et de triompher à la fin.

Mais la nouvelle met aussi en scène l'exercice de la justice distributive royale. Les protagonistes obtiennent un statut ecclésiastique conforme à leur *dignitas* respective, indépendamment de la procédure légale et de la justice divine. Le prieur est privé de tout pouvoir à l'intérieur de l'Eglise et il meurt peu après sa disgrâce. La chaste sœur est faite abbesse *par le roi* qui reconnaît sa valeur:

> Et seur Marie Heroet, estimée comme elle debvoit par les vertuz que Dieu avoit mises en elle, fut ostée de l'abbaye de Gif, où elle avoit eu tant de mal, et *faicte abbesse par le don du Roy*, de l'abbaye de Giy, près de Montargis, *laquelle elle reforma* et vesquit comme celle qui estoit plaine de l'esperit de Dieu, le louant toute sa vie de ce qu'il luy avoit pleu luy redonner son honneur et son repos. (p. 185, je souligne)

La justice royale, loin de se limiter à la punition du mal, consiste en la récompense de vertus plus ou moins inspirées par Dieu et de l'honneur *personnel* par un honneur *officiel*, c'est-à-dire par des biens et offices. Ce qui amène la conclusion, c'est non pas le rapport du procès du prieur, mais le partage juste de biens, l'ajustement de la récompense à la *dignitas*, dans ce monde ici-bas. La symétrie profonde est celle que constitue la récompense de la sœur vertueuse, à qui est attribué le pouvoir de réformer l'ordre, et l'enlèvement de ce même pouvoir au prieur. La distribution juste des biens par une autorité dépassant les individus concernés court-circuite le cycle de vengeance que l'on peut trouver dans bien d'autres nouvelles, y compris dans l'*Heptaméron*: la famille de Marie Héroët ne se venge pas du prieur coupable[37]. En d'autres mots, Marguerite de Navarre met en scène un exemple de la bonne administration royale, fondée sur les préceptes aristotéliciens et cicéroniens de la justice particulière distributive[38].

---

[37] Il faut évidemment noter que dans cette nouvelle, nous avons affaire à une classe sociale qui jouit d'un accès direct à la reine. Toutefois, dans certaines autres nouvelles, la reine intervient pour rétablir la justice dans les couches sociales inférieures (voir par exemple la nouvelle 61). L'intervention royale, avouons-le, est souvent le produit du hasard. Mais elle montre aussi un *habitus* essentiel au bon monarque: il est le législateur juste du royaume. Voir, pour une analyse des interventions de la reine (ou princesse), la thèse de Claudie Martin-Ulrich, «La 'persona' de la princesse au XVIᵉ siècle: personnage littéraire, personnage politique» (Université de Grenoble III, 1997).

[38] Voir le commentaire de Josse Clichtove sur Lefèvre: «Aequitas communium distributiva est qua ex communibus bonis unicuique ut dignus sit ac mereatur distribuitur: Ut ex bonis ecclesiasticis pro meritorum qualitate iis qui

Les discussions qui ont lieu au niveau du récit-cadre, tout en s'inspirant souvent des Évangiles, représentent une enquête proprement éthique, dans la mesure où elles effectuent la pesée épidictique des actions et caractères figurant dans la nouvelle et « appliquent » aux devisants les préceptes glanés. Cette enquête ne conduit pratiquement jamais à un jugement unique : les devisants expriment le blâme et la louange sans être d'accord sur tous les points, et sans avoir besoin de s'accorder sur tous les détails. Si de sérieuses divergences subsistent, par exemple entre les hommes (surtout Hircan) et les femmes (surtout Parlamente et Oisille), elles n'empêchent nullement que les devisants continuent à vivre ensemble ni que le groupe poursuive son enquête. Nous retrouvons donc une communauté basée sur le discours épidictique, qui existe dans la durée, et dont les connaissances acquises par la discussion ne sont pas de l'ordre de l'exactitude mathématique mais évoluent dans le temps, sans que cela pose un risque fondamental pour la stabilité du groupe.

Dans le cas précis de l'histoire de Marie Héroët, la discussion qui suit le récit semble peu sujette à controverse. Aucune division femmes-hommes n'apparaît dans le groupe, les hommes ayant choisi la voie du silence, peut-être pour calmer les esprits après le conflit si ouvert que la nouvelle précédente avait soulevé entre les époux Hircan et Parlamente. Geburon en tire la leçon évangélique : « Qui se exaltera sera humilié, et qui se humiliera sera exalté » (Luc 14:11), et les femmes entament le discours épidictique conforme. Le blâme sera pourtant nuancé par deux options : ou bien on blâme tous les religieux (Nomerfide) ou bien on ne blâme que les mauvais, puisqu'il y en a de bons (Oisille). Oisille s'explique : « Il y en a de bons... et ne fault pas que pour les mau-

---

eccesiasticam sortem sequuntur, ex bonis civilibus itidem secundum meritorum rationem iis qui res civiles agunt : id unum potissimum observando, ut dignitati meriti respondeat dignitas praemii » (Lefèvre, *Introductio*, f. 26ʳ). C'est un lieu commun des traités de l'institution du prince : voir aussi s. Thomas d'Aquin, *De regimine principum*, chap. 15, et Erasme, *Institutio principis christiani* (1515), chap. 6 : « Quamquam autem egregii civis est vel nullo proposito praemio, quod optimum est, sequi, tamen expedit hujusmodi illectamentis, rudium adhuc civium animos ad honesti studium inflammare. Qui generoso sunt animo, honore magis capiuntur : qui sordidiore, lucro quoque ducuntur. Omnibus igitur hisce rationibus lex sollicitabit, honore et ignominia, lucro ac damno » (in *Ausgewählte Schriften*, vol. 5, éd. Gertraud Christian, Darmstadt, Wissenschaftliche Buchgesellschaft, 1968, p. 286). Voir aussi Claude de Seyssel, *La Monarchie de France* (1515), 2.2. Sur l'idéologie politique sous-tendant l'*Heptaméron*, voir les remarques intéressantes de Peter Brockmeier, *Lust und Herrschaft : Studien über gesellschaftliche Aspekte der Novellistik : Boccaccio, Sacchetti, Margarete von Navarra, Cervantes* (Stuttgart : J. B. Metzler, 1972), pp. 54-82.

vais ilz soient jugez; mais les meilleurs, ce sont ceulx qui moins hantent les maisons seculieres et les femmes» (p. 185). Il s'agit donc d'une connaissance différente de celle qu'implique la leçon évangélique: les religieux ne sont pas tous les mêmes, et il est possible de distinguer les bons (ceux qui ne fréquentent que très peu le monde). La leçon évangélique ne vise pas vraiment le cas particulier, ni toute la catégorie des religieux en elle-même, mais peut s'appliquer à toute créature. La tâche de trier, de louer et de blâmer, est véritablement un travail ancré dans l'*expérience*, dans le comportement toujours varié des individus. La leçon biblique ne remplace pas l'enquête éthique, comme la justice divine ne remplace pas la nécessité, pour le roi, d'exercer *sa* justice. La Bible peut tout au plus orienter ou inspirer. Ennasuite indique son accord avec Oisille: «Vous dictes vray... car moins on les voyst, moins on les congnoist, et plus on les estime, pource que la frequentation les monstre telz qu'ilz sont» (*ibid.*). En fait, Ennasuite a mal compris Oisille, qui voulait dire qu'il y a de bons religieux. Le jugement d'Ennasuite implique que, même si on connaissait les religieux qui vivent retirés du monde, on les estimerait moins, ce qui suggère que la seule raison pour laquelle on estime un religieux, c'est qu'on ne le connaît pas. Ennasuite en revient donc, à son insu, au jugement catégorique de Nomerfide, qui blâmait tous les religieux. Le conflit entre l'affirmation existentielle d'Oisille et l'affirmation universelle de Nomerfide et d'Ennasuite n'est pas résolu («Or, laissons le moustier là où il est...»): il traduit sans doute une réelle tension éthique sinon idéologique dans le groupe, mais il s'absorbe pour ainsi dire dans le tissu du discours épidictique. La louange et le blâme sont traversés d'une dialectique à jamais négociable entre le particulier et le général, mais ces tensions ne mettent pas le discours lui-même en cause, ni la communauté dont il est le produit et le support.

LA LOI INTERVIENT
MAIS NE CONCLUT POINT L'INTRIGUE:
HEPTAMÉRON, 15

Malgré l'image euphorique de François Ier et de sa sœur distribuant les honneurs et les biens dans l'histoire de Marie Héroët et dans d'autres, Marguerite de Navarre n'hésite pas à représenter d'éventuels conflits entre la justice royale et une autre forme de justice, celle des contrats entre individus. Pourtant, nous le verrons, l'ensemble se déroule sans mise en question fondamentale de l'une ou de l'autre; le décalage entre la justice distributive royale et l'échange entre les sujets du roi n'est pas signe d'un désordre public intenable ou tragique.

Dans la quinzième nouvelle, racontée par Longarine, le roi François Ier récompense le mérite d'un gentilhomme pauvre en lui donnant une épouse très jeune, belle, et riche («il estoit tant aymé du Roy pour les vertus dont il estoit plain, qu'il vint à espouser une femme si riche», etc., p. 116). La *dignitas* du gentilhomme, par rapport au roi, implique une récompense royale; celle-ci déclenche alors un nouvel échange, gouverné non par la justice distributive mais par la commutative, celle des contrats. Le gentilhomme est amoureux d'une autre dame et néglige sa propre épouse, ne lui témoignant aucune amitié et ne lui fournissant qu'une partie insuffisante de ses richesses. Quoique fidèle et de bonne volonté la jeune épouse sombre dans une mélancolie profonde d'où elle n'est tirée que lorsqu'un grand et beau seigneur commence à lui faire la cour. Leurs amours ne vont pas bien loin, puisque le roi s'en aperçoit et demande au prince de dénouer leurs liens sentimentaux, afin de protéger l'honneur de son gentilhomme. Le prince loyal fait ses adieux et la jeune femme est plus désespérée que jamais. Elle finit par tomber amoureuse d'un autre jeune gentilhomme, mais le mari, dont les soupçons se sont éveillés, finit par découvrir la chaste liaison. Sa femme se défend en protestant qu'elle avait, jusqu'à maintenant, aimé son mari[39], et qu'elle avait consenti au mariage, malgré la pauvreté du gentilhomme et l'avis de ses parents[40]. En d'autres mots, elle a consenti librement au contrat et lui a offert son amour, mais son mari n'a pas fait de même, lui causant au contraire «ennui et desplaisir». Elle lui reproche en plus sa liaison avec l'autre dame, amie du roi: il offenserait ainsi son maître. Le manquement du mari au contrat de mariage est donc en même temps un manquement à ses obligations vis-à-vis de son maître; il a rompu la *fides* dont dépend le mariage mais aussi celle dont dépend sa *dignitas* comme serviteur royal. Ces propos sont convaincants, «pleins de verité» (p. 124), et mari et femme font la paix en couchant ensemble, «par bon accord». Pourtant l'amour n'est pas si facilement vaincu, et le rapport illicite entre la jeune femme et son amant se renouvelle; après une dernière péripétie, l'amant doit s'éloigner, non sans recevoir comme cadeau une bague qu'il engage pour 1500 écus; lorsqu'il doit renvoyer l'obligation, la jeune femme lui expédie en plus un diamant. Après la mort du mari, l'amant revenu constate que la jeune femme en aime un autre, et il finit ses jours dans «les lieux hasardeux... avecq autant d'estime que jeune homme pourroit avoir» (p. 127).

---

[39] «Depuis que je vous espousay jusques en cest aage icy, il ne sceut jamais entrer en mon cueur autre amour que la vostre» (p. 122).

[40] «Contre toute leur oppinion, je tins ferme pour vous avoir et sans regarder ny à vostre pauvreté, ny aux remonstrances que ilz m'en faisoient» (*ibid.*).

L'intrigue s'achève au moment où la justice est assurée à tous les niveaux : il n'y a plus de conflit entre la *dignitas* du serviteur royal et le contrat de mariage, puisque le mari est mort ; l'amant, en récompense de ses services vis-à-vis de la jeune femme, a reçu de l'argent et un diamant, et il meurt en tout honneur ; la jeune femme reçoit la satisfaction sentimentale dont elle avait été privée durant son mariage. Le contrat de mariage est donc rempli, par différents acteurs, il est vrai, mais tous ont joui des biens du mariage. Si la justice royale a déclenché des difficultés entre un homme et une femme en les mariant, ce dernier contrat, s'il avait été bien suivi par tous les acteurs, n'aurait pas été incompatible avec le rapport de *dignitas* – honneur constitué par la justice distributive. Le mari, en aimant une femme amie du roi, manque à sa foi vis-à-vis du roi aussi bien que vis-à-vis de son épouse. Le conflit entre le geste royal – le maintien de l'honneur du serviteur – et le rapport des époux, n'en est un qu'en apparence : si mari avait suivi la *fides* du contrat de mariage, aucun problème ne se serait posé ; même lorsqu'un conflit a surgi entre l'honneur du serviteur et les sentiments des époux, l'histoire a finalement rendu justice à tous : justice commutative au niveau des sujets du roi, justice distributive entre les sujets et le roi. L'intrigue se termine donc au moment où les échanges sont complets.

VICISSITUDES DE L'INTRIGUE, VICISSITUDES DE LA JUSTICE : LES VERSIONS DU MARCHAND DE LYON COCU

Dans la sixième nouvelle des *Comptes du monde adventureux* (1555), un marchand lyonnais, mari d'une jeune femme, s'éprend de la chambrière également jeune et arrange un rendez-vous nocturne avec cette dernière. Pour ne pas éveiller les soupçons de sa femme, il propose à son apprenti de dormir à côté d'elle à sa place, disant au garçon qu'il doit conclure une affaire importante et qu'il ne veut pas que son épouse soit troublée par son absence. La nuit venue, le marchand s'ébat avec la chambrière, pendant que l'apprenti, suivant les instructions du mari, s'étend à côté de la jeune femme, essayant d'éviter tout contact compromettant. La femme, croyant qu'il s'agit de son mari, s'approche de lui et l'inévitable se produit. Le jeune apprenti a évidemment plus de vigueur que le mari et les deux prennent autant de plaisir que la chambrière et le marchand. Au lever, le garçon part sans se faire connaître, et la jeune femme contente achète un chapon pour célébrer les exploits de la nuit. Le mari, soupçonneux, lui reproche cette extravagance et lorsque sa femme s'explique, il apprend qu'il a été lui-même cause de son cocuage. Le marchand chasse l'apprenti qui retourne chez son père.

Celui-ci demande une explication au marchand, avec lequel il avait conclu un accord sur l'apprentissage du fils. Lorsque le marchand refuse de s'expliquer, tous deux présentent leur différend au juge ordinaire de la ville qui donne raison au père de l'apprenti. En plus de la honte privée, le mari souffre donc la honte publique et sera obligé de rendre le restant du paiement de l'apprentissage. L'auteur souligne la justice de la punition à la fin du conte[41].

L'intrigue de la nouvelle est axée sur les trois types de justice, selon les personnages et les biens envisagés: d'abord, au niveau le plus simple, le trompeur est trompé: le mari prend son plaisir illicite, le même que prend sa femme, à son insu (l'égalité des biens échangés signale la réciprocité). A un autre niveau, le contrat d'apprentissage annoncé au début du conte[42] motive la continuation de l'intrigue au-delà de l'échange du plaisir sexuel: entre le père de l'apprenti et le mari, la justice commutative sera rétablie, avec l'aide du juge ordinaire qui oblige le marchand à payer le reste de l'argent. Finalement, la *honte publique* du marchand fait ressortir le dernier type de justice particulière, la distribution méritée des biens: le mari adultère reçoit ce qu'il mérite, l'apprenti innocent reçoit (implicitement) ce qu'il mérite, le rétablissement de son nom.

Le sixième des *Comptes du monde adventureux* mériterait, par cette intrigue à trois étages, une attention particulière, mais nous connaissons au moins deux autres versions de cette histoire lyonnaise, avec deux conclusions différentes qui, chacune, insistent, sur l'une des trois justices déterminant l'intrigue. La première de ces versions est celle de Bandello: la vingt-huitième nouvelle de la quatrième partie des *Novelle* (1573)[43] introduit, en plus des élements donnés par l'auteur des

---

[41] «Si tous ceux (mes Dames) qui ayment le change estoyent punis de semblable punition, ie croy qu'outre que le nombre en seroit grand, les marys seroyent aussi d'autant plus sages à conserver leurs femmes, desquelles ils peu[v]ent user en pleine liberté, & non chercher les chambrieres, pour en recevoir une fin si sotte & honteuse» (*Les Comptes du monde adventureux. Où sont recitees plusieurs belles Histoires memorables, & propres pour resiouïr la compagnie, & eviter melancholie*, par A.D.S.D. [Antoine de Saint-Denis?], Lyon, Benoist Rigaud, 1595, pp. 40-41). L'édition de 1595 reprend celle de 1555, qui est la première. Sur ce recueil et ce conte, voir Pérouse, *Nouvelles françaises du XVIe siècle*, chap. 7, pp. 139-155, et en particulier p. 140 n. 6, p. 144 n. 24, et pp. 147-148.

[42] «... un de ses compagnons luy bailla un sien fils pour apprentif, de l'aage de dix-huict à vingt ans, marché conclud, que pour le tenir deux ans en sa maison, & luy apprendre le commencement de l'estat qu'il conduisoit, luy fourniroit la somme de quarante escus d'or» (p. 34).

[43] Cette filiation a été établie par Pietro Toldo, *Contributo all studio della novella francese de XV e XVI secolo considerata specialmente nelle sue attinenze con la letteratura italiana* (1895; réimpr. Genève: Slatkine, 1970), p. 115.

Comptes, un autre personnage: le mari de la jeune femme séduite par le marchand. Ce dernier, un drapier, s'éprend de Catarina, nièce d'une veuve habitant la même maison. Elle est en âge nubile, et a donc peur de devenir enceinte, ce qui compromettrait ses chances de trouver un mari. Le drapier lui propose, en échange de ses faveurs, de lui en trouver un. L'affaire est conclue, et avant le jour des noces, il passe la nuit avec Catarina, pendant que l'apprenti fait l'amour à sa femme, d'ailleurs sans se faire trop de scrupules. La conclusion du conte ne survient qu'après une confrontation entre le drapier et le mari de Catarina qui apprend son infortune, lorsque le jugement est prononcé contre le drapier, non seulement par une cour lyonnaise mais par une cour d'appel à Paris. Pour apaiser le mari devenu violent, le marchand doit encore verser des écus. Cette surenchère de la justice distributive – il y a la honte *et* tant d'argent dépensé[44] – fait basculer le récit qui perd le noyau de réciprocité que constituait l'échange de plaisir sexuel. La réciprocité des nuits d'amour passera au second plan et sera finalement étouffée; la partie finale de l'intrigue, se penchant sur les différentes conséquences de la concupiscence du drapier, manifeste un besoin de situer la justice dans l'institution juridique garante de la distribution des biens et de la justesse des contrats. Cette «légalisation» de la justice annonce l'histoire tragique, un type de récit court dont Bandello sera évidemment une des sources principales.

Une autre version bien plus tardive de la même histoire lyonnaise va dans le sens opposé. Il s'agit de l'une des nouvelles d'un recueil d'ailleurs sans aucune originalité – les nouvelles sont reprises de recueils antérieurs –, *Les Delices ioyeux et recreatifs* de «Verboquet le genereux», dont la première édition voit le jour en 1623[45]. La version de Verboquet est textuellement identique à celle des *Comptes du monde adventureux*, à ceci près qu'elle s'arrête au moment où les nuits d'amour respectives se terminent. Les dernières phrases de la nouvelle de Verboquet sont donc les suivantes:

---

[44] «A la fine, per far la pace, fu forza che il drappieri con qualche decina di scudi contentasse il mercieri; e cosí si pacificarono, e ciascuno, con le sue corna in capo, attese a fare il fatto suo. Ora inteso avete come uno poco di piacere di una notte fu quasi per roinare il mercante, che, oltra tanti danari isborsati, restò con perpetua vergogna» (Matteo Bandello, *Le Novelle*, vol. 5, éd. Gioachino Brognoligo, Bari: Laterza, 1912, «Scrittori d'Italia, 23», p. 317).

[45] J'ai consulté l'édition de 1626, *Les Delices ioyeux et recreatifs. Avec quelques apophtegmes nouvellement traduicts d'Espagnol en François. Par Verboquet le Genereux. Livre tres-utile & necessaire pour resiouyr les esprits melancoliques* (Rouen: Jacques Besongne). La nouvelle se trouve aux pp. 193-200.

> En ces alteres [l'apprenti] demeura quelque temps si passionné et pressé, qu'une chaleur, autre que la premiere, luy causa si chaude fiévre, qu'oubliant le commandement du Marchand, ne se peut garder de remuer si dextrement, que de la maistresse fust receu pour son mary: Et d'apprenty se fit tel maistre, que pour le bon traictement qu'ils receurent l'un de l'autre, ne leur prit envie de parler un seul mot. Ainsi tout estonné de s'estre trouvé en si nouveau travail, n'oublia de soy lever du plus matin, de peur d'estre cognu, et s'en retourna tout gay en la boutique, sans se vanter de la faveur qu'il avoit receu [*sic*] de la Dame. (pp. 199-200)

La nouvelle, dans cette version abrégée, se termine ainsi au moment euphorique de la réciprocité structurale, le marchand ayant couché avec la chambrière, et sa femme avec l'apprenti. L'auteur souligne le plaisir que tous les deux ont reçu: l'apprenti et la jeune femme sont contents du «bon traictement», et le jeune homme est «tout gay». Le marchand va trouver sa chambrière «d'une gayeté de cœur» (p. 198); l'auteur dit peu de chose au sujet de leur nuit, sinon que ceux qui aiment le «changement» sauront «s'il fut mieux receu qu'attendu» (p. 198). La symétrie de la réciprocité se manifeste aussi dans les positions d'égalité occupées par les deux hommes, puisque l'apprenti devient «maistre» durant la nuit. La satisfaction provoquée par cette réciprocité est évidente dans le fait qu'*on n'en parlera plus*. Pourtant, la justice réciproque chez Verboquet est toute structurale, et non intentionnelle: le trompeur n'est pas vraiment trompé, puisqu'il n'en saura rien. Et la jeune femme ne sait pas que l'apprenti n'est pas son mari; mari et femme ne sont donc pas substituables du point de vue de leurs connaissances. L'apprenti lui non plus ne sait que le marchand a couché avec la chambrière. La justice se fait aux yeux du lecteur, par la simultanéité du plaisir sexuel.

L'abréviation effectuée par Verboquet ne tient pas non plus compte d'un fil narratif commencé dès le début de l'intrigue: le contrat d'apprentissage. Pourquoi introduire tous les détails du contrat (personnes, durée et coût) si ces détails demeurent en suspens à la conclusion? En effet, comme tout se passe par la suite sans autre incident, il n'est donc pas nécessaire de revenir aux conditions d'apprentissage, mais elles constituent alors un excès par rapport à la simplicité de l'intrigue juste, qui a par là même l'air bâclé. L'auteur des *Comptes du monde adventureux* envisageait donc dès le début cette intrigue à justices diverses, et la réduction à la seule réciprocité nous semble maladroite. Toutefois la persistance du schéma primitif est telle que la version du XVIIᵉ siècle y revient allègrement, témoignant d'une sorte de retour à un monde narratif moins compliqué.

L'INTERVENTION DE LA LOI: *L'HISTOIRE TRAGIQUE*

Cette espèce du récit court que l'on appelle l'*histoire tragique*, très répandue dans la deuxième moitié du XVIe siècle et au début du suivant, modifie profondément le rapport entre la clôture de l'intrigue et la justice, non seulement parce que l'action y est souvent plus violente que celle de la nouvelle mais parce que l'histoire tragique semble embrasser la justice légale au détriment de la justice particulière, c'est-à-dire de l'équitable et de l'égal. La finalité de l'intrigue s'en trouve infléchie, visant non pas la satisfaction que véhicule un échange accompli, mais l'application souvent spectaculaire de la loi[46].

a. L'apologie de Bénigne Poissenot

Comme le roman, l'histoire tragique croit devoir se justifier devant ses critiques et elle ne reste pas insensible aux questions morales, et particulièrement à l'effet qu'elle produit sur ses lecteurs. Dans le prologue à ses *Nouvelles histoires tragiques* (1586), Bénigne Poissenot, que la page de titre désigne comme un *licencié aux loix*, résume les multiples arguments traditionnels avancés contre la littérature, et en particulier contre l'histoire tragique et le *Décaméron*: elle encouragerait le vice en le présentant sous une forme plaisante, et puisque les êtres humains sont par leur nature même enclins à faire le mal, c'est comme si on mettait de la paille à côté de la flamme[47]. La réponse n'est guère moins traditionnelle: la rhétorique épidictique des histoires encourage la vertu et décourage le vice («Les vices y sont blamez, on y loue la vertu», p. 49). Ce partage de louange et de blâme correspond d'ailleurs à la justice du prince qui récompense la vertu et punit le vice. Mais Poissenot continue à défendre les histoires exemplaires et leurs effets sur les princes d'une manière plus subtile. S'inspirant du prologue de Jean Bodin à sa *Methodus ad facilem historiarum cognitionem*[48], Poissenot défend ses histoires en avançant qu'en tant que récits historiques, elles ont un effet moral plus important que les lois ou les préceptes des philosophes. Il distingue la valeur du simple exemple de la sorte d'aiguillon poussant vers le comportement vertueux que l'on trouve dans les histoires elles-mêmes:

---

[46] Pour une définition structurale des histoires tragiques, voir l'étude éclairante d'Elena Boggio Quallio, «La structure de la nouvelle tragique de Jacques Yver à Jean-Pierre Camus», in *L'Automne de la Renaissance 1580-1630*, éds. Jean Lafond, André Stegmann (Paris: Vrin, 1981), pp. 209-218; pour une définition plus thématique, Sergio Poli, *Histoire(s) tragique(s): Anthologie / Typologie d'un genre littéraire* (Fasano: Schena, Paris: Nizet, 1991), pp. 21-41.

[47] Eds. Jean-Claude Arnould et Richard A. Carr (Genève: Droz, 1996), pp. 47-49.

[48] Comme le notent les éditeurs, p. 54 n. 44.

> Il y a plus, l'histoire ne contient seulement des exemples, elle a avec
> cela des aiguillions qui ne sont pas de peu de force, et qui peuvent
> convier, voire trainer malgré soy, les plus revesches, cruels et barbares,
> et qui se sont despouillez de toute humanité, en une maniere de vivre
> toute autre que celle qu'ils gardoient au paravant. (p. 55)

A l'instar d'une *scintilla* quasi-théologique de bonté ou de conscience,
les histoires ont le pouvoir d'effectuer une conversion morale auprès
des lecteurs les plus cruels, et ceci contre leur gré. Ni lois ni préceptes
philosophiques n'en sont capables, prétend Poissenot, parce que les lois
sont fondées sur la contrainte, la peur, et la punition, et parce que les
philosophes, vivant éloignés des soucis quotidiens, ne rendent pas
compte du comportement du commun des mortels. En effet le prince
qui ne connaît les lois et les préceptes que dans leur sévérité deviendra
injuste et cruel[49]. En d'autres mots, les récits corrigent la loi et les préceptes philosophiques, et inculquent un sentiment d'humanité, d'une
manière qui ressemble à la fonction de l'équité, *epieikeia* ou *aequitas et
bonitas*. Plus particulièrement, les histoires démontrent – contrairement à ce que dirait Machiavel – qu'il vaut mieux qu'un prince se fasse
aimer plutôt que de se faire craindre (pp. 56-57). Plus généralement
l'histoire est «comme une certaine boutique, en laquelle on trouve la
maniere et façon de vivre honnestement en ce monde» (p. 55). Cette
fonction civilisatrice du récit vrai, c'est-à-dire fondé sur l'histoire, assi-
mile les recueils de nouvelles aux manuels de courtoisie les plus idéa-
listes, tel le *Libro del cortegiano* de Castiglione. En outre, Poissenot rend
explicite le rapport avec la justice légale et le gouvernement d'un état
que peut invoquer le récit bref dans sa propre justification.

Toutefois, Poissenot ne s'intéresse pas à la structure morale de l'intrigue, mais se penche, comme ses contemporains et prédecesseurs
humanistes, sur le comportement individuel et la rhétorique épidictique. En effet, il serait parfaitement légitime d'affirmer que le fait que
le genre manifeste une conscience accrue de ses propres ressources
morales et légales aura une conséquence opposée à celle que présentent
les apologistes. Plutôt que de corriger l'excès de lois rigoureuses, les histoires dans le genre de *l'histoire tragique* semblent guidées par le com-

---

[49] «Qui est celuy qui ne forlignera aysément de son debvoir, et qui n'abandon-
nera les resnes de la justice pour decliner à l'injustice, qui n'a autre cognois-
sance que de la force des loix les plus aspres et severes; et qui tant seulement a
appris les rudes commandemens, et facheux à digerer, que les Philosophes les
plus sourcilleux veullent estre gardez par ceux qui frequentent leur escole et
veullent estre de leur secte? Le passage de l'injustice, pour estre et devenir
immisericordieux et sans pitié, n'estoit-il pas tres-facile et aisé? La cruauté ne
s'ensuit-elle pas necessairement de l'immisericorde?» (pp. 55-56).

portement cruel qui correspond à la punition sévère. C'est donc *pour qu'il y ait* un châtiment spectaculaire que les actions dans l'histoire prennent un aspect excessivement violent. En plus, le tragique de ces histoires est souvent le produit de forces en dehors de tout contrôle individuel, reflétant l'état appréhensif d'auteurs et de lecteurs influencés par des décennies de désordre sanglant en France et en Europe.

Une dernière différence qui sépare les histoires tragiques des recueils de nouvelles suivant le modèle boccacien concerne la présentation même du discours épidictique. L'histoire tragique se passe de récit-cadre, mais elle ne refuse pas le commentaire moral, placé dans l'exorde du récit lui-même ou dans un texte préfaciel. Ce commentaire moral distribue éloge et blâme et oriente l'interprétation morale de l'histoire par le lecteur, mais il est monologique: l'auteur y fait passer son jugement qui coïncide avec une vérité atemporelle[50]. Le discours épidictique n'est pas façonné par l'ensemble des devisants qui offrent des opinions parfois divergentes; ce discours n'est pas la représentation d'une communauté, mais l'expression d'un jugement prétendant à l'universel. L'auteur-commentateur aura recours, évidemment, aux sentences et aux exemples qui permettent le passage du particulier au général, mais toujours est-il que la présentation liminaire et le commentaire moral interne de l'histoire tragique se passent de cet aspect d'*enquête commune* qui caractérise le récit-cadre dans les recueils de Boccace, de Marguerite de Navarre, et à leur manière les propos de Noël Du Fail et encore *L'Esté* de Bénigne Poissenot. L'histoire tragique, peut-être surtout au début du XVIIe siècle, n'a plus confiance en la stabilité du discours épidictique du corps social; l'ouverture et la contingence relatives de l'interprétation morale deviennent des menaces, et sont identifiées comme sources de désordre.

b. Pierre Boaistuau: l'histoire de Violente et Didaco

Ce premier exemple précède de peu les temps sauvages des guerres de religion, mais il comprend des éléments que développeront par la suite plusieurs écrivains. Pierre Boaistuau a traduit plusieurs nouvelles de Matteo Bandello dans son recueil *Histoires tragiques extraictes des œuvres Italiennes de Bandel, & mises en nostre langue Françoise* (1559). Dans la cinquième histoire, un noble espagnol nommé Didaco tombe amoureux d'une jeune femme, Violente, qui vient d'une famille inférieure à la sienne. Il la poursuit, mais elle ne cède pas à ses avances, et sa famille rejette une offre d'argent de Didaco qui espérait pouvoir ainsi

---

[50] Pour des exemples de ces textes, voir Poli, *Histoire(s) tragique(s)*, pp. 45-69, et son commentaire pp. 22-23.

acheter ses faveurs. Finalement, il se décide à l'épouser, pour calmer son esprit (il «resolut en fin que c'estoit le plus profitable pour le repos de son esprit de l'espouser»[51]). On arrange une cérémonie de noces dans la maison de Violente, sa famille servant de témoin, et un prêtre accomplit la cérémonie. Pourtant Didaco demande à Violente de garder secret leur mariage. Il finit par s'ennuyer, la voit de moins en moins, et épouse d'une manière bien publique une femme de famille riche. La famille de Violente se voit sans recours puisque le prêtre est introuvable et elle ne sait plus à qui s'adresser. Violente prépare sa propre vengeance en feignant de toujours aimer son mari infidèle; elle invite Didaco à venir la rejoindre dans la maison de sa famille, et le tue en le poignardant à maintes reprises, en lui arrachant les yeux, la langue et son cœur, qui sont les instruments de sa souffrance. Le cadavre mutilé est jeté devant la maison et Violente insiste pour donner une explication publique de son crime, devant les magistrats de la ville. Elle demande à être mise à mort, menaçant, dans le cas contraire, de se suicider et de commettre ainsi un péché mortel. Les magistrats réussissent à trouver le prêtre et confirment la légalité du mariage clandestin. Toutefois Violente est condamnée à être décapitée:

> Et fut Violente par la plus commune opinion de ceux qui assisterent au conseil condamnée à estre decapitée, non seulement parce que ce n'estoit à elle de punir la faute du chevalier, mais pour la trop excessive cruauté de laquelle elle avoit usé envers le corps mort. (p. 167)

Elle est exécutée sous les yeux du vice-roi, le Duc de Calabre, qui ordonne que son histoire soit mise par écrit.

L'histoire de Violente et Didaco ressemble à celle de Rinieri et Elena; mais cette fois c'est la femme qui se venge de l'homme, et de nouveau il s'agit d'une vengeance *excessive*. Pourtant chez Bandello et Boaistuau, la cruauté vengeresse est remarquable, et la fin de l'histoire ne correspond pas simplement à la fin de l'échange de torts, mais au jugement et à l'exécution de Violente. Le jugement confirme à la fois que le principe même de vengeance est inadmissible («ce n'estoit à elle de punir la faute») et que la vengeance *excessive*, la mutilation du corps de Didaco, est la cause de sa punition capitale[52]. En ce sens, les autorités

---

[51]   Ed. Richard A. Carr (Paris: Champion, 1977), p. 145.

[52]   Cette justification double de la sentence est un ajout de Boaistuau. Bandello souligne que le public était impressionné par l'*animo* de Violante: «Rimasero udendo questa tragedia tutti quei signori fuor di loro, e giudicarono la donna esser di più grand'animo che a femina non apparteneva». Après l'exposition du corps mutilé «che a tutti diede un orrendo spettacolo», on procède à l'interrogation de la famille et on trouve qu'en effet elle avait été mariée avec Didaco. Puis «altri non si trovarono colpevoli che Violante e Giannica [la

légales à l'intérieur du récit ressemblent aux femmes qui, dans le récit-cadre du *Décaméron*, commentent la cruauté du *scolare* Rinieri. En effet, les questions légales se retrouvent tout au cours de l'histoire: les conditions du mariage clandestin sont décrites en détail; l'excuse qu'invoque Didaco pour justifier son deuxième mariage, c'est le pouvoir qu'avait sa famille de le priver de l'héritage de son père s'il ne prenait pas pour épouse une femme de son rang; et le narrateur évoque avec complaisance la scène du jugement de Violente, son plaidoyer et l'enquête légale. La conclusion de l'histoire, comme celle des autres récits du recueil, c'est simplement que la loi *est appliquée*: en d'autres mots, la justice est ce qui est conforme à la loi. En outre l'autorité légale la plus importante après le roi d'Aragon lui-même est présente, et l'exécution s'accomplit sous son regard. L'*institution* de la loi semble avoir remplacé les échanges gouvernés par un sentiment «populaire» d'égalité.

La loi pourtant n'est pas sans fondement: elle n'appelle pas la correction par l'équité. Violente elle-même souhaite son exécution: en fait elle *oblige* les autorités légales à l'exécuter puisqu'elle menace de se suicider si elle échappait à l'exécution, dans lequel cas les représentants de la loi seraient responsables de «la cause et entiere ruine de [s]on ame» (p. 166)[53]. Le jugement légal n'est pas basé de manière explicite sur son plaidoyer; toutefois, du point de vue de la justice distributive, son discours fournit une certaine justification à l'application de la peine de mort.

---

servante], le quali publicamente furono decapitate». Les deux femmes acceptent joyeusement la mort. Matteo Bandello, *La prima parte de le novelle* (1554), ed. Delmo Maestri (Alessandria: Edizioni dell'Orso, 1992), «Contributi e proposte, 6», novella 42, p. 398. Lorsque Boaistuau indique que la vengeance de Violente fut excessive, il a pu être inspiré par une observation de Bandello dans sa dédicace de cette nouvelle à Camilla Bentivoglio: certaines femmes, dupées par les hommes, «s'attristano e con tutte il forze s'ingegnano di vendicarsi. Dove, pur che la vendetta non sovramontasse l'offesa, si potrebbe passare; ma eglino di picciola vendetta non si contentano, come infinite volte s'è veduto. Perciò [gli uomini] non si deveno meravigliare se talvolta le donne gli rendono a doppio la pariglia...» (p. 389). Sur les différences entre le récit italien et sa version française, voir l'astucieuse étude de Laura Tortonese, «Bandello, Boaistuau e la novella di Didaco e Violante», in éd. Lionello Sozzi, *La nouvelle française à la Renaissance* (Genève: Slatkine, 1981), pp. 461-470. Tortonese souligne à juste titre le statut proprement héroïque de Violante chez Bandello.

[53] C'est Boaistuau qui a ajouté la menace de suicide. Dans la nouvelle de Bandello, Violante tient un discours devant le vice-roi, proclamant qu'elle ne veut ni nier sa responsabilité ni faire appel à sa clémence. Elle veut plutôt que tous sachent qu'elle avait été légalement mariée avec Didaco, et qu'elle l'a tué parce qu'il l'avait trahie. En somme, «mi basta che l'onor mio sia salvo, avvenga mo ciò che si voglia» (p. 397).

L'histoire de Violente sera enregistrée, mais non pas comme un exemple de comportement vertueux ou même ingénieux, ni comme un exemple de l'accomplissement de la justice, mais parce que c'est un cas particulièrement horrible de vengeance violente, un *piteux spectacle*, un *orrendo spettacolo* de trahison et de folle cruauté. Dans la version de Boaistuau, la loi est l'arrière-plan d'un spectacle de comportement extrême; elle se présente comme un voyeur des égarements des passions. La distance institutionnelle que la fin nous procure est l'occasion de voir les hommes s'entre-déchirer. La justice légale est accomplie, comme la justice particulière, mais puisque la conclusion, la clôture, intervient non pas avec la fin de l'échange mais après l'épilogue formel, la téléologie de l'intrigue sera déterminée par les détails légaux qui parsèment l'histoire: la loi est une norme *explicite*. Le duc intervient non pas parce qu'il veut proclamer la bonté de son gouvernement, mais pour voir l'exécution et faire mettre l'histoire par écrit. Nous ne sommes plus au temps du gouvernement prudent du bon roi François Ier et de sa sœur.

c. Jean-Pierre Camus et la dérive de l'histoire tragique

Le genre de l'histoire tragique prend une tournure inquiétante lorsque la loi devient l'instrument brutal d'une justice divine au bord de l'imprévisible. L'œuvre prodigieuse de l'évêque Jean-Pierre Camus – vingt et un recueils de nouvelles – démontre le développement d'un aspect sombre et fébrile du genre dans la première moitié du XVIIe siècle en France. Les titres seuls de certains ouvrages reflètent les noires obsessions de leur auteur: *L'Amphitheatre sanglant, où sont représentées plusieurs histoires tragiques de notre temps* (1630), *Les Spectacles d'horreur, où se descouvrent plusieurs tragiques effects de nostre siecle* (1630), et *Les Rencontres funestes, ou Fortunes infortunées de nostre temps* (1644). Les histoires commencent par la présentation d'une ou de plusieurs *sententiae*, plus ou moins commentées par le narrateur; la nouvelle ou les nouvelles – Camus offre parfois plus d'une nouvelle par sentence – fonctionnent comme illustrations («une naifve peinture de ce que je viens de dire»), comme *cas*, ou exemples étayant la sentence[54]. La conclusion proclame avec insistance et d'une manière dramatique l'efficacité de la justice divine, et la sentence initiale qui avait fait démarrer l'intrigue est parfois oubliée. Ainsi, dans «Le Gondolier», dixième

---

[54] Voir les remarques brèves d'Ilana Zinguer sur Camus, dans «Tentative de définition de la nouvelle» in *L'Automne de la Renaissance 1580-1630*, éds. Jean Lafond, André Stegmann (Paris: Vrin, 1981), pp. 195-208, et surtout pp. 202-204.

«Spectacle» du premier livre des *Spectacles d'horreur*, nous apprenons d'abord que «par je ne sçay quelle commune confiance nous remettons nostre vie à beaucoup de gens que nous ne connoissons point, et à qui nous ne voudrions pas fier nostre bourse»[55]. Non seulement nous sommes téméraires, mais le monde est plein de «chausse-trapes où se prennent les pieds des personnes inconsiderees, perils en terre, perils en mer, perils en voyageant, perils en la maison, perils en solitude, et perils en compagnie à cause des faux freres» (p. 114). La nouvelle est située à Venise et concerne essentiellement un assassinat effectué par un tueur à gages; au moment de sa conclusion, les deux protagonistes sont exécutés, l'un d'eux ayant dénoncé l'autre sous la torture. Et Camus de conclure: «Tous deux passerent par les mains de la Justice, et receurent en fin le salaire de leurs meschancetez, servans de Spectacles d'Horreur sur le theatre sanglant de cette grande ville» (p. 123). Le rapport entre la nouvelle et la sentence initiale se limite au fait que la victime avait l'habitude de prendre une gondole pour rejoindre son amant dans la ville, un moyen de transport peut-être difficile à éviter à Venise; c'est ainsi qu'elle sera mise en présence du gondolier méchant, qui deviendra son assassin. Les nouvelles font défiler devant les yeux du lecteur-spectateur, dans un langage où l'*evidentia* domine, une succession d'horribles meurtres et d'agressions violentes, se terminant par des châtiments non moins effroyables. On ne parvient à la conclusion que lorsque tous les personnages principaux sont tués; une nouvelle est d'ailleurs intitulée «Les Morts entassees» (2.3).

Dans ce monde plein d'innombrables périls mortels et d'êtres humains profondément méchants, la justice humaine est au fond une machine de torture physique destinée à contraindre à la confession. Dans «La tardive Justice» (2.7), un des personnages se trouve faussement accusé de meurtre, et «[l]a Justice, apres l'avoir bien travaillé, ne trouva pas assez de preuves pour l'envoyer au supplice: il fut donc r'envoyé, mais si gasté et estropié qu'il ne peut jamais travailler ny gaigner, qu'il finit de là à quelque temps parmy de grandes miseres et necessitez, protestant sans cesse de son innocence» (pp. 331-332). Dans la nouvelle suivante Camus avoue avec désinvolture que «[la justice] humaine est quelquefois trop prompte en l'execution de ses jugemens» (p. 338), et fournit une autre histoire, celle d'un homme innocent torturé et exécuté. Pourtant, nous affirme-t-il, on ne peut jamais être sûr que cet homme, faussement accusé d'un crime, ne fût pas coupable d'un autre: «qui pourra dire s'il n'estoit point coupable de quelque crime incognu aux hommes, mais cogneu de Dieu seul?» (p. 344).

---

[55] *Les Spectacles d'horreur* (1630) (réimpr. Genève: Slatkine, 1973), introduction par René Godenne, p. 113.

Les nouvelles de Camus mettent en scène la justice distributive, au sens où la justice divine «[rend] à un chacun selon son œuvre» (p. 346), et l'évêque lui-même les considérait comme des exemples négatifs, encourageant le comportement vertueux de ses lecteurs[56]. Mais c'est une justice sans aucun discernement, qui se limite principalement à la punition et ne connaît pas la récompense (à quelques exceptions près). Qui plus est, les châtiments se ressemblent terriblement, allant de la torture à la mort. Du même coup, les personnages méchants chez Camus possèdent tous la même *dignitas* négative puisqu'ils méritent au fond la même chose, la torture et la mort. La justice divine rend la plupart des humains égaux: ils sont tous essentiellement des pécheurs, également coupables; quoiqu'ils portent chacun des noms propres et que leurs actions aient lieu dans les endroits différents, ils sont tous la même personne, ils incarnent tous le Péché. Même si les innocents sont mis à mort, nous ne pouvons être certains de leur innocence, puisque dans leurs cœurs ils auraient pu mériter, en dépit de toute apparence, le châtiment ultime. En d'autres mots, la conclusion de ces nouvelles ne rétablit pas la proportion entre les biens différents et les individus possédant leur *dignitas*, mais elle aide à bouleverser le cadre même dans lequel les échanges pourraient avoir lieu: n'importe quoi peut arriver à n'importe qui, et aucune prudence ni aucun jugement ne peuvent éviter d'»estranges et prodigieux effects» (p. 311). Nous sommes tous pécheurs; la justice divine produit des effets au-delà des possibilités de toute prudence humaine[57]. Les nouvelles se réduisent à la production en série de souffrances. Si la justice légale occupe souvent la scène, sous la forme de châtiments infligés aux coupables et aux innocents, la combinaison d'actions humaines formant l'échange juste dont les nouvelles de Boccace et de Marguerite de Navarre donnent le modèle, est privée de toute efficacité, et minée par les interventions imprévisibles de la colère divine.

---

[56] «Les bons Chirurgiens guerissent en maniant les playes des blessez, et en tirant le sang des veines des malades. Nous les imitons en tirant de bons exemples des actions les plus horribles que nous fournisse le grand theatre du monde» (*Les Spectacles d'horreur*, préface, a ii^v); «Ce n'est pas mon dessein d'apprendre le mal en le descrivant, mais plustost de le destruire en le descriant, et en faisant cognoistre par les mauvais succez qui accompagnent le vice combien il est dangereux de laisser regner en nous ce cruel tyran que l'on appelle peché» (1.10, pp. 115-116).

[57] Même démonstration, au fond, dans le genre de «l'histoire dévote» que l'évêque de Belley a pratiqué avec grande assiduité. Voir Max Vernet, *Jean-Pierre Camus: théorie de la contre-littérature* (Paris: Nizet, et Sainte-Foy: Le griffon d'argile, 1995), pp. 34 et 36.

AU-DELÀ DE L'ÉCHANGE JUSTE: L'ASTUCE

Le spectacle de l'application de la loi tend ainsi à réduire sensiblement la part de l'effort humain à la base de la justice particulière, mais la nouvelle peut prendre aussi une autre direction, celle de la mise en valeur de l'astuce, en dehors de tout égard pour la justice. L'astuce se tient souvent, toutefois, dans les limites de la justice distributive. On recense de nombreux exemples d'intrigues dans lesquelles il s'agit d'embarrasser ou de tromper un personnage, fréquemment riche ou de statut social considérable. Lorsque les Florentins, dans la cinquième nouvelle de la huitième journée du *Décaméron*, se moquent d'un juge en lui baissant les chausses, la blague n'est pas du tout gratuite, mais souligne l'incompétence du juge. De même, le valet qui donne au noble un étron gelé enveloppé dans du papier de confiseur (*Heptaméron*, 52) dénonce l'avarice du personnage qui voulait déjeuner aux dépens d'autrui. La plaisanterie rétablit la proportion entre récompense et *dignitas* en humiliant ceux dont le statut social excède leur mérite. En ce sens, la *burla* ou la *facétie* fonctionne à l'intérieur du cadre implicite de la justice distributive.

Le genre de la nouvelle a toutefois donné naissance à un groupe de récits mettant en scène, au cours de plusieurs histoires, le même trompeur, le *buffone*, qui joue ses tours à n'importe quel personnage, qu'il soit paysan ou riche bourgeois. On peut mentionner Bruno et Buffalmacco dans le *Décaméron*, les tours de Ponzio dont il est question dans le *Cortegiano* (2.89), ceux de Panurge dans le *Pantagruel* (surtout le chapitre «Des mœurs et conditions de Panurge»), et les tromperies incessantes de Till Eulenspiegel. Lorsque le protagoniste reste le même au cours de plusieurs épisodes, et que ces épisodes constituent une série, l'histoire individuelle perd le rapport entre la finalité de l'intrigue et la justice, rapport que nous trouvons dans les nouvelles de Marguerite de Navarre et de Boccace. Ainsi l'ingéniosité de la première tromperie renvoie à l'ingéniosité de la suivante, ce qui diminue le sentiment de clôture dans chaque histoire et mine le fondement moral de la narration. La nouvelle devient un épisode, mais un épisode dans une série sans but, nécessitant la surenchère et frôlant la répétition et le gratuit. Ce passage de la plaisanterie à la friponnerie et à la cruauté est noté par Bernardo Bibbiena dans le *Cortegiano*: «Deesi ancora guardar che il burle non passino alla barraria, come vedemo molti mali omini che vanno per lo mondo con diverse astuzie per guadagnar denari, fingendo or una cosa ed or un'altra; e che non siano anco troppo acerbe... »[58].

---

[58] «Il faut encore éviter que les facéties ne deviennent la friponnerie, à l'exemple des hommes méchants que nous voyons aller à travers le monde avec diverses

En effet, c'est la mise en série de la tromperie et de la provocation qui caractérise les nouvelles résumant la vie du *Schalk* Till Eulenspiegel, publiées d'abord en 1478 mais connues aujourd'hui par l'édition de 1515. L'Allemagne voit se succéder les éditions, et le *Volksbuch* sera partiellement traduit en français en 1532. Les victimes d'Eulenspiegel sont simplement tous ceux qui peuvent se faire avoir, c'est-à-dire tous ceux qui ne sont pas aussi astucieux, aussi *schalkhaftig*, que le protagoniste : il trompe avec la même aisance les paysannes, les prêtres, les juifs et le Pape. Par exemple, Eulenspiegel arrive à un marché et voit une paysanne assise avec un panier de poules et un coq. Il prend le panier et s'apprête à partir ; la femme demande son argent ; Eulenspiegel lui dit qu'il va retourner à l'abbaye où il travaille pour aller chercher de l'argent afin de la payer. Il lui laisse le coq comme caution et s'en va avec le panier de poules, sans jamais revenir. La leçon de l'histoire est la suivante : « Da geschahe ihr eben als [wie denjenigen], die unter Zeiten ihr Ding allergnauest wöllen versorgen, bescheißen sich zuzeiten allererst » (« Alors lui arriva ce qui arrive à tous ceux qui sont tellement concernés par leurs propres affaires qu'ils sont les premiers à s'encrasser eux-mêmes »)[59]. La tromperie n'est guère motivée par autre chose que la volonté, de la part d'Eulenspiegel, de tromper et d'humilier : l'univers moral des nouvelles semble dominé par un cynisme à toute épreuve. Chacun essaie de tromper l'autre, et seuls les plus astucieux, les *schalkhaftigsten*, peuvent échapper au sort des victimes. Même couché sur son lit de mort, Eulenspiegel ne peut pas s'empêcher de prodiguer ses blagues. L'avarice présumée de ses victimes lui livre toujours une excuse pour un nouvel exploit. Aussi sa mère lui rendant visite est-elle annoncée comme une femme qui cherche de l'argent, « wann sie war eine alte arme Frau » (« puisqu'elle était une vieille femme pauvre ») (chap. 90, p. 148). Lorsqu'elle lui demande de lui dire un mot doux, il répond « miel », et lorsqu'elle lui demande une « douce » leçon par laquelle elle pourrait se souvenir de lui, il dit que quand on pète on devrait tourner le derrière dans la direction contraire à celle du vent pour que l'odeur ne monte pas au nez, etc. De même, et l'apothicaire et le prêtre qui le soignent pendant sa dernière maladie sont victimes de farces scatologiques primitives. Les tours de l'Espiègle sont arrangés dans une série potentiellement infinie que seule sa mort peut arrêter. En termes aristotéliciens, il est l'exemple de l'habileté privée de la disposition à la

---

tromperies pour gagner des sous, feignant une chose ou l'autre ; il faut éviter aussi que les facéties ne soient trop âpres...» (Baldassare Castiglione, *Il libro del cortegiano*, éd. Ettore Bonora, Milan : Mursia, 1972, 2.89, p. 197).

[59]   In *Deutsche Volksbücher*, vol. 2, eds. Peter Suchsland, Erika Weber (Berlin, Weimar : Aufbau-Verlag, 1982), chap. 36, p. 61.

vertu qui distingue la prudence de la rouerie cynique. La rouerie devient une fin en elle-même, puisqu'on n'a plus l'impression qu'elle s'insère dans un ordre de justice plus général. Les performances en série de la tromperie côtoient ce que nous appellerions aujourd'hui le gratuit.

Les exemples du récit bref que nous venons de passer en revue, de la nouvelle «classique» à l'histoire tragique, n'épuisent pas ce genre protéiforme qui comprend bien des espèces ne se conformant point aux paramètres de la justice : ni le *propos* (tels les *Propos rustiques* de Noël Du Fail en 1549) ni les histoires «picaresques» (le *Lazarillo de Tormes* fut traduit en français en 1560) ne semblent reproduire le schéma d'échanges qu'affectionne le genre de la nouvelle plus traditionnelle. Il y a de même à l'intérieur de la nouvelle «classique» des tendances qui s'opposeront à l'équilibre des échanges observé dans le *Décaméron* ou l'*Heptaméron*. Par exemple, le développement d'un personnage particulier dépassera les proportions sociales que constitue la justice distributive : ce personnage dépassera la *dignitas* qui correspond à la récompense ou à la punition ; on insistera alors sur le décalage entre personnage et *dignitas*, et sur le décalage entre ce personnage et les autres qui connaissent une distribution (juste) de biens. A un autre niveau, la prééminence de la «nouveauté», au sens de l'inouï, déjà présente dans le nom même de «nouvelle» et dans la publicité que le genre fait de lui-même (rappelons les *Cent nouvelles nouvelles*), s'inspirera de plus en plus du lien croissant entre la littérature et un «Réel» référentiel et historique. La nouvelle qui se contente de rapporter un fait divers étonnant ou détonnant minera l'échange prévisible qu'Aristote et Cicéron croyaient identifier à la justice. Par ailleurs, il est clair que le lien naturel entre justice et récit bref ne pourra être entièrement rompu.

Dans la période qui va de la fin du moyen âge à la Renaissance, le monde imaginaire que constitue la nouvelle transmet ainsi, par sa structure même, des concepts de justice que l'on retrouve dans le discours «théorique» de l'époque. Ce discours, s'il est assez homogène, n'est donc pas nécessairement coupé de l'imagination littéraire qui s'en nourrit inconsciemment et qui en quelque sorte le commente et parfois le subvertit. La littérature, en commentant et étoffant le discours moral, accomplit cette mission de la rhétorique épidictique qui exprime la voix morale de la communauté. Les jeux, l'ouverture, les inconsistances mêmes du littéraire n'empêchent aucunement son «utilisation» dans le domaine moral qui confère une connaissance tout au plus probable, qui s'accommode par sa définition même à la variété des interprétations et jugements, et qui en est le produit.

LA PRUDENCE:
DE LA BATELIÈRE EXEMPLAIRE
À MONTAIGNE CHÂTELAIN

Les vertus sont toutes liées les unes aux autres par la prudence (*phronesis, prudentia*)[1]. Chez Aristote elle est une vertu non pas morale mais intellectuelle, au sens où c'est elle qui permet la connaissance des moyens particuliers servant à accomplir certaines fins qui seront les manifestations concrètes des dispositions morales. Cette connaissance se distingue pourtant d'une science du nécessaire: la prudence relève du domaine du contingent, de ce qui peut être ou ne pas être. Elle ne dépend donc ni de l'induction ni de la déduction, c'est-à-dire de la démonstration mathématique, puisqu'elle n'accède pas proprement aux affirmations universelles, valables en toutes circonstances. Elle est une sagesse pratique, «une disposition, accompagnée de règle vraie, capable d'agir dans la sphère de ce qui est bon ou mauvais pour un être

---

[1] «Nous pouvons noter la conjonction indissoluble de toutes les vertus morales: desquelles nulle se peult avoir parfaictement, qu'avec ses compagnes, combien qu'elles ayent chacune leur particulier et propre office. Mais principalement la Prudence est necessaire en toutes...» (Pierre de La Primaudaye, *Academie françoise (1581)*, réimpr. Genève: Slatkine, 1972, 3e journée, chap. 10, fs. 32ᵛ-33ʳ). Alessandro Piccolomini l'appelle «regina d'ogni virtù morale» (*Della institutione morale... libri XII*, Venise, Giordano Ziletti, 1560, Livre 5, chap. 7, p. 198). Il serait vain de vouloir démontrer l'évolution que subit le concept de prudence de l'Antiquité à la Renaissance, vu que cette dernière n'est que rarement consciente des conséquences de cette évolution. Il serait difficile d'explorer toutes les résonances que la prudence provoque chez les écrivains du XVIᵉ siècle. La prudence a fait l'objet de nombreuses études; citons Pierre Aubenque, *La prudence chez Aristote* (Paris: Presses universitaires de France, 1963), Gil Delannoi, *Eloge de la prudence* (Paris: Berg International Editeurs, 1993), Douglas J. Den Uyl, *The Virtue of Prudence* (New York: Peter Lang, 1991). Pour la Renaissance, voir Eugene Garver, *Machiavelli and the History of Prudence* (Madison: University of Wisconsin Press, 1987), Victoria Kahn, *Rhetoric, Prudence and Skepticism in the Renaissance* (Ithaca, NY: Cornell University Press, 1985), et Mario Santoro, *Fortuna, ragione, e prudenzia nella civiltà letteraria del Cinquecento* (Naples, 1967). Les études sur Machiavel ont pris récemment un nouvel élan, et son nom se rattache naturellement à toute analyse de la prudence.

humain»[2]: «Quare necesse prudentiam habitum esse cum ratione vera
circa humana bona operativum», dans la traduction de Robert Grosseteste[3]; «Restat igitur, ut ea sit habitus cum ratione vera coniunctus, ad
agendum idoneus, in iis occupatus, quae homini bona & mala sunt», lit-
on dans la traduction de Denis Lambin[4]. Elle rend capable de choisir le
bien et d'éviter le mal, ou de choisir le moindre mal, en s'aidant de la
droite raison, la *ratio recta* ou *vera*.

La tradition des florilèges et des commentaires, empreinte d'un
vocabulaire cicéronien, divise la prudence en trois parties, suivant la
définition que l'on trouve dans le *De inventione*:

> La prudence est la connaissance des choses bonnes, mauvaises, et indif-
> férentes. Ses parties sont: la mémoire, l'intelligence, la prévoyance.
> C'est par la mémoire que l'esprit repère les choses qui ont été, par l'in-
> telligence celles qui sont, et par la prévoyance, l'avenir est en quelque
> sorte vu avant qu'il ne soit fait[5].

La prudence, guidée par la *ratio recta*, utilise donc la mémoire, *memoria*
(l'expérience personnelle mais aussi la prise en considération
d'exemples d'autrui)[6], l'intelligence, *intellegentia* (la compréhension des
biens et maux présents, de ce qui est), et la prévoyance des choses

---

2   Aristote, *Ethique à Nicomaque*, trad. J. Tricot (Paris: Vrin, 1979), 6.5, 1140b4-
     6, p. 285. Voir Pierre Charron, *De la sagesse*: «[La prudence] est la conoissance
     et le chois des choses, qu'il faut desirer ou fuyr; c'est la juste estimation et le
     triage des choses; c'est l'œil qui tout voit, qui tout conduit et ordonne» (1ère
     éd. 1601, réimpr. de l'éd. 1604, Paris: Fayard, 1986, Livre 3, chap. 1, p. 545).
3   C'est la «versio antiqua», celle qui est utilisée par s. Thomas d'Aquin (*In
     decem libros Ethicorum Aristotelis ad Nicomachum expositio*, éd. Angelo
     M. Pirotta, Turin, Marietti, nouv. éd. 1934, Liber VI Lectio IV, p. 386).
4   *Aristotelis Stagiritae De Moribus ad Nicomachum libri decem*, annotés par Denis
     Lambin, Theodor Zwinger (Bâle: Ioannis Oporinus, Eusebius Episcopius,
     1566), p. 260.
5   «Prudentia est rerum bonarum et malarum neutrumque scientia. Partes eius:
     memoria, intellegentia, providentia. Memoria est per quam animus repetit illa
     quae fuerunt; intellegentia, per quam ea perspicit quae sunt; providentia, per
     quam futurum aliquid videtur ante quam factum est» (*De inventione*,
     2.53.160).
6   Pour Charron la prudence s'acquiert par la «Theorique» («preceptes et
     advis») et par «experience et prattique, qui est double: l'une et la vraye est la
     propre et personnelle, dont elle en porte le nom, c'est la conoissance des
     choses, que nous avons veuës ou maniées: l'autre est étrangere par le fait d'au-
     truy, c'est l'histoire que nous sçavons par ouyr dire, ou par lecture» (*De la
     sagesse*, 3.1, p. 547). C'est pourquoi les jeunes ne peuvent être appelés prudents,
     n'ayant pas eu la possibilité d'accumuler les expériences nécessaires (voir Aris-
     tote, *Ethique à Nicomaque*, 6.8, 1142a13-16).

futures, *providentia*[7]. Chez Cicéron la définition de la prudence est moins nette que chez Aristote. Dans le *De officiis*, la prudence et la sagesse (*sapientia*) font toutes deux parties de la première source de l'*honestum*, de ce qui constitue le bien moral: elles sont les instruments de la recherche du vrai («in perspicentia veri sollertiaque», 1.5.15)[8]. Cicéron distingue la prudence de la sagesse en se référant aux termes grecs, un peu plus loin dans le même traité:

> De toutes les vertus, cette sagesse, que les Grecs appellent *sophia*, est suprême – nous comprenons la prudence, que les Grecs appellent *phronesis*, d'une autre manière, comme la connaissance des choses à rechercher et à éviter – cette sagesse en effet, que j'appelais suprême, est la connaissance des choses divines et humaines, dans laquelle sont contenus les liens entre les dieux et les hommes et l'association entre eux[9].

La prudence, chez Cicéron, reste fondamentalement la connaissance des biens à rechercher et des maux à éviter, mais il détermine d'une manière moins succincte le genre de connaissance dont il est question. Il s'agit, semble-t-il, d'une connaissance du singulier; Cicéron nous met en garde contre certaines erreurs commises «in veri cognitione», dont la trop téméraire supposition que l'inconnu nous est connu. Celui qui veut éviter cette erreur doit, en examinant les choses, y consacrer du temps et de l'attention[10].

---

[7] Définition reprise par La Primaudaye qui y ajoute la métaphore traditionnelle des trois «yeux» de la prudence: «Les Philosophes moraux ont donné à ceste vertu de Prudence trois yeux, à sçavoir Memoire, Intelligence, et Providence... Du premier œil elle regarde le temps passé, du second le present, et du tiers le futur» (*Academie françoise*, f. 32ᵛ). Voir aussi [pseudo-] Aristote, *De virtutibus et vitiis*, 4.1-2, où manque pourtant la prévoyance. Par ailleurs, dans la *Summa theologiae* II-II qu 49 art 1-8 s. Thomas ajoute aux «parties» de la prudence la docilité (*docilitas*, la capacité d'apprendre des opinions des autres), la «sagacité d'esprit», *solertia* [terme cicéronien], *eustochia*, une rapidité et justesse de la visée, commune aux prudents et aux rhéteurs [voir qu 49 art 4 ad tertium], «l'habileté à bien raisonner», *ratio*, la circonspection, *circumspectio*, et la *cautio*, la mise en garde contre les embûches. La floraison terminologique autour de la prudence montre à quel point ce concept provoque l'énergie de la pensée morale.

[8] «... ex ea parte, quae prima descripta est [c'est-à-dire la recherche du vrai], in qua sapientiam et prudentiam ponimus, inest indagatio atque inventio veri, eiusque virtutis hoc munus est proprium» (*De officiis*, 1.5.15).

[9] «Princepsque omnium virtutum illa sapientia, quam *sophian* Graeci vocant – prudentiam enim, quam Graeci *phronesin* dicunt, aliam quandam intellegimus, quae est rerum expetendarum fugiendarumque scientia; illa autem sapientia, quam principem dixi, rerum est divinarum et humanarum scientia, in qua continetur deorum et hominum communitas et societas inter ipsos...» (1.43.153).

[10] «Adhibebit ad considerandas res et tempus et diligentiam» (*De officiis*, 1.6.18-19).

Lorsque Cicéron parle donc, dans le *De inventione*, de l'intelligence requise pour la recherche des biens et des maux («intellegentia, per quam ea perspicit quae sunt»), il semble se référer à la perception de ce qui est vrai au moment présent, dans la contingence, plutôt qu'à celle de ce qui est à désirer ou à éviter indépendamment de toute contingence. Dans cet emploi, le terme «intelligence» (*intellegentia*) est à distinguer de l'*intellectus* (ou *intelligentia*) au sens aristotélicien et scolastique, traduction du *nous* grec, qui mène à la connaissance des vérités générales, ou des premiers principes des choses[11]. Le terme *intellegentia* chez Cicéron est à rapprocher de la *vis cognitiva* du jugement chez s. Thomas, qui saisit une chose selon ce qu'elle est en elle-même: «apprehendat rem aliquam secundum quod in se est» (*Summa theologiae*, II-II qu 51 art 3 ad 1).

La fin de la prudence réside dans la bonne action elle-même, *eupraxia*[12], et son exercice contribue à la vie heureuse considérée dans sa totalité, *bene vivere totum* ou *ad bene beateque vivendum*, par opposition à la santé ou la force physiques[13]. Mais la prudence ne pourra en aucun cas *garantir* la réussite de l'action: l'homme prudent peut subir des échecs aussi bien que l'homme imprudent[14]. La prudence est tout au plus la mise en place d'une délibération intérieure fondée, raisonnée, chez l'homme vertueux visant l'action particulière. Elle est indissociable, au moins pour l'Aristote de l'*Ethique à Nicomaque*, de la bonté morale, et requiert l'habileté, *deinotes* (*ingeniositas* ou *industria*), une

---

[11] «Quomodo differt prudentia ab intelligentia? Intelligentia et prudentia habent quasi opposita obiecta, circa quae versantur. Nam intelligentia versatur circa ea, quae sunt in ordine naturae suprema: quorum nulla potest reddi ratio: cuiusmodi sunt prima principia. Prudentia verò versatur circa singularia, quae in ordine naturae sunt infima: quorum etiam nulla reddi potest ratio: sed tantum sensu communi sunt cognoscenda, et dijudicanda» (Theophilus Golius, *Epitome doctrinae moralis, ex decem libris ethicorum Aristotelis ad Nicomachum collecta, pro Academia Argentinensi*, Argentorati, Iosias Rihelius, 1592, pp. 241-242, reformulant Aristote, *Ethique à Nicomaque*, 6.8.8-9, 1142a24-28). Voir aussi s. Thomas, *Summa theologiae*, II-II qu 49 art 2.

[12] *Ethique à Nicomaque* 6.5, 1140b6. Lambin traduit: «Est enim ipsa res bene gesta, seu perfecta actio, actionis finis», *De moribus ad Nicomachum*, p. 260.

[13] *Ethique à Nicomaque*, 6.5, 1140a28. L'exemple du prudent est Périclès qui était capable de discerner ce qui est bon pour lui-même et pour les hommes en général. Le prudent est égoïste, mais ne perd jamais de vue ce qui est bon pour l'humanité (ce qui le distingue de l'injuste).

[14] Thème qui sera développé avec complaisance par les moralistes d'inspiration stoïcienne. Voir Charron: «C'est une sentence justement receuë, qu'il ne faut pas juger les conseils ny la suffisance et capacité des personnes par les evenemens» (*De la sagesse*, 3.1, p. 546).

sorte d'efficacité neutre dans le choix des meilleurs moyens pour n'importe quelle fin; mais elle se distingue de l'astuce, l'habileté dans le mal, *panourgia, astutia* ou *malitia*. La prudence ne se rend pas manifeste simplement par la réussite de l'action, et ne s'ouvre pas à l'examen théorique comme le permettent la connaissance scientifique, d'une part, ou les vertus morales, de l'autre; la définition de la justice, par exemple, ne présente aucune difficulté insurmontable. Bref, cette résistance à la définition précise confère à la prudence une certaine qualité aléatoire mais puissante, et la fait fonctionner dans la philosophie morale comme un *je ne sais quoi* nécessaire mais insaisissable. Cette nature protéenne suggère des parallèles: la détermination du *decorum* dans l'éthique[15] de Cicéron et de l'*aptum* dans sa rhétorique[16].

La prudence s'exerce donc sur ce qui est variable, sur ce qui peut être autrement, et ce qui, par le fait de sa particularité même, est potentiellement en nombre illimité[17]. Elle se rattache ainsi naturellement à la rhétorique délibérative, et ceci de tous les points de vue. Elle intervient dans la composition et l'exécution mêmes du discours (il faut choisir ce qui convient aux circonstances, au public, etc.) mais aussi dans sa réception (faut-il suivre ce conseil ou un autre?)[18]. Acquérir la prudence dans

---

[15] « Hoc loco continetur id, quod dici Latine decorum potest; Graece enim *prepon* dicitur. Huius vis ea est, ut ab honesto non queat separari; nam et, quod decet, honestum est et, quod honestum est, decet; qualis autem differentia sit honesti et decori, facilius intellegi quam explanari potest. Quicquid est enim, quod deceat, id tum apparet, cum antegressa est honestas. (...) Nam et ratione uti atque oratione prudenter et agere, quod agas, considerate omnique in re quid sit veri videre et tueri decet...» (*De officiis*, 1.27.93-94). *Decorum* sera traduit en français par un ensemble de termes: «qui est à dire honnesteté, grace et bien seance» (*Les offices de M. T. Cicero...*, Paris, Gabriel Buon, 1583, Livre 1, chap. 33, p. 96).

[16] « Omnique in re posse quod deceat facere artis et naturae est, scire quid quandoque deceat prudentiae», dit Crassus lorsqu'il s'agit de dire «quid aptum sit», le style qui convient à la cause, au public, à l'orateur, et à l'occasion (*De oratore* 3.55.212).

[17] C'est ce qui constitue aussi sa nature «illimitée», et par là «difficile»: «C'est une vertu universelle, car elle s'estend generalement à toutes choses humaines, non seulement en gros, mais par le menu à chacune: ainsi est elle infinie comme les individus. Tresdifficile tant à cause de l'infinité jadite, car les particularités sont hors de science, comme hors de nombre... que de l'incertitude et inconstance des choses humaines, encore plus grande de leurs accidens, circonstances, appartenances, dependances d'icelles...» (Charron, *De la sagesse*, 3.1, p. 545).

[18] Voir Garver, *Machiavelli and the History of Prudence*, p. 9: «Not only does [Machiavelli] teach prudence, or, to be a bit more careful at this stage, not only does he create texts that take the form of acts of teaching, but he also exhibits the prudent activities he wants to instill, by making writing and reading into prudent acts».

le domaine rhétorique demande un entraînement à l'argumentation *in utramque partem*[19] mais aussi une connaissance du particulier, véhiculée par l'exemple. Cette connaissance de l'exemple ne suppose pas que celui-ci soit toujours infailliblement lié à une vérité générale, ni qu'il ne puisse être contredit par d'autres exemples. Le contact même avec la plus grande variété de particuliers est ce qui compte, ce qui entraîne la mémoire qui constitue le fondement de la prudence. L'exemple est aussi ce qui unit conseil et action: le prudent adoptera ou non le conseil qu'on lui offre, suivant sa connaissance du particulier, qu'elle lui parvienne par ce conseil ou par une autre voie. On gagne ainsi à aiguiser sa prudence au heurt de l'exemple.

Le texte littéraire à la Renaissance, par sa transmission même du particulier, incite donc le lecteur à la prudence, mais sa composition requiert aussi, par le travail rhétorique qu'elle exige, la prudence du poète[20]. La prudence *représentée* est une autre affaire. En un sens, toute intrigue comprenant des événements contingents met en scène la prudence ou son manque chez les personnages confrontés aux choix qu'exigent les événements. Ainsi le roman, scandé par la rencontre, par ce qui survient, par l'imprévu ou par ce qui est mal prévu, exhibe la prudence des personnages frayant leur voie, comme le fait aussi le théâtre, où la mise en scène de la délibération constitue un ressort fondamental. Le monde de la nouvelle est habité par des personnages qui se distinguent les uns des autres surtout par leur degré de finesse et donc, dans la mesure où ils méritent l'éloge, par leur prudence. L'essai, dans la mesure où il permet la perception d'un sujet exerçant son jugement, triant la matière, les exemples et les citations, peut révéler la prudence de l'auteur et demander celle du lecteur. Je me limiterai à trois moments, trois possibilités: la prudence exemplaire chez Marguerite de Navarre, l'imprudence chez Rabelais, et la prudence du sujet des *Essais*.

---

[19] Ce qu'a bien vu Kahn, in *Rhetoric, Prudence, and Skepticism in the Renaissance*; elle suggère que l'acte même de la lecture est un exercice de prudence pour les humanistes (voir pp. 20-21 et *passim*).

[20] Cicéron étend la notion du *decorum* à la poésie: le choix d'action et de paroles doit être en accord avec la *persona* représentée (*De officiis* 1.28.97). Ce choix est un produit du jugement, donc peut-être de la prudence. Il ne s'agit pourtant pas dans ce cas de la perception d'une vérité morale mais de la compréhension des dispositions différentes de divers personnages.

LA BATELIÈRE PRUDENTE (*HEPTAMÉRON*, 5)

Au port de Coullon, près de Nyort, y avoit une basteliere qui jour et nuict ne faisoit que passer ung chacun. Advint que deux Cordeliers du dict Nyort passerent la riviere tous seulz avecq elle[21].

Comme de nombreuses nouvelles de Marguerite de Navarre, la cinquième de la première journée commence par ce qui est particulier: un endroit nommé. Le personnage principal ne l'est pourtant pas, mais c'est sans doute pour souligner sa basse condition, et l'apparent contraste entre cette condition et sa vertu. La batelière fait passer la rivière à «ung chacun», ce qui lui donne l'occasion de rencontrer toutes sortes de gens, d'accumuler l'expérience nécessaire à la connaissance du contingent. En outre la navigation est l'image préférée de la prudence, de la négociation de l'incertain[22]. La formule «Advint que...» souligne l'irruption de l'accident, de l'événement non prévu auquel le métier de batelier d'ailleurs est ouvert. Les Cordeliers, fidèles à leur nature dans l'*Heptaméron*, «vindrent à la prier d'amours» et le défi est lancé. La première réaction de la batelière («elle leur feit la responce qu'elle devoit») ne suffit pas à les décourager, et ils «se delibererent tous deux la prandre par force, ou, si elle se plaignoit, la jecter dans la riviere» (p. 35). Le refus initial de la femme est motivé par la connaissance de son «devoir», c'est-à-dire de la chasteté qu'une femme mariée se doit de conserver. Il s'agit donc de la connaissance d'une vérité générale, par la *ratio recta*; or la difficulté consiste à passer de la connaissance de cette vérité à sa réalisation dans le particulier. C'est là que la prudence entre en jeu.

Geburon en donne ensuite une définition *fonctionnelle*[23]: «Elle, aussy saige et fine qu'ilz estoient folz et malitieux» (p. 35) feint de vou-

---

[21] Marguerite de Navarre, *Heptaméron*, éd. Michel François (Paris: Garnier, 1967), p. 35.

[22] Voir La Primaudaye: «C'est par elle, que l'homme est tousiours revestu d'une disposition rassisse [*sic*], de laquelle il n'a moins besoin, que la navire voguant sur mer, de la presence du Pilote, pour prudemment entreprendre, et sagement executer ce qu'il aura cogneu estre bon» (*Academie françoise*, 3.10, f. 32ʳ).

[23] Dans l'*Heptaméron* le terme «prudence» ne sera pas employé régulièrement pour désigner la prudence au sens aristotélicien, sauf pourtant dans le sujet donné à la quatrième journée: «on devise principalement de la vertueuse patience et longue attente des dames pour gaingner leurs marys; et la prudence dont ont usé les hommes envers les femmes, pour conserver l'honneur de leurs maisons et lignage». Ainsi, dans la 36ᵉ nouvelle, un Président de Grenoble se venge de sa femme adultère en l'empoisonnant avec une salade, et sauve ainsi l'honneur de sa maison; Ennasuite se réfère dans son commentaire à «la grand patience et prudence d'un homme». Il s'agit ici de la *prudentia oeconomica* (voir *Ethique à Nicomaque*, 6.8, 1141b31-33, S. Thomas, *Summa theologiae*,

loir se donner aux Cordeliers et finit par laisser les deux frères dans
deux îles différentes où ils n'auront qu'à attendre la venue des villageois
et de la justice. *Saige et fine* s'oppose à *folz et malitieux*. La batelière est
sage, parce qu'elle a compris la fin morale de ses actions, en fonction de
la situation; fine, parce qu'elle choisit, avec sagacité d'esprit et prévoyance dans les contingences (le sérieux du danger, la lascivité aveu-
glante des Cordeliers, ses propres moyens, étant donné qu'elle est seule
contre deux), ce qui lui permet d'accomplir sa fin, la défense de sa chasteté. Lorsque les deux frères se rendent compte du tour qu'elle leur a
joué et de la honte de leurs actions, ils la supplient de les mener au port:
«Mais, en s'en allant tousjours, leur disoit: 'Je serois doublement folle,
après avoir eschappé de voz mains, si je m'y remectois'» (p. 36). Par ces
mots, elle donne une preuve supplémentaire de son *intellegentia*, de sa
compréhension de la situation présente[24], mais aussi de sa capacité à
profiter de son expérience, et à se garder des embûches (*cautio*). En tout
ceci, elle s'oppose aux frères mendiants qui sont «folz et malitieux»,
c'est-à-dire à qui manque la perception de la vérité morale. Car leurs
fins à eux ne sont pas le produit de la *ratio recta* mais de leur désir physique, leur intempérance. La réalisation de la fin se fait par la *malice*,
cette *malitia, astutia, panourgia* qui, tout en profitant des ressources de
l'intelligence, puisqu'elle constitue une *délibération*, n'est point louable
en l'absence de la vérité morale.

La batelière réussit, par sa prudence, à préserver sa chasteté. Comme
elle abandonne les Cordeliers sur des îles, et les condamne à attendre
l'arrivée des villageois pour les remettre à la justice, sa vertu engage
ainsi tout le village: sa prudence s'unit à la justice distributive pour donner lieu à une punition exemplaire des coupables, punition qui en réalité est un bien pour le village puisqu'elle prend la forme de messes et de
prières. La batelière reproduit en un sens cette prudence de Périclès qui
discerne ce qui est bon pour un homme en particulier mais aussi pour
les hommes en général.

Geburon ajoute son commentaire: il compare la batelière aux
femmes qui «ont tant leu et veu de beaulx exemples» mais dont la vertu
devrait plutôt être appelée «coustume que vertu» (p. 37). C'est que,

---

II-II, qu 50 art 3), le gouvernement de la famille, dont la charge incombe
davantage à l'homme qu'à la femme. Sur le rapport entre le genre du récit bref
et la prudence (dont le sens ne me semble pas suffisamment distingué de celui
de «l'astuce»), voir aussi Winfried Wehle, *Novellenerzählen: Französische
Renaissancenovellistik als Diskurs* (Munich, 1981).

[24] Le fait que ses propos à elle sont transmis en discours direct, et qu'elle utilise
l'ironie et le sarcasme dans ces propos, souligne sa supériorité *rationnelle* et par
là *humaine*: elle maîtrise la parole comme elle maîtrise la situation...

précisément, il manque à ces femmes «nourries» la *prudence*, c'est-à-dire la mise à l'épreuve des connaissances morales. Geburon, comme d'ailleurs bien des devisants du recueil, attribue la vertu de la batelière à l'esprit de Dieu qui permet même à celles qui n'écoutent que deux bons sermons par an de posséder une vertu «naïfvement dedans le cueur». Comme Oisille dans le cas de la deuxième nouvelle, Geburon rattache à ce qui relève évidemment de l'éthique une glose théologique; toutefois, la facilité de ce commentaire démontre que le scénario éthique n'est pas ressenti comme étranger. La conversation des devisants visera, dans la suite des propos, la chasteté de la batelière. Longarine, secondée par Nomerfide, affirme que «ce n'est pas grand vertu de refuser ung Cordelier»; les commentaires des devisants s'attachent plus volontiers à la chasteté, vertu plus éminemment chrétienne et féminine, qu'à la prudence. Toujours est-il que la matière même de la nouvelle reste éthique: ce n'est pas la foi en Dieu qui assure la réussite de la batelière, mais le fait qu'elle est *sage et fine*. Le cadre interprétatif, souvent fortement «évangélique», ne détermine pas forcément le déroulement de l'intrigue et la motivation des personnages. C'est que l'*habitus* de la vertu n'est pas encore ressenti comme incompatible avec la foi – cette dernière est une sorte d'étayage théologique mais elle ne se répercute pas vraiment au niveau mimétique. Ainsi la foi évangélique n'exclut pas un comportement entièrement basé sur les catégories éthiques classiques. La pensée aristotélo-cicéronienne persiste dans l'évangélisme de la première moitié du XVIe siècle.

L'IMPRUDENCE: PICROCHOLE ET PANURGE

L'imprudence peut avoir des sens multiples: la simple ignorance de soi-même, des choses à éviter ou à désirer, le mauvais jugement, la témérité[25]. L'imprudent n'est pas nécessairement celui dont les projets échouent. Il se gouverne mal lui-même (comme l'intempérant) et ainsi aura du mal à gouverner une maison ou un état. Mais il semble aussi incapable d'envisager la distribution des événements dans le temps: l'imprudent ne réalise pas que certaines choses *restent à faire*, que l'avenir est ouvert à la contingence. L'imprudent ne croit pas à la possibilité de l'échec parce que l'avenir est pour lui *comme s'il s'était déjà réalisé*. Un exemple célèbre est celui du roi imprudent, écoutant le mauvais

---

[25] «L'Imprudence procedant, ou estant plutost une mesme chose que l'Ignorance, est (comme dit Aristote) juger mal des choses, deliberer pirement, ne se sçavoir servir des biens presens, avoir mauvaise opinion des choses qui sont bonnes et honnestes à la vie» (La Primaudaye, *Academie françoise*, 3.11, f. 35ᵛ).

conseiller qui lui décrit l'avenir comme s'il était acquis, donc comme s'il faisait déjà partie du passé[26]. En même temps, l'imprudent est incapable de comprendre ce qui *est*: «Si L'Imprudent tient entre ses mains quelque grand bien ou felicité, il ne le sçaura iamais cognoistre, qu'apres la perte d'iceux»[27].

C'est ainsi que Picrochole refuse d'apprécier la valeur de l'amitié de Grandgousier, que le *prudent* Ulrich Gallet lui démontre dans sa harangue (*Gargantua*, 29), et qu'il rejette l'offre de paix dans le chapitre suivant. Ce manque d'*intellegentia* ouvre la voie au conseil de Picrochole durant lequel les «gouverneurs» délibèrent au sujet de la guerre de conquête. Le discours des gouverneurs commence par une représentation d'actions à faire: vous saisirez ceci, vous pillerez cela, vous passerez, vous érigerez, l'Espagne se rendra...:

> Passerez par l'étroit de Sybille, & là érigerez deux colonnes plus magnifiques que celles de Hercule, à perpétuelle mémoire de votre nom. Et sera nommé cestui détroit la mer Picrocholine. Passée la mer Picrocholine, voici Barberousse qui se rend votre esclave[28].

Dans ce monde de conquêtes faciles, le particulier n'est soumis à aucune contingence en dehors de la volonté même de Picrochole: le discours n'est pas «si vous réussissez à faire ceci, vous pouvez envisager cela» mais plutôt «vous ferez ceci, ensuite vous ferez cela, ce qui vous permettra de faire encore cela, etc.» Cet avenir manque tellement de contingence qu'il n'est plus *à venir*, mais présent: «voici Barberousse qui se *rend* votre esclave». La prudence n'est pas pertinente dans ce monde délirant puisque rien ne peut être autrement, et cela parce que tout est déjà fait. Le monde devient littéralement Picrochole: la mer a

---

[26] Une variante de cette situation est celle du roi qui croit trop tôt que la victoire est sienne. Voir l'exorde du 5e chant des *Cinque canti* de l'Arioste: «Un capitan che d'inclito e di saggio / e di magno e d'invitto il nome merta, / non dico per ricchezze o per lignaggio, / ma perché spesso abbia fortuna esperta, / non si suol mai fidar sì nel vantaggio, / che la vittoria si prometta certa: / sta sempre in dubbio ch'aver debbia cosa / da ripararsi il suo nimico ascosa» (éd. et trad. Alexander Sheers, David Quint, Berkeley: University of California Press, 1996, 5.1, p. 290). Charlemagne, quoique «saggio e prudente» dans le passé, ne le sera pas cette fois-ci, ce qui le conduira à la ruine.

[27] *Academie françoise*, 3.11, f. 36ʳ.

[28] Rabelais, *Gargantua*, éd. Gérard Defaux (Paris: Librairie générale française, 1994), chap. 31, p. 317. Pour une analyse de ce discours à Picrochole qui souligne les conditions et la définition de la volonté qui le soustendent, voir mon *Divine and Poetic Freedom in the Renaissance: Nominalist Theology and Literature in France and Italy* (Princeton: Princeton University Press, 1990), pp. 146-147.

déjà pris le nom de son conquérant. Le conseil de Picrochole exclut la prudence comme il exclut toute argumentation *in utramque partem*, il ne peut envisager que les choses se fassent autrement, ce qui serait l'élément fondamental de toute délibération. La catastrophe du mal, le drame théologique du libre arbitre laissé à ses propres forces («dieu éternel l'a laissé au gouvernail de son franc arbitre & propre sens», chap. 27, p. 295), entraîne en même temps l'effacement illusoire de la contingence, l'évacuation de la prudence.

La prudence est aussi évacuée du *Tiers livre*, non pas parce que Panurge agit d'une manière téméraire, suivant un conseil qui lui représente le futur comme déjà fait, mais parce qu'il voudrait une connaissance certaine de ce qui ne peut être que contingent. Dans un domaine de l'expérience qui exige une sagesse pratique, le mariage, il demande la connaissance scientifique, l'*episteme*. La clef de la «quête» de Panurge se trouve dans l'échange entre Panurge et Pantagruel au chapitre 9. Panurge a annoncé sa «deliberation, qui est me marier», et il se tourne vers son ami pour avoir son avis:

– Puis (respondit Pantagruel) qu'une foys en avez jecté le dez at ainsi l'avez decreté et prins en ferme deliberation, plus parler n'en fault, reste seulement la mettre en execution.
– Voyre mais (dist Panurge) je ne la vouldrois executer sans votre conseil et bon advis.
– J'en suis (respondit Pantagruel) d'advis, et vous le conseille.
– Mais (dist Panurge) si vous *congnoissiez* que mon meilleur feust tel que je suys demeurer, sans entreprendre cas de nouvelleté, j'aymerois mieulx ne me marier poinct.
– Poinct doncques ne vous mariez, respondit Pantagruel[29].

Panurge demande à son ami une *connaissance* de ce qui n'est que potentiel, pour le contraster avec ce qui est actualisé («votre état de célibataire est meilleur que votre état marié»). En plus, il lui demande non pas une connaissance triviale de l'état de mariage (qui relèverait, par exemple, de la définition de cet état) mais la connaissance d'un particulier, donc de ce qui peut être autrement. Il n'est aucunement nécessaire que tous les hommes mariés soient rendus cocus, battus, volés par leurs femmes; Pantagruel l'affirmera au chapitre suivant: «Nous voyons bon nombre de gens tant heureux à ceste rencontre, qu'en leur mariage semble reluire quelque Idée et repraesentation des joyes du paradis. Aultres y sont tant malheureux, etc.» (p 105). Panurge ne se contentera que d'une certitude, *scientia*, *episteme*, du contingent là où seule la «délibération» est possible (*consilium*, *boule*, qui prépare le passage à l'acte,

---

[29] Ed. Jean Céard (Paris: Librairie générale française, 1995), p. 97 (je souligne).

la prudence). Il voudrait une démonstration, *demonstratio*, qui lui conférerait la certitude d'une vérité générale.

Lorsque Pantagruel et Panurge se lassent de leur «chanson de Rico-chet» et que le géant lui offre une opinion substantielle, celle-ci ne relève pas non plus de la prudence:

> N'estez vous asceuré de vostre vouloir? Le poinct principal y gist: tout le reste est fortuit et dependent des fatales dispositions du Ciel. (...) Il se y convient mettre à l'adventure, les œilz bandez, baissant la teste, bai-sant la terre, et se recommandant à Dieu au demourant, puys qu'une foys l'on se y veult mettre. (pp. 105-107)

Le conseil de Pantagruel n'envisage aucun véritable passage des inten-tions à l'acte, aucun choix, aucun jugement qui concerneraient les parti-culiers. On décide, et on s'abandonne. Rien ne peut être plus contraire à la prudence qui affirme la possibilité de *bien* conduire une action, qui reconnaît que l'appréhension d'une vérité morale est différente de sa réa-lisation, que cette réalisation peut être guidée par l'effort humain, tout en étant soumise aux accidents, au fortuit, aux «dispositions du Ciel». L'al-ternative posée par Rabelais ne se situe donc pas entre la connaissance sûre (et illusoire) d'une part, et la prudence de l'autre, mais entre la connaissance illusoire et la foi, foi qu'il faut d'ailleurs prendre dans deux sens différents, foi en Dieu et confiance en la volonté. Ce qui se trouve mis à l'écart, c'est l'éthique classique, l'attention aux particuliers, au juge-ment qui permet de s'y frayer une voie. Panurge a le droit de se plaindre.

De tous ceux que consulte Panurge, Hippothadée est le plus *prudent*. Son insistance sur le «bon plaisir» de Dieu ne reproduit pas cet aban-don des particuliers que Pantagruel semble avoir recommandé. Elle ramène plutôt aux textes de la Bible, où en effet l'on trouve des pré-ceptes pour le bon mariage, préceptes qui préparent au choix prudent et à la conduite prudente que demande le mariage: choix d'une femme aimant Dieu, de bonnes mœurs, amitié conjugale comme fondement du mariage, chasteté, pudeur, vertu du ménage, donc du mari y compris, etc.[30] S. Paul l'écrivait à Tite: «Tu autem loquere quae decent sanam

---

[30]   «Pour sçavoir sur ce quel est son plaisir, ne fault entrer en desespoir... Le bon Dieu nous a faict ce bien, qu'il nous les a revelez, annoncez, declairez, et aper-tement descriptz par les sacres bibles. Là vous trouverez que jamais ne serez coqu, c'est à dire que jamais vostre femme ne sera ribaulde, si la prenez issue de gens de bien, instruicte en vertus et honesteté, non ayant hanté ne fre-quenté compaignie que de bonnes meurs, aymant et craignant Dieu... Pour renfort de cette discipline, vous, de vostre cousté, l'entretiendrez en amitié conjugale, continuerez en preud'homie, luy monstrerez bon exemple, vivrez pudicquement, chastement, vertueusement en vostre mesnaige, comme vou-lez qu'elle, de son cousté, vive» (chap. 30, pp. 291-293).

doctrinam: Senes ut sobrii sint, pudici, *prudentes*... anus *similiter* in habitu sanctu... bene docentes: ut *prudentiam* doceant adolescentulas, ut viros suos ament, filios suos diligant, *prudentes*, castas, sobrias, domus curam habentes...» (Tit 2:1-5, je souligne). Si tu es prudent, tu choisiras une femme prudente, élevée par des parents prudents qui ont appris la prudence à leurs filles, pour être aimé d'elle. Si tu es prudent, tu l'aimeras de même[31].

Mais cette prudence n'est pas au goût de Panurge: la femme forte de Salomon est morte, et sans doute la perspective de la conduite prudente de sa propre vie que le choix d'une femme prudente entraînerait lui déplaît encore davantage. La prudence a perdu, auprès de Panurge, toute *pertinence*, ce qui n'est pas le cas de tous les personnages rabelaisiens. Pantagruel maniant son mât dans le combat avec Loup-Garou dans *Pantagruel*, ou guidant les compagnons au cours du voyage du *Quart livre*, Grandgousier délibérant sur les justifications de la guerre picrocholine dans *Gargantua*, tous deux constituent des images de la prudence d'autant plus frappantes qu'elles sont en contraste avec des personnages d'envergure extraordinaire mais peu prudents ou vertueux, et se détachent sur un fond de satire et de polémique religieuse qui masquent les codes éthiques communs. Chez Rabelais rien n'est acquis.

MONTAIGNE PRUDENT?

L'essai « De l'utile et de l'honneste » (3.1) a retenu l'attention des critiques à cause de ses rapports avec la pensée de Jean Bodin et de Machiavel, et à cause de sa condamnation de la trahison motivée par la « raison d'état »[32]. Montaigne, qui fut conseiller du prince, négociateur au service d'Henri de Navarre et du maréchal de Matignon, avoue son refus de trahir ses amis, sa franchise naturelle, sa « montre apparente de sim-

---

[31] Cette tautologie apparente ressemble à la définition même de la prudence chez Aristote: la prudence est la qualité de ceux que l'on nomme prudents. Ceci n'empêche nullement l'expérience de la prudence, seulement sa détermination scientifique. Mais justement, la prudence n'est pas du domaine de la démonstration, mais de celui de la délibération.

[32] Voir Géralde Nakam, *Les 'Essais' de Montaigne miroir et procès de leur temps* (Paris: Nizet, 1984), pp. 239-261 (Montaigne anti-machiavélien), et David Lewis Schaefer, *The Political Philosophy of Montaigne* (Ithaca, NY: Cornell University Press, 1990), pp. 351-365 (Montaigne plus machiavélien qu'on ne l'aurait cru). Sur le rapport entre prudence et raison d'état, voir Francis Goyet, « Prudence, sublime, Raison d'état,» à paraître dans *Discours pour les Princes*, éds Isabelle Cogitore, Francis Goyet (Grenoble: Presses universitaires de Grenoble III).

plesse et de nonchalance». L'argumentation complexe en faveur d'une
certaine moralité privée face aux besoins de l'état ou du prince va de
pair avec une prudence politique, «économique», et personnelle:

> A la verité, et ne crains point de l'advouer, je porterois facilement au
> besoing une chandelle à S. Michel, l'autre à son serpent, suivant le des-
> sein de la vieille. Je suivray le bon party jusques au feu, mais exclusive-
> ment si je puis. Que Montaigne s'engouffre quant et la ruyne publique,
> si besoin est; mais, s'il n'est pas besoin, je sçauray bon gré à la fortune
> qu'il se sauve; et autant que mon devoir me donne de la corde, je l'em-
> ploye à sa conservation. Fut-ce pas Atticus, lequel se tenant au juste
> party, et au party qui perdit, se sauva par sa moderation en cet univer-
> sel naufrage du monde, parmy tant de mutations et diversitez?[33]

Ce passage est aussi riche par son ton et son style que par son contenu:
avec des protestations de franchise, une franchise que l'on pourra lui
reprocher (*A la verité, et ne crains point de l'advouer*), l'écrivain négocie
une série de contingences. Sa conduite est soumise à des conditions (*si
besoin est, s'il n'est pas besoin*) et à des contraintes (*autant que mon devoir
me donne de corde*). Sujet agissant en toute humilité et douceur (*je sçauray
bon gré à la fortune*), posant sous forme de question la possibilité de sa
réussite (*Fut-ce pas Atticus, lequel... se sauva?*). Sa prudence est d'ordre politique (suivre le bon parti), économique (conserver le château), et personnelle (se sauver). Il s'agit d'une prudence qui est produite par une action
in utramque partem: Montaigne porterait une chandelle à s. Michel aussi
bien qu'au diable pour ne pas se fâcher avec les puissances régnantes, et il
est toujours prêt à envisager en quoi les choses pourraient être différentes
(*si besoin est, s'il n'est pas besoin*). Il attribue toute réussite éventuelle à la
fortune et non pas à ses propres efforts, ce qui ne constitue pas un rejet de
l'effort ni, surtout, de la détermination de la vérité morale. Le sujet prudent peut déterminer le *bon party*, le *juste party*. Il peut s'efforcer de
conserver l'Etat, son château, et lui-même. Si la *providentia* est largement
compromise, à cause de «tant de mutations et diversitez», il peut s'ap-
puyer sur des exemples (Atticus) et prendre une certaine attitude douce,
modeste, qui améliorera ses chances de survie. Il n'est pas besoin d'abandonner tout effort, de rester «immobile et sans inclination» (p. 793), ni,
par ailleurs, d'agir avec «une aigreur et aspreté intestine» (p. 793). Si l'action individuelle se voit presque écrasée par les contingences, et si la prudence se replie dans une certaine mesure, c'est toujours la prudence. La
bonne conduite n'est pas impossible, il y a des conduites meilleures que
d'autres, et ceci non seulement parce qu'elles sont plus efficaces, mais
parce qu'elles émanent de la perception d'une vérité morale.

---

[33] Ed. Pierre Villey, V.-L. Saulnier (Paris: Presses univ. de France, 3ᵉ éd. 1978),
p. 792.

Mais ce n'est pas ainsi que le comprend «son siècle»; certains lui reprochent cette franchise même, la qualifiant de ruse:

> Ceux qui disent communément contre ma profession que ce que j'appelle franchise, simplesse et nayfveté en mes mœurs, c'est art et finesse, et plustost prudence que bonté, industrie que nature, bon sens que bon heur, me font plus d'honneur qu'ils ne m'en ostent. (p. 795)

«Prudence» se trouve donc rangée parmi d'autres notions comme «art et finesse» et «industrie» et opposée à «bonté». Cet emploi est totalement contraire à la tradition classique, scolastique et humaniste de la prudence, mais il manifeste cette «démoralisation» de la prudence, réduite à la seule *astutia*, que l'on associe à la pensée de Machiavel[34]. Un des risques que l'on court lorsque la réussite couronne les efforts prudents, c'est que la bonté «naïve» soit comprise comme une astuce. Dans cet «universel naufrage» que vit la France de Montaigne, la réussite ne semble pouvoir s'obtenir que si les motivations sont dépourvues de bonté. Pourtant Montaigne ne récuse pas entièrement le reproche qu'on lui fait; il le dévie avec une douce ironie. S'en indigner serait se montrer engagé, partisan, ce qui jetterait de l'huile sur le feu. Réagir prudemment au reproche d'astuce est l'effet de la nonchalance, d'une sorte de *magnanimitas* réduite, dans ces temps si compromettants pour le discours public.

Nous pouvons mesurer la distance qui sépare la prudence de Montaigne de celle de l'Antiquité en revenant à l'exemple de survie personnelle donné par Montaigne inquiété par les troubles du temps: «Fut-ce pas Atticus, lequel se tenant au juste party, et au party qui perdit, se sauva par sa moderation en cet universel naufrage du monde, parmy tant de mutations et diversitez?» La source de Montaigne, indiquée par Pierre Villey, est selon toute probabilité Cornelius Nepos dont la vie d'Atticus semble en effet fournir à Montaigne tous les éléments d'une conduite sage et réussie. Dans la vie publique, Atticus avait la réputation de se tenir aux «meilleurs partis» [au Sénat] mais il refusait de s'engager dans les «vagues», les agitations civiles[35]. Il évita les périls des guerres civiles, de la guerre à Mutina [Modène], du retour de Marc Antoine en Italie, etc. Il ne rechercha pas ouvertement les charges publiques («Honores non petiit», 6.2). Quoique riche il vécut dans une modération exemplaire (14.2), et dans sa personne il combina, modèle

---

[34] Voir Victoria Kahn, *Machiavellian Rhetoric from the Counter-Reformation to Milton* (Princeton, NJ: Princeton University Press, 1994), p. 21 et surtout pp. 255-256 n. 5.

[35] «In re publica ita est versatus, ut semper optimarum partium et esset et existimaretur, neque tamen se civilibus fluctibus committeret» (6.1).

de la «nonchalance» montaignienne, affabilité et sérieux[36]. Il ne mentit
jamais et détestait le mensonge[37]. C'est surtout la *prudence* d'Atticus
que loue Cornelius Nepos:

> Mais si c'est au pilote qui sauve son navire de la tempête dans une mer
> rocheuse qu'est décernée la plus grande louange, pourquoi ne devrait-
> on estimer singulière la *prudence* de celui qui arrive sain et sauf après
> tant d'orages civils terribles?[38]

Tout en aimant sa *tranquillitas* (6.5), Atticus continua à aider ses amis
même lorsque la situation politique rendait cela dangereux. Sa générosité n'était ni liée aux seules circonstances («temporaria») ni un effet du
calcul, de l'astuce («callida») (11.3-4). Tout semble indiquer qu'Atticus
agit par connaissance de l'*honestum*, et c'est ainsi qu'il acquit une réputation de bonté qui ne fut bouleversée par aucun revers de fortune[39]. La
prudence d'Atticus n'est donc pas séparée de sa bonté naturelle, de l'ensemble de ses vertus: c'est tout le contraire de Montaigne, chez qui la
prudence s'oppose à la bonté («plustost prudence que bonté»).

La remarquable réussite du prudent Atticus dans l'universel naufrage de la république romaine ne s'explique pourtant pas seulement
par sa modération. L'un des éléments constitutifs de sa prudence, nous
l'avons vu, est sa bonté qui est une sorte de *prévoyance*; être bon, c'est
en quelque sorte être devin:

> Si je qualifiais son comportement au cours de la guerre de Modène seu-
> lement de *prudent*, je célèbrerais moins ses mérites que je ne devrais, car
> il était plutôt *devin*, si on doit appeler divination une constante *bonté*
> naturelle, qui n'est secouée ni réduite par aucun événement[40].

La générosité et la modération d'Atticus ne sont pas un calcul, mais
le fait qu'elles sont sans calcul est précisément un calcul, mais à un
niveau supérieur, une *ratio* permettant cette prudence qui navigue dans
le naufrage des troubles civils. La prévoyance, cette quasi-divination, est
entièrement basée sur l'ensemble des dispositions d'Atticus, sur tout ce

---

[36] «Comitas non sine severitate erat neque gravitas sine facilitate» (15.1).

[37] «Mendacium neque dicebat neque pati poterat» (15.1).

[38] «Quod si gubernator praecipua laude effertur, qui navem ex hieme marique
scopuloso servat, cur non singularis eius existimetur *prudentia* qui ex tot
tamque gravibus procellis civilibus ad incolumitatem pervenit?» (10.6, je souligne).

[39] «Perpetua naturalis bonitas, quae nullis casibus agitur neque minuitur» (9.1).

[40] «In quo [la guerre de Modène] si tantum eum *prudentem* dicam, minus quam
debeam praedicem, cum ille potius *divinus* fuerit, si divinatio appellanda est
perpetua naturalis *bonitas*, quae nullis casibus agitur neque minuitur» (9.1, je
souligne).

qui fait qu'on loue sa *naturalis bonitas*. Sa vie est une preuve, pour Cornelius Nepos, que les *habitus* ont une influence sur la fortune même: « Sui cuique mores fingunt fortunam hominibus » (11.6). On peut *faire* sa fortune, ou bien mettre la fortune de son côté, à la manière d'un bon rhéteur qui invite le public à se rallier à sa cause: « suos cuique mores plerumque *conciliare fortunam* » (19.1).

Tout semble unir Montaigne et Atticus, cet homme indépendant (« vir sui iudicii », 9.7): amour de la vérité, facilité d'entretien, amour de la tranquilité, ouverture, nonchalance. Pourtant le lien entre mœurs et fortune est devenu ténu chez Montaigne, impossible à dire, impossible à souhaiter ouvertement, ou à souhaiter seulement à travers une question: n'y a-t-il pas eu dans le passé quelqu'un dont la prudente bonté lui garantissait la survie dans cet « universel naufrage »?

Chez Montaigne, la prudence subit la pression des contingences de moins en moins prévisibles et se rétracte; elle esquisse de plus en plus un domaine privé à l'intérieur duquel on aménage son bonheur. C'est ainsi qu'il faut comprendre, me semble-t-il, cette tentation du stoïcisme qui traverse les *Essais* et qui imprègne la vie intellectuelle de l'époque. Le sentiment de l'impuissance de l'individu devant l'événement mine le discours délibératif; dans le passage de la *ratio vera* au choix de l'action précise, trop de choses funestes interviennent. Mieux vaut ne pas espérer et ne pas craindre, mieux vaut se laisser aller aveuglément, dans une sorte de « stupidité »... Mais cette attitude constitue-t-elle bien la *constance* devant les malheurs du temps? Ne serait-ce qu'une nonchalance dont l'efficacité se démontre par la survie et la réussite mêmes de Montaigne, du château et de son seigneur? Le discours délibératif abandonne la présomption de son emprise sur les événements, mais ce geste n'est-il pas délibéré, n'a-t-il pas des conséquences à la fois salutaires pour l'individu et exemplaires pour les autres?

Délibération et prudence se voient toutes les deux récusées par Montaigne dans « De la praesumption » (2.17):

> A un danger, je ne songe pas tant comment j'en eschaperay, que combien peu il importe que j'en eschappe. Quand j'y demeurerois, que seroit-ce? Ne pouvant reigler les evenemens, je me reigle moy-mesme, et m'applique à eux, s'ils ne s'appliquent à moy. Je n'ay guiere d'art pour sçavoir gauchir la fortune et luy eschapper ou la forcer, et pour dresser et conduire par prudence les choses à mon poinct. J'ay encore moins de tolerance pour supporter le soing aspre et penible qu'il faut à cela. Et la plus penible assiete pour moy, c'est estre suspens és choses qui pressent et agité entre la crainte et l'esperance. Le deliberer, voire és choses plus legieres, m'importune; et sens mon esprit plus empesché à souffrir le branle et les secousses diverses du doute et de la consultation, qu'à se rassoir et resoudre à quelque party que ce soit, apres que la chance est livrée. (p. 644)

Dans ce passage particulièrement dense on devine à la fois le refus d'assumer le rôle du détenteur de la *virtù* machiavélienne («forcer» la fortune n'est guère une option) et la hantise de la mort, l'Evénement parmi tous les événements. Quel comportement adopter? Etre disponible de manière à pouvoir se résoudre, être à l'écoute des contingences qui permettront de se résoudre, être à l'écoute de soi-même, se régler pour pouvoir se résoudre «à quelque party que ce soit». Faute de *providentia* («ne pouvant reigler les evenemens»), faute de *memoria* vraiment fiable[41], on se rabat sur la perception aiguë de ce qui *est*, donc de ce qui vient de passer du potentiel à l'actuel, de ce qui vient de se décider dans un sens ou l'autre. Cette *intellegentia* inclut pourtant la perception du singulier personnel, de ce qui *est* dans le sujet[42]. Celui-ci ne se comprend plus en premier lieu comme un ensemble de fins réfléchies qu'il s'agit de réaliser[43], puisque la prudence rétrécie n'est plus en mesure de négocier les événements devenus trop peu prévisibles. L'*eupraxia*, la *perfecta actio*, devient la fidélité à une vérité singulière concernant le sujet plutôt que l'exercice réussi d'une vertu identifiable et généralisable. La concentration sur le présent et sur ce qu'il y a dans le sujet qui s'ouvre sur le présent est une disposition, un *habitus*: l'indicatif présent dans lequel Montaigne écrit ce passage («je ne songe pas tant...»; «je me reigle moy-mesme» etc.) suggère que ce comportement est à la fois naturel et le produit de la réflexion. Il est ainsi, il le sait, et il y a du bon dans tout cela. Si tous étaient ainsi... Mais le passage à la *quaestio infinita* ne se produit pas, la prudence toute (et seulement) intelligente de Montaigne ne permettant pas cette présomption.

---

[41] «C'est un outil de merveilleux service que la memoire, et sans lequel le jugement faict bien à peine son office: elle me manque du tout» (p. 649).

[42] «Cette capacité de trier le vray, quelle qu'elle soit en moy... je la dois principalement à moy: car les plus fermes imaginations que j'aye, et generalles, sont celles qui, par maniere de dire, nasquirent avec moy. (...) Je les produisis crues et simples, d'une production hardie et forte, mais un peu trouble et imparfaicte; depuis je les ay establies et fortifiées par l'authorité d'autruy, et par les sains discours des anciens, ausquels je me suis rencontré conforme en jugement: ceux-là m'en ont assuré la prinse, et m'en ont donné la jouyssance et possession plus entière» (2.17, p. 658). Voir le commentaire de Nancy S. Struever, *Theory as Practice: Ethical Inquiry in the Renaissance* (Chicago: University of Chicago Press, 1992), pp. 182-186. Sur le problème de la réflexivité du sujet, voir Ian Maclean, *Montaigne philosophe* (Paris: Presses universitaires de France, 1996), pp. 76-80.

[43] Fins qui relieraient l'individu à d'autres hommes vertueux, et par là à la communauté (comme le font la justice et la force), rendant l'individu *digne de louange*. La finalité chez Montaigne se situe plutôt dans la «nature».

Les trois moments choisis – Marguerite de Navarre et Rabelais, Montaigne – peuvent faire croire à une lente déchéance de la prudence représentée, de son éclat chez la reine de Navarre, de sa gloire intermittente dans les personnages rabelaisiens – intermittence qui frôle l'inconsistance – à la prudence toute rétrécie du châtelain vivant les guerres de religion. Si la prudence est toujours reine des vertus, et domine le champ des lieux communs moraux, la pression de la contingence est peut-être ressentie plus fortement, et l'option stoïcienne, toujours présente mais plus familière en cette fin de siècle, ainsi qu'une certaine fatigue devant l'action politique individuelle commencent à ternir son éclat.

L'INTEMPÉRANCE EUPHORIQUE, LE TYRAN *DEMOPHAGE*, ET LE POUVOIR ABSOLU DU PLAISIR

La tempérance (*temperantia* ou *sophrosune*) est la vertu la plus centrée sur la maîtrise du corps. Elle se définit comme la recherche du milieu dans le domaine des plaisirs et dans celui des douleurs, c'est-à-dire le milieu dans le souhait et la jouissance des plaisirs, comme dans la souffrance causée dans l'âme par la privation des plaisirs[1]. Les plaisirs en question sont ceux du goût et du toucher, autrement dit, ce sont essentiellement ceux qui proviennent de l'acte de manger (dont le milieu est l'*abstinentia*), de boire (dont le milieu est la *sobrietas*), et le plaisir vénérien (dont le milieu est la *castitas*)[2]. Ni le plaisir de la vue, ni celui de l'ouïe, ni de l'odorat ne sont sujets à la tempérance qui, elle, ne concerne que les plaisirs corporels naturellement associés à la survie de l'individu et de l'espèce[3]. L'un des extrêmes par rapport à la *temperantia* est évidemment l'*intemperantia*, mais l'autre extrême est difficile à cerner: le défaut de jouissance s'appelle parfois *sensuum stupor* ou *anais-*

---

[1] Je cite l'utile sommaire par *quaestiones* de l'*Ethique à Nicomaque* (pimenté de Platon et d'autres autorités) de Theophilus Golius, *Epitome doctrinae moralis* (Argentoratus: Iosias Rihelius, 1592): «Temperantia est mediocritas circa voluptates et dolores, h.e. Temperantia est virtus, quae mediocritatem servat in expetendis et fruendis voluptatibus: aut perferendis iis doloribus, qui ex rei iucundae privatione animo concipiuntur» (Livre 3, chap. 10, p. 141).

[2] «[Propria obiecta temperantiae sunt] Voluptates corporis, quae afficiunt gustum, et tactum: praecipuè verò quae afficiunt tactum: et percipiuntur ex cibo, potu, et Venere. Hinc aliqui tres species constituunt temperantiae: quarum una est cibi, et nominatur Abstinentia: altera potus, et dicitur Sobrietas: tertia est Veneris, et vocatur Castitas» (Golius, p. 142).

[3] «... solo per regolare le contristationi, e le dilettationi, che venga dal senso del gusto, e del tatto; è trovata la Temperantia: per esser questi due sensi, non solo al ben esser, come gli altri tre; ma all'essere stesso de gli animali dalla natura prodotti: poscia che tai sentimenti al mantenimento appartengono dell'individuo, e insieme alla conservatione della spetie: le quai due còse sono da ogni animale naturalmente desiderate; e principalmente il senso del tatto è quello, donde piu che dal gusto prendon diletto gli animali...» (Alessandro Piccolomini, *Della institutione morale... libri XII*, Venise, Giordano Ziletti, 1560, pp. 241-242).

thesia, le refus de ressentir même les plaisirs nécessaires, comme la consommation de vivres destinés à assurer la survie du corps. L'éthique classique trouve ce comportement contraire à la nature humaine[4], s'écartant en cela de l'ascétisme chrétien.

Du point de vue moral, la réglementation du plaisir personnel ne conduit pas au cœur de l'individu, à son autonomie par rapport aux autres. Au contraire, le plaisir est éminemment *public*, intersubjectif, et ceci non pas vraiment au sens où la jouissance corporelle est spectacle à imiter ou à éviter, mais pour deux autres raisons: d'abord parce que le gouvernement de soi implique le gouvernement d'autrui, et ensuite parce que la consommation personnelle d'un bien peut entraîner son manque chez autrui. La tempérance et l'intempérance sont donc représentées sous un éclairage politique, dans ce siècle où le pouvoir de l'État est surtout défini par les dispositions de la personne qui le détient.

RABELAIS ET L'INTEMPÉRANCE HEUREUSE

Le monde corporel des livres rabelaisiens, si célèbre par ses apparents excès, se situe pourtant, sur ce point, dans une sorte d'au-delà par rapport au politique. La goinfrerie des personnages rabelaisiens relève souvent du domaine de l'enfance. Ainsi le «petit» Pantagruel a un gros appétit:

> Je laisse icy à dire comment à chascun de ses repas il humoit le laict de quatre mille six cens vaches, et comment, pour luy faire un paeslon à cuire sa bouillie, furent occupez tous les pesliers de Saumur en Anjou, de Villedieu en Normandie, de Bramont en Lorraine, et luy bailloit-on ladicte bouillie en un grand timbre qui est encores de présent à Bourges, près du palays; mais les dentz luy estoient desjà tant crues et fortifiées qu'il en rompit, dudict timbre, un grand morceau, comme très bien apparoist. (*Pantagruel*, chap. 4)

Etudiant, Pantagruel n'est pas moins gourmand: à Poitiers, lui et ses compagnons passent leur temps à «bancqueter à force flacons, jambons et pastez» sur la table que l'on appelle aujourd'hui la *Pierre levée* (chap. 5). Le jeune homme ne refuse pas les bons repas, tel le banquet après la «victoire» sur les six cents chevaliers, repas rassemblé en toute vitesse par Carpalim au chapitre 26. Rabelais précise les quantités de vivres consommés, comme il précise tout ce qui est apte à étonner dans la vie

---

[4] «[*Anaisthesia*] est, ut Cic. in Partit. ait, immanitas quaedam in aspernandis omnibus etiam necessariis, et honestis voluptatibus. Hoc vitium quia alienum est à natura humana, quae ut doloris, ita etiam voluptatis sensu est praedita: ideo etiam certo et proprio nomine caret» (Golius, p. 145).

matérielle du géant: la gourmandise du géant est souvent mesurée, et cette mesure s'avère souvent hors-mesure. On peut parler d'excès non pas par rapport aux besoins du géant, mais pour cette raison que le lecteur aurait de la peine à concevoir un milieu entre l'intempérance et l'austérité dans le cas d'un géant dont les dimensions varient d'un chapitre à l'autre, les chiffres rapportés par Rabelais planent dans un excès permanent, comique, délirant[5]. Dans cette intempérance radicale de la consommation, *intemperantia alimentaris*, le corps n'est pas, en général, l'objet d'une réflexion éthique[6]. Dans le cas du bébé Pantagruel, la consommation s'effectue aussi dans un espace réel: pour fabriquer une poêle suffisamment grande, il faut employer tous les poêliers de Saumur, de Villedieu, et de Blamont. La consommation laisse des traces: l'auge de Pantagruel se trouve encore à Bourges, comme la table des étudiants se trouve encore près de Poitiers. Pourtant la consommation alimentaire a lieu dans une plénitude euphorique: il semble possible d'employer tous les poêliers de Saumur, comme il semble possible d'amener 1600 vaches à chaque repas du nourrisson. Nous avons donc à la fois une contrainte géographique (précision du lieu, précision ou identification d'un matériau ou d'un objet situé dans un lieu) et un manque de contraintes en ce qui concerne la consommation corporelle: le bébé boit le lait de 1600 vaches (pourquoi pas 1800?), sans pour autant que les gens du pays semblent en manquer. Ce que Pantagruel boit ou mange n'est pas enlevé aux autres; la consommation n'entraîne pas un manque. Cette euphorie de la consommation correspond, bien sûr, à l'euphorie de la dépense, qu'illustre Panurge gaspillant les revenus de la châtellenie de Salmigondin. Le monde fictif des géants est parfois marqué par un au-delà de l'éthique corporelle, c'est-à-dire par le dégagement de la volupté physique de toute conséquence sociale ou politique.

INTEMPÉRANCE MONSTRUEUSE DU GÉANT: LE 'RABELAIS RESSUSCITÉ' DE N. HORRY

En 1611 paraît un curieux petit volume, intitulé *Rabelais ressuscité. Recitant les faicts & comportements admirables du tres-valeureux Grangosier, Roy de Place-vuide*, écrit par un «clerc du lieu de Barges en Bassi-

---

[5] Voir Alfred Glauser, *Fonctions du nombre chez Rabelais* (Paris: Nizet, 1982), pp. 9-150, sur les différentes connotations des chiffres, du nombre, des listes.

[6] L'exception étant la naissance de Gargantua: Gargamelle est malade «par *trop* avoir mangé des tripes» (*Gargantua*, chaps. 4 et 5), malgré les «remonstrances» de son mari.

gny», N. Horry[7]. Celui-ci raconte l'histoire de Grangosier, en termes qui rappellent l'histoire de Gargantua, mais il transforme le géant en une menace proprement gigantesque pour son peuple. On a pu voir sous cette histoire une attaque violente contre Henri IV, inspirée d'une part des œuvres de Rabelais, et de l'autre de la polémique ligueuse[8].

Dans l'épître liminaire, Horry annonce son intention de louer «les faicts presque incroyables du tresvaleureux Grangosier, qui a esté le plus vaillant Prince au combat des dents, qui ait jamais regné» (A iii[r]). En fait, Grangosier sera l'incarnation du *populi devorator*, du *demophagos* (ou *demoboros*) qu'est le tyran[9]. Profitant des ressources de la polémique politique, ce texte réalise d'une manière grotesque les conséquences politiques de la vertu individuelle (ou de son manque) dans la personne du souverain. Plusieurs épisodes démontrent son intempérance alimentaire, la décrivant d'abord dans des termes qui rappellent la joyeuse goinfrerie des géants rabelaisiens, mais insistant aussi sur son effet dans l'économie fermée que représente le peuple du souverain. Le jeune Grangosier est obligé de vivre aux champs, étant devenu trop grand pour entrer dans le palais de son père. Sa nourriture pose des problèmes plus graves encore:

---

[7]   L'édition que j'utilise (Paris: A. du Breuil, 1611) ne semble pas être la première, puisque dans l'épître préliminaire Horry se réfère à une «première impression» en 1610. L'édition de 1614 de ce livre a été réimprimée au XIXe siècle par Gustave Brunet dans la collection «Raretés bibliographiques» (Genève: J. Gay et fils, 1867). Le texte de 1611 fut l'objet d'une édition de Neil Goodley, dans la série «Textes littéraires», dirigée par Keith Cameron (Exeter: Exeter University Printing Unit, 1976).

[8]   Voir Jean Porcher, éd., *Rabelais: catalogue de l'exposition à la Bibliothèque nationale* (Paris: Editions des Bibliothèques nationales de France, 1933), p. 185, N° 587, qui reprend l'opinion de Gustave Brunet. L'avis de Neil Goodley est plus partagé sur la «mouelle» du pamphlet: il plane trop d'ambiguïté sur l'histoire pour qu'on puisse la classer comme simple pamphlet ligueur (voir son édition, xxxiii-xxxvii).

[9]   Epithète qu'Henri Estienne fait remonter à Theognis de Megara (voir *Sententiae elegiacae, cum interpretatione & scholiis Eliae Vineti* [1583], H i[r], v. 1183; le terme latin chez Theognis est *plebivorus*). Dans *Le tiers livre*, Rabelais rappelle que «le roy inique» est appelé *Demovore* (*demoboros*) par Homère (éd. Jean Céard, Paris: Librairie générale française, 1995, Chap. 1, p. 35). L'épithète provient de l'*Iliade*, 1.231 (Achille en colère s'adressant à Agamemnon). Erasme, dans l'*Institutio principis christiani* (chap. 1), et Louis Le Caron, dans ses *Dialogues* («Le Courtisan, Dialogue Premier»), se servent de l'expression. Le thème du tyran *demophagos* est un ajout de Horry par rapport aux ouvrages imitant Rabelais: Goodley constate la dette du *Rabelais ressuscité* envers la *Mytistoire barragouyne de Fanfreluche & Gaudichon* de Guillaume des Autelz (Lyon: Jean Diepi, 1572), mais cette dette n'inclut pas le thème de l'intempérance alimentaire.

> Les habitans de ce pays là estoient fort faschez, d'autant qu'il gastoit toutes leurs terres et en prenoit luy seul le profit: car il cueilloit et mangeoit tous leurs fruicts. Cela luy vint bien de ce qu'il se nourrissoit du bien d'autruy attendu que tout le bien du Roy son pere, bien qu'il fust tres grand, voire s'approchant de pres à celuy d'Aristides, ne luy eust peu suffire deux jours entiers: car estant encores si jeune soit qu'il se portast bien, ou qu'il fust malade, mangeoit ordinairement à chasque repas deux mil bœufs, huict mil moutons, six mil veaux, dix mil chapons, vingt cinq mil perdrix, quarante deux mil allöuettes et plusieurs autres choses, et avoit un verre de bois qui tenoit quatre cens muids de vin, qu'il vuidoit tousjours douze fois pour le moins à chacun repas, et ainsi faisant, apauvrissoit tout le pays d'alentour, et y mist la famine: ce qui contraignit les habitans de s'eslever contre luy avec force d'armes, pour le tuer, ou contraindre à quiter le pays. (f. 8ʳ-ᵛ)[10]

La consommation gigantesque est littéralement consommation, au sens où ce qui est mangé n'y est plus, contrairement à la gourmandise onirique des personnages de Rabelais. Les quantités délirantes dévorées par Grangosier produisent donc un manque radical. Dans cette économie fermée, l'intempérance de l'un est la perte de l'autre, et le seul remède consiste à enlever le fléau. Les habitants du pays se révoltent donc, et menacent le géant avec une armée de six cent mille personnes, femmes comprises. Grangosier les abat tous, à l'exception de deux qui feignent d'être morts et qui rapportent la nouvelle de la défaite à son père, le roi Trousseviande. Le géant, n'ayant pu manger depuis longtemps que des oiseaux volants, dévorera pendant les trois jours suivants les soldats morts: «il dedia toutes ces personnes mortes au sacrifice de ses dens» (f. 10ʳ-ᵛ). Le géant-tyran est devenu littéralement *demophagos*.

L'invective que constitue ce récit ne permet certainement pas une grande variété thématique, ni une évocation très complexe des personnages. Pourtant l'appétit du géant n'est pas présenté comme une nécessité physique, mais plutôt comme une décision. Grangosier «commença à deveni[r] triste, pensant en soy-mesme, que s'il vouloit continuer ses façons de faire, tout le bien du monde ne luy pourroit suffire, protesta de se corriger et moderer ses appetis et se contenter de la moitié de l'ordinaire qu'il avoit jusques là faict» (f. 11ʳ). La tyrannie est donc une sorte de voracité de l'âme, un *habitus* dans le mal auquel l'âme peut opposer une résistance.

L'intempérance monstrueuse de Grangosier conduira à des douleurs d'estomac: après avoir bu toute l'eau de la mer et avalé les poissons, les baleines se démènent dans son estomac et «de la douleur qu'il en eust,

---

[10] De même, les Parisiens se révoltent contre Grangosier lorsqu'ils sont réduits à la disette (chap. 12). Grangosier en tue beaucoup, «comme des mouches», lorsqu'il fait tomber les murs de la ville sur eux.

fust plus d'une demie heure apres sans manger» (f. 12ʳ). Face aux six
cent mille personnes dévorées, la peine est de peu de conséquence...
Toutefois c'est par ce moyen que Grangosier trouvera la mort: au dernier chapitre, le roi goulu avale six bœufs vivants, mais ceux-ci, en
s'ébattant dans son estomac qu'ils prennent pour une prairie, percent
de leurs cornes les parois des boyaux de Grangosier (f. 94ʳ – numérotée
par erreur f. 78). L'intempérance est donc aussi une figure de l'auto-des-
truction, à l'instar d'Erysichton qui finit par se dévorer lui-même,
ayant tout mangé...

Grangosier incarne ainsi le tyran dont la grandeur physique symbo-
lise la grandeur de ses besoins, incompatibles avec les besoins de son
peuple dans l'économie fermée qu'est le royaume. L'allégorie de l'intempérance aggrandit ce vice qui mène au déséquilibre mortel du corps
politique. Le jeune Grangosier, se défendant contre l'accusation d'ivro-
gnerie portée par ses compagnons «leur allegua le dire du sage Caton,
autheur fort approuvé, qui dict, *Bibe quod possis*, qui est à dire, bois tant
que tu pourras» (f. 21ʳ⁻ᵛ). Allusion évidente au «fais ce que vouldras» de
l'abbaye de Thélème, cette formule comique constate aussi les conséquences politiques de l'intempérance. Lorsque les possibilités sont littéralement gigantesques, monstrueuses, comme c'est le cas pour le pouvoir royal, la modération s'impose d'autant plus. La formule rappelle
aussi cette équivalence imaginaire entre vouloir et pouvoir qui est la
marque du tyran: tu peux faire tout ce que tu veux faire...[11] Lorsque le
jeune Grangosier reçoit la nouvelle de la mort de sa mère, il répond par
une lettre à son père, lui disant qu'il se plaît à Paris, quoique les habitants veuillent l'empêcher d'y vivre, mais qu'il les a obligés à lui donner
«cent mil escus de gages par mois» et qu'ils «me craignent plus qu'ils ne
m'ayment» (f. 36ʳ). Grangosier reprend ici le vieil adage du tyran plus
craint qu'aimé, dont Machiavel a livré l'analyse la plus célèbre (et la
plus troublante)[12].

HENRI III L'INTEMPÉRANT:
LA GUISIADE DE PIERRE MATTHIEU

Le traitement grotesque que connaît le thème du tyran glouton chez
Horry nous permet de remonter à un autre texte cette fois-ci d'inspiration ouvertement ligueuse, *La Guisiade* (1589) de Pierre Matthieu.

---

[11] Castiglione décrit ainsi l'illusion du tyran: «il poter ciò che si vole» (*Il libro del cortegiano*, 4.7). Chez Grangosier ce n'est, hélas, pas une illusion.
[12] L'éditeur Neil Goodley se limite à voir ici un contraste avec la générosité de Gargantua et une allusion aux impôts d'Henri IV (p. 46).

Cette tragédie, fortement remaniée après l'assassinat d'Henri III en
août 1589, raconte la réconciliation apparente entre le Duc de Guise et
le roi, lors de l'assemblée des Etats généraux, les harangues tenues par le
clergé, la noblesse, et le Tiers état, le sermon du roi Henri III se mettant
à la tête de la Ligue et promettant une campagne militaire contre les
Huguenots, la trahison du roi, inspiré par des conseillers diaboliques et
« Machiavelistes », eux-mêmes appelés de l'enfer par le Duc d'Epernon,
et l'assassinat du Duc de Guise, rapporté par un messager devant sa
mère Madame de Nemours.

. Tout en soumettant la politique à la foi, au point que le drame
semble suggérer que la défense de l'Eglise catholique exige le recours à
un roi étranger après la mort du dernier Valois, Matthieu rassemble et
raffine les thèmes les plus chers à l'anti-machiavélisme humaniste[13]. La
tragédie se divise, du point de vue moral, en deux délibérations succes-
sives : la première concerne la clémence du roi après la journée des Bar-
ricades, la réconciliation avec la Ligue et la poursuite d'une politique
commune contre les Huguenots, pendant les entrevues avec Catherine
de Médicis [Acte 2, < Scène 1 >] et le Duc de Guise [Acte 2, < Scène
2 >] ; la seconde porte sur la vengeance du roi, l'élimination du Duc qui
menace le pouvoir absolu d'Henri III, au moment de l'entrevue avec
« le N.N. », personnage amalgame représentant « ceux qui appreuverent
le mauvais conseil du Roy » [Acte 4, < Scène 1 >]. Le roi finira par pencher du côté du « sinistre conseil », mais seulement après avoir pesé les
sentences d'un côté et de l'autre (Acte 4, < Scène 3 >). Cette délibération intérieure se clôt ainsi :

> Si je vis plus long temps en ceste jalousie :
> Mon esprit languira tousjours en frenaisie.
> Si je le fay mourir jamais on ne vit Roy,
> Moins craint, moins reveré, moins obey que moy.
> S'il vit plus, il prendra le droit de mon Empire :
> Il le faut donc tuer : je ne puis avoir pire. (vv. 1987-1992)

Sa décision finale est le choix du moindre mal. Guise trahi et mort, le
roi se trouvera sans appui moral et donc le moins « craint » et « obey »
des rois ; Guise vivant, le roi languissant « en frenaisie » se verra destitué
de son « Empire ». La décision de faire assassiner le Duc n'est donc pas,
strictement parlant, motivée par la Raison d'Etat, mais par la jalousie
personnelle du roi. Il ne s'agit pas de savoir ce qui sera le mieux pour la
France, puisqu'Henri III semble avouer qu'il perdra toute autorité en le

---

[13]   Voir l'édition établie par Louis Lobbes (Genève : Droz, 1990) et son introduction, surtout les pp. 40-55, et Gilles Ernst, « Des deux *Guisiade* de Pierre Matthieu », *Bibliothèque d'Humanisme et Renaissance* 47 (1985) : 367-377.

faisant tuer. Ce qui est crucial dans sa décision, c'est que le Duc de Guise sera plus puissant, plus légitime même, qu'Henri de Valois languissant. Nous nous trouvons devant le raisonnement pur et simple du tyran, et non du prudent chef de navire : mieux vaut un roi faible (mais plus fort que ses sujets) et la ruine de la nation qu'un vassal fort et l'union contre les Huguenots.

La délibération quelque peu *perverse* d'Henri III, dans un drame qui évidemment vise à faire passer comme légitimes les futurs coups de dague de Jacques Clément, est le produit d'un trouble éthique fondamental chez le roi, et ce trouble éthique est lié à ce thème si souvent débattu durant les guerres de religion, le *plaisir* du roi. Celui-ci est compris au sens étroit (et évidemment faussé) de *volupté*, et nous retrouvons ainsi les articulations politiques de la tempérance et de l'intempérance. Le Chœur exprime dès le début de la pièce le problème fondamental :

> Le Roy qui n'est de son cueur maistre,
> Qui ne se peut donner la loy,
> Indignement pense paroistre
> De tant de nations le Roy.
> En vain celuy qui ne commande,
> Et ne regit ses passions,
> Contre les outrages se bande
> De tant d'estranges nations.
> Celuy qui n'a pour toutes armes
> Que les ris, les jeux, les fuseaux,
> Ira le premier aux alarmes
> De tant de peuples partiaux? (Acte 2, vv. 447-458)

La tempérance royale semble ainsi le fondement de la *dignitas* du roi, de son autorité, de son pouvoir, de sa louange méritée. Soumettre ses propres passions, c'est soumettre celles de ses sujets, c'est assurer que la loi prime la violence privée ou sectaire. La soumission des passions que représente la tempérance est ainsi l'image personnelle de la *lex digna*, de la soumission du roi aux lois qu'il a lui-même décrétées. Henri III promet, au cours de sa réconciliation provisoire avec le Duc de Guise, de poursuivre « ceste querelle sainte » de l'union catholique (« je vous jure / De garder l'Union », Acte 3, vv. 1063-1064). Il exhorte les Etats généraux à le suivre, parce que le souverain, en tant que bon roi, se soumet à ses propres décrets :

> ... suyvez tous vostre Roy,
> (...)
> Je m'assubjettiray aux canons de ma loy :
> Si je la romps, rompez le devoir, et la foy
> Qui vous oblige à moy, et que jamais personne
> Ne redoute ma main, ou suive ma coronne.

> Je ne reserve rien à mon authorité,
> Qu'un desir d'observer ce que j'ay decreté.
> « Et je veux faire voir, que tousjours un bon Prince
> « Se façonne à la loy qu'il donne à sa Province. (vv. 1049, 1053-1060)

Sans doute Matthieu, profitant de sa formation juridique, a-t-il semé dans son drame des justifications après coup de la prise d'armes de la Ligue en janvier 1589. De plus, l'argumentation avancée par Henri III – vous m'êtes obligés parce que je m'oblige à mes propres lois – relève du droit romain, et est devenue un lieu commun dans la théorie politique du XVIe siècle, que ce soit du côté huguenot ou du côté ligueur. La *lex digna* fait dériver la dignité même du roi de sa soumission à ses propres lois : « Digna vox maiestate regnantis alligatum se principem profiteri » (*Codex* 1 14.4)[14]. Dans la *Guisiade*, la dignité royale, en ce sens légal, se trouve liée à la tempérance du roi, au gouvernement le plus personnel de ses plaisirs.

Si la *lex digna* constitue la tempérance politique comme image de la tempérance personnelle, son frère ennemi dans la tradition juridique romaine, la *lex regia* (« Princeps legibus solutus », *Digesta* 1 3.31), pose comme fondement du pouvoir royal l'*intempérance* politique et personnelle. C'est ainsi que le formule le conseil diabolique d'Henri III :

> Il ne faut que le peuple opiniastre donne
> Arrest sur le plaisir, où le Roy s'abandonne.
> Un Roy qui veut regner sans avoir compagnons,
> Doit abbaisser les grands, et choisir des Mignons. (vv. 1577-1580)

Le roi doit éviter que le peuple impose une loi sur le « plaisir » royal (« Car tel est nostre plaisir ») : cela constitue un élément crucial des interminables débats concernant le pouvoir « absolu » du roi, et la définition de *placitum*, terme signifiant l'approbation royale mais désignant à l'origine une décision, une délibération, ou un conseil du sénat. Pourtant, dans le contexte de la polémique ligueuse, ce « plaisir » ne signifie pas la volonté autonome du roi mais son intempérance : le roi *s'abandonne* au plaisir. Ce plaisir est incarné par les « mignons », *choisis* par le roi. Le règne personnel du roi est marqué par la primauté *par principe* du plaisir physique, puisque celui-ci est le symbole même de son autonomie vis-à-vis des Grands et du peuple. Epernon proclame, en convoquant les esprits infernaux, qu'il a appris au roi « ces mots : S'il plaist, il est permis » (v. 843). L'intempérance est la figure de l'absolutisme. Nous arrivons donc au paradoxe suivant : celui qui gouverne « absolument » est absolument intempérant.

---

[14] Voir la discussion plus détaillée de cette loi, par rapport à l'éloge du roi, au chapitre « La flatterie et l'éloge ».

L'intempérance royale constitue une menace pour le royaume, et
ceci pour deux raisons précises: d'une part, l'assujettissement financier
et émotionnel du roi, donc le danger de l'aliénation du royaume, et
d'autre part, les souffrances du peuple causées par des dépenses et
impôts excessifs. Matthieu prête au roi Henri III une conscience de ces
risques:

> Le luxe est dangereux aux grands Roys, car il range
> Le Royaume souvent en une main estrange,
> Et pour entretenir ces exces, les impos
> Chargent de l'innocent le miserable dos,
> Et le peuple qui voit que son Roy sans loüange,
> Est dedans ses plaisirs comme un porc dans la fange,
> Sourd, muet, et aveugle...
> ... se plait d'entamer une juste revolte... (vv. 1561-1567, 1570)

Comme plus tard chez Horry l'intempérance personnelle du roi a des
conséquences néfastes dans l'économie fermée que représente le
royaume: ce que le roi consomme est enlevé à autrui[15]. L'abandon aux
plaisirs constitue aussi un abandon à l'influence « étrangère »: celui qui
se vautre dans ses plaisirs, aveuglé et donc sans prudence, invite l'étranger à s'emparer du royaume[16]. Le roi intempérant se trouve « sans
loüange »: puisque la tempérance dans l'économie fermée est nécessairement une forme de la justice, notamment dans la distribution des
biens, le manque de tempérance et donc de justice enlève au roi toute
possibilité de louange, car la justice est l'attribut préalable à tout éloge[17].
Si le peuple ne peut plus louer son roi, il se révolte. Ou plutôt il *lui plaît*
d'entamer la révolte, il arrache pour lui-même ce plaisir qui est l'origine
du pouvoir royal, pouvoir qui a été perverti par l'équivalence entre le
plaisir/*placitum* et la volupté.

---

[15]   Le même reproche est exprimé par Catherine de Médicis: « Vous nagez dans
les flots de vostre volupté, / Avecques ces mignons, ces gourmandes harpies, /
Qui des meilleurs mourceaux ont les griffes remplies, / Dont le glout estomac
du peuple prend le pain, / Et tant plus ils sont saouls, tant plus meurent de
faim, / Esponges de la Cour, vos plaisantes delices, / Polypes inconstans, gra-
duez en tous vices » (vv. 338-344).

[16]   De nouveau, la Reine mère exprime sa réprobation: « Que vous sert... Aveugle
sans prevoir vos journaliers dangers, / Pour devorer vos lis prier les estran-
gers? » (vv. 183, 187-188). Le Peuple au cours de l'assemblée des Etats généraux
y fera écho: « ... quand le Roy se noye / Aux plaisirs dissolus, il met son sceptre
en proye... » (vv. 1427-1428).

[17]   Voir Pierre de La Primaudaye, *Academie françoise*, 1.10.37, f. 118[r]: « [La justice]
est le fondement d'une perpetuelle gloire et renommee, sans laquelle rien ne
peult estre de louable ».

Matthieu n'hésite pas à sortir les lieux communs de la tempérance:
celui qui n'arrive pas à se gouverner devient «l'esclave» de ses désirs. La
Reine mère reproche à son fils: «Que vous sert-il d'avoir esclavé vos
espris, / A l'erreur des mignons, et aux jeux de Cypris?» (vv. 191-192).
L'intempérant, le roi absolu, est aussi l'*esclave*: le principe même de son
autonomie perverse, le plaisir, est ce qui le rend asservi. Ce paradoxe est
lié à un autre, qui concerne cette fois la distinction aristotélicienne
entre le roi et le tyran[18]. Catherine de Médicis, toujours lucide et impavide, accuse son fils de «tyranniser» le peuple par ses impôts:

> Vostre main tyrannise
> D'impos, d'impietez, vostre peuple et l'Eglise,
> (...)
> Le Roy vit pour son peuple, et le Tyran pour soy,
> Le Roy ayme le droict, le Tyran rompt la Loy.
> Vous ne vivez pour nul, voire pas pour vous mesme,
> Vous ne vous aymez pas, personne ne vous ayme. (vv. 363-364, 369-372)

La Reine mère semble dire à Henri qu'il n'est même pas un tyran, bien
qu'il «tyrannise» son peuple: au moins le tyran vit pour lui-même,
mais Henri ne vit même pas pour lui-même. Il s'agit peut-être d'une *cor-
rectio*: le tyran vit «pour soy», non, un tyran, aimé de personne, ne
peut même pas vivre pour lui-même. Le tyran devrait s'intéresser à ce
qu'on l'aime; s'il est indifférent à ce que son peuple l'aime, c'est qu'il ne
s'aime pas lui-même. Il est donc avantageux pour le tyran de ne plus
être tyran, mais d'être roi[19]. Mais il y a aussi dans ces vers une analyse
proprement morale. Le tyran intempérant a perdu la *finalité* de sa vie;
il ne vit plus *pour* lui-même au sens où il ne gouverne plus ses dispositions physiques, morales, et intellectuelles en vue de l'*eupraxia*, de la
bonne conduite, formant l'*eudaimonia*. Etre aimé, loué de son peuple
est un élément indispensable de ce bonheur, s'en priver, équivaut à ne
pas compléter sa vie, à ne pas la mener à ses fins les plus excellentes,
d'où la plainte d'Henri III à son conseil diabolique:

> ... au lieu d'une audace emperiere,
> Je prins la volupté, qui silla ma paupiere,
> Que je mis sous les pieds ces desseins plus hardis,
> En perdant mes subjects, helas! je me perdis. (vv. 1545-1548)

Le drame de Matthieu relie ainsi le tragique, la chute des Grands, à tout
un ensemble de thèmes moraux et politiques unis par un discours

---

[18] Voir Aristote, *Ethique à Nicomaque*, 8.10.2, 1160b1-10.
[19] En un sens nous rejoignons les analyses classiques sur la brièveté du régime
tyrannique, sur le manque d'amis du tyran, l'amitié étant un des grands biens
dont le tyran se prive.

commun: accepter le lien de la loi, dans le domaine personnel aussi bien que dans le domaine public, c'est être plus puissant, c'est mener à bien sa vie et la vie du royaume[20], c'est retrouver «l'audace emperiere»....

La tempérance, apparemment centrée sur la vie du corps individuel, se révèle ainsi une vertu ancrée dans le social, parce qu'elle est à la source intime de l'autorité et de la dignité de la personne, et parce que cette personne se meut dans un espace fermé, dans une économie fermée, où les biens ne se reproduisent pas à l'infini. En ce sens-là et par rapport à cette vertu précise, la contrainte matérielle, paradoxalement, garantit l'efficacité du discours moral. Par contre, une économie aux horizons infinis, à la croissance sans bornes préétablies, aurait tendance à priver la vertu de tempérance de son ancrage dans le social: celle-ci paraîtrait désuète dans le domaine politique, et se rétrécirait, pour désigner tout simplement l'équilibre physique de l'individu.

---

[20] Le Duc de Guise exhorte ainsi le roi: «Chassez la volupté, retranchez les delices, / Prenez le frein aux dents pour combattre les vices» (vv. 691-692), ce qui lui permettra de se mettre à la tête de la Ligue et de s'assurer la loyauté des Guise.

CONCLUSION

La rhétorique, si abondamment remise au goût du jour ces dernières années, sert de guide à toute composition littéraire, on le sait. Mais elle est aussi habitée d'une finalité morale; finalité qui s'exprime au mieux dans le discours d'éloge, dont l'humanisme connaît toutes les ressources. Dans la tradition aristotélicienne, cette finalité morale s'allie naturellement aux apparences, puisqu'elle s'alimente aux opinions sur ce qu'est le bien vivre. Elle peut encore, à la Renaissance, résister au cynisme du sophiste et au narcissisme brutal du tyran. Elle n'est pas encore soumise aux exigences d'une épistémologie, aux critères « scientifiques », par l'effet desquels elle perdra toute sa pertinence. Lorsque l'on ne distinguera plus, dans le domaine moral, la connaissance exacte et la connaissance « probable », que l'on demandera aux jugements moraux de se conformer aux critères d'une connaissance exacte et invariable, la réflexion morale se détachera forcément de la variété des apparences et de la richesse du vécu pour se réfugier dans des règles ou des devoirs abstraits. Du coup, elle ne jouira plus de l'appui de la littérature, à travers la rhétorique. Mais cet appui est encore assuré à la Renaissance.

La matière même de l'invention rhétorique, cette visée catégorielle du comportement humain, se nourrit des vertus. Loin de souligner la singularité de la personne, la théorie de la vertu laisse paraître son enracinement dans ce que nous partageons, elle se meut dans une économie fermée, dans un monde connu, dans un système familier de mérites reconnus. Or il fallait passer par ces espaces communs de la culture pour dégager la finalité de ce discours qui *lie* les hommes les uns aux autres et garantit le fondement commun du plaisir littéraire. Plaisir tout naturel de la représentation, de l'imitation, mais ancré par la reconnaissance de ce qui est imité dans l'*éthique*. C'est ce qu'a compris la Renaissance, en s'alimentant à la grande tradition classique.

L'alliance entre représentation et éthique est d'autant plus fructueuse que cette dernière ne réduit pas, ne contraint pas la première. Si le plaisir esthétique à la Renaissance découle de la *varietas*, de la richesse et de la variété de la représentation, l'éthique des vertus, elle aussi, se fonde sur les apparences; elle donne lieu à des exemples et à des commentaires occupant un très large champ, parfois étonnamment hétérogène. Elle mime en cela le parcours de l'homme dans le monde des contingences, avec l'appui de la prudence. Par ce lien avec l'univers contingent, la découverte et la détermination des vertus ressemblent à l'activité même de la prudence, et le parcours du contingent, inversement, assure le plaisir littéraire. Le seul exemple de la justice, scandant naturellement l'intrigue du récit bref (qui est suivi ou encadré dans bien des cas par des commentaires, des éloges et des blâmes de devisants), diffracte en versions multiples la satisfaction qu'apporte la conclusion. En passant d'un Boccace équilibré – modèle de l'économie des rapports entre personnages – à Marguerite de Navarre, qui représente une administration royale judicieuse intervenant dans les échanges entre personnages, échanges frôlant parfois le désordre mais toujours en quelque sorte rachetés ou intégrés, nous restons dans un monde de justice classique. D'autres scénarios se dessinent, à travers le voyou prodiguant ses blagues en série, plus tard à travers l'histoire tragique où s'opposent méchanceté humaine et punitions spectaculaires, et, à un niveau diégétique différent, dans le maniement des intrigues qui deviennent le champ du plagiat et de l'imitation, dont les manipulations troublent l'équilibre des échanges. Il ne s'agit pas toutefois d'un passage de l'homogénéité à un désordre plus ou moins joyeux (ou plus ou moins tragique): la justice, que ce soit dans les discussions des personnages boccaciens ou dans les conversations des devisants de l'*Heptaméron*, est sujette, dans son aspect distributif, aux négociations établissant la *dignitas*, le mérite des personnages. De celle-là dépend toute issue juste, satisfaisante, et par conséquent le plaisir. En même temps la *dignitas* ne perd pas son caractère contingent ni sa souplesse. Dans le monde de Boccace et de Marguerite de Navarre, les appréciations divergentes et l'ouverture qu'elles entraînent ne bouleversent pas la structure *juste* de la nouvelle.

La force, la tempérance et la prudence connaissent elles aussi des variations et sans doute une évolution. La force est sérieusement compromise dans sa confrontation avec le hasard et, plus subrepticement, avec le risible. La tempérance connaît un passage par la politique et la personne du Prince dont le comportement se voit de plus en plus soustrait aux certitudes de l'*habitus* de la vertu. La prudence devra s'affirmer dans un contexte de désordre civil tel qu'il plonge les esprits calmes dans le trouble. La prudence ne suffira d'ailleurs plus; il faudra autre chose: la chance, l'astuce, la brutalité et surtout l'Etat. Parfois nous trouvons chez un même écrivain des prises de position et des représentations contradictoires ou variables: Rabelais évoque à cœur joie cette abondance des comportements humains, souvent extrêmes, remis à leur place par les rappels d'une volonté divine finalement bien peu éthique; et la poussée dialectique que connaît l'exemple chez Montaigne fait subir aux vertus un traitement de choc. Mais la représentation du comportement dépend en quelque sorte des vertus, et le foisonnement des possibilités n'en est pas nécessairement le dépassement.

INDEX

INDEX DES NOMS

INDEX DES TERMES
ÉTHIQUES ET RHÉTORIQUES

TABLE DES MATIÈRES

Mise en pages :
Atelier de photocomposition Perrin
CH-2014 Bôle

Impression :
Imprimerie Médecine & Hygiène
CH-1225 Chêne-Bourg

Janvier 1999